竹内敏晴

稲垣正浩・三井悦子＝編

加藤範子・河本洋子・瀧元誠樹・竹谷和之

奈良重幸・林郁子・船井廣則・松本芳明

からだが生きる瞬間

竹内敏晴と語りあった四日間

藤原書店

はじめに

「竹内先生」と呼びかけると、「いやいや、先生ではありませんから」とおっしゃって、そう呼ばれることを辞退なさる。あなたと私はひとりの人間と人間、どんなときも正面から向き合い、対等に考え行動しましょう、というのが彼の信念である。というわけで、本書のもととなる「囲む会」でも、竹内敏晴先生のことを（畏れ多いと思いながら）「竹内さん」とお呼びした。そして本書においてもそのままの記述としている。

あの高名な著『ことばが劈《ひら》かれるとき』に魂をゆさぶられた人は少なくないだろう。私もその一人である。学生時代、竹内敏晴という名とともに「劈かれる」という言葉をはじめて知った。それから約二十年を経て、竹内さんと直接会ってお話しできるご縁が巡ってきた。私にとっては、竹内敏晴という偉大な存在との「再会」、とても緊張していた。待ち合わせた名古屋の月見ヶ丘の坂道を、その人は背筋をまっすぐに伸ばしてたおやかに歩いてこられ、そして、やーこんにちは、と手を出された。はじめまして、わたくしは……とご挨拶するより前に、あぁ迎え入れてくださったんだ、と嬉しかった。

それが二〇〇一年春のこと。この日の用件は、勤務先の公開講座「椙山《すぎやま》フォーラム」へのご登壇をお願いすることだったが、もうひとつ、一年先の講演をお願いし、スポーツ史学会での特別講演が実現することになった（「よびかけるからだ、ひびき合うからだ」三井悦子編著『からだ論への扉をひらく』叢文社、二〇〇六年所収）。

週末は三年先までレッスンや講演等の予定が入っているということだったが、たまたま第五土曜のその日だけは空いている、という僥倖にあずかったのである。

さて、本書に登場するメンバーはこのスポーツ史学会に身を置き、日ごろからスポーツや身体に関する研究と実践に携わっている。くわえて、みなそれぞれに特別の運動経験やスポーツ経験を持つ。そして、稲垣正浩氏主宰の二十一世紀スポーツ文化研究所（ＩＳＣ・21）の月例研究会に集い、「生きものとしての人間にとってスポーツとは何か」をメインテーマに、身体論、現代思想などを学びあっている。竹内さんの「から、だ」という身体観（からだ観）に大いに共鳴する者たちである。意識以前に動き出す身体やフロー体験、勝利至上主義に絡めとられた競技スポーツではなく、「共にある」ことを前提とする他者肯定のスポーツ、スポーツのなかにある「じか」という実在性……等々、竹内さんならこの問題はどうお考えになるだろうか、こんなことを尋ねてみたい、あんな話も聞いてみたいと話題に上ることが続いた。

とはいえ、私は竹内さんが北海道から沖縄まで、さらにはドイツにまでレッスンに出かけておられ、さらに執筆もなさるという超多忙で超人的な生活をなさっていることを承知していたので、研究会に来ていただきたいとはなかなか言い出せなかった。ある日、おずおずと、こんなわけで皆がもうぜひお話ししたいと言っていいます、おいでいただけませんか、と切り出したところ、「いいですよ」、と即答してくださった。「でも一方的に講演したり、ただただ問いただされたりするのは嫌なので、お互いに意見を交換しながら深まっていくというふうにしませんか」とおっしゃった。そこで、いつもは公開している研究会を、膝をつき合わせて濃密な対話ができるようにと少数の会とし、平成十七（二〇〇五）年七月、念願の「竹内敏晴さんを囲む会」が実現した。その会の終盤には、宿題となるテーマがくっきりと浮き彫りになっており、では二回目を……、また次回も……と、竹内さんには幾度も足を運んでいただくこととなった。

からだのことを論理的に言語で語るのは難しい。「このからだ」で起きていることを客観化するという本来的な矛盾を孕んでいるからである。しかしそれをしないでは前に進めない。私たちの、ようやく言語にできたかどうかという問いかけを、竹内さんは正面から受けとめて、いつも丁寧に返答してくださった。竹内さんのことばに触発されて、ひとりひとりがまたそれを自分の問題に引き寄せ、より具体的に実践に根ざして考える。そしてまた竹内さんに投げ返す。このようなやりとりが深い集中の中で続き、議論は深まり、展開していった。その場がじつに真剣であったことは言うまでもないが、同時にいつも笑いが絶えなかった。それに竹内さんの歌がしばしばとびだすこともあった。

本書は、平成十七（二〇〇五）年七月二十二日から平成十九（二〇〇七）年十二月二十五日に至る二年半の四回にわたる「竹内敏晴さんを囲む会」談話録をまとめたものである。紙幅の都合で残念ながら大幅に縮小せざるを得なかったが、当日の場の熱さや空気やリズムをできるだけそのままページに載せるように注意したつもりである。また、〈幕間〉には、前後の話題につながる書き物に登場いただいた。
一回一回、私たちの思考はめくられ、更新され、そして、人間が生きるとはどういうことなのか、そこにおいてスポーツとは何なのか、という核心へと深まっていったように思う。そういう意味で、この会はまさに「レッスン」の場だった。とすれば、本書は、「からだとスポーツと人間をめぐるレッスン」の記録といえようか。

二〇一八年春

編者　三井悦子

〈竹内敏晴さんを囲む会〉

第一回　平成十七年（二〇〇五年）七月二十二日
会場：名古屋市　ウィルあいち　会議室

第二回　平成十七年（二〇〇五年）九月五日
会場：椙山女学園大学　日進キャンパス

第三回　平成十八年（二〇〇六年）九月三十日
会場：椙山女学園大学　人間交流会館

第四回　平成十九年（二〇〇七年）十二月二十五日
会場：名古屋市　ルブラ王山

からだが生きる瞬間

目次

編集協力＝今野哲男

からだが生きる瞬間

竹内敏晴と語りあった四日間

参加者プロフィール（五十音順／氏名、生没年、所属　①専門分野・研究テーマ　②専門種目など）

竹内敏晴（たけうち・としはる）　一九二五―二〇〇九年　演出家、元宮城教育大学教授　（奥付プロフィール参照）

稲垣正浩（いながき・まさひろ）　一九三八―二〇一六年　元スポーツ史学会会長　元ＩＳＣ・21主幹研究員　日本体育大学名誉教授　①スポーツ史、スポーツ文化論　②体操競技　（奥付編者紹介参照）

加藤範子（かとう・のりこ）　一九七三年生　independent dance artist+ Dance–tect 主宰　①舞踊学、舞踊思想　②ダンス

河本洋子（かわもと・ようこ）　一九五〇年生　青山学院大学教授　①体育科教育、ホリスティック教育　②陸上競技（円盤投げ）

瀧元誠樹（たきもと・せいき）　一九六九年生　札幌大学教授　①武と舞の同根性　武術のグローバル化　②武術（空手七段師範・体道八段師範）

竹谷和之（たけたに・かずゆき）　一九五四年生　神戸市外国語大学教授　①バスク民族スポーツ文化論　②ダイビング（ＮＡＵＩインストラクター）、居合据物斬剣法三段

奈良重幸（なら・しげゆき）　一九四八年生　元奈良女子大学附属中等教育学校教諭　①スポーツ史、スポーツ文化史　②体操競技

林　郁子（はやし・いくこ）　一九五六年生　同志社大学嘱託講師　①テニス史、オリンピック史、身体論　②軟式テニス

船井廣則（ふない・ひろのり）　一九四九年生　ＩＳＣ・21主幹研究員　元名古屋経済大学短期大学部教授　①スポーツ史叙述の諸問題、スポーツ人類学　②柔道・空手

松本芳明（まつもと・よしあき）　一九五四年生　大阪学院大学教授　①体操競技史、身体論　②体操競技（元国際審判員）

三井悦子（みい・えつこ）　一九五六年生　椙山女学園大学教授　①医療体操史、健康文化論　②バレーボール　（奥付編者紹介参照）

第一回

「から、だ」ということ

2005.7.22

「竹内敏晴さんを囲む会」の第1回は平成17（2005）年7月22日午後から夕刻にかけて持たれた。その冒頭、自己紹介をしていくうちに、すでに核心に触れるような話が展開していった。竹内さんが大野一雄[(1)]さんとのつながりや彼の虚無の表現の凄さなどを話されて、まったく「骨格が違う」と言われた。つづけて「……核心と言ったんじゃまるっきり違う。存在の在り方自体が違うんです」と。

この「囲む会」でこの先に展開されるであろう、からだ、動き、表現様式、人間、現代社会……の話に先立って、「踊りの骨格」「存在の在り方」という言がしょっぱなから出てきた。

竹内 （大野一雄の踊り／舞踏は――編集部注）若い人には踊れないというだけでなく、ほかの人には踊れない。骨格が違うんです。一般的に言うダンスを学んできた人が踊れるようなものとは違うと思いますね。だから正直誰も踊れない。

稲垣 骨格ですか。

竹内 はい。骨格。

稲垣 踊りの骨格ということですか。

竹内 そう。踊りの骨格という言い方も変ですけどね。でも、核心と言ったんじゃまるっきり違いますね。存在のあり方自体が違う。

……………

稲垣 それでは三井さん、そろそろ始めましょう。

三井 踊りの「骨格」というお話まで出てきましたので、私がいまさら開会を言うこともありませんが、では、この集まりについて少しだけ。

竹内さんには、二〇〇二年のスポーツ史学会の「特別講演」においでいただいて以来、何度かお目

（1）大野一雄（おおの・かずお） 一九〇六―二〇一〇年。舞踏家。代表作に「ラ・アルヘンチーナ頌」「わたしのお母さん」など。百歳を超えてなお舞台に立った。

にかかったり、レッスンに参加させていただいたりしてきました。今回は、「からだ」ということについて問題意識を共有する方々と一緒に、さまざまなことをお尋ねしたいと竹内さんにご相談して、ご快諾いただきました。

からだという問題への気づき――「それが射た」とは

稲垣　それでは、まず私たちのほうから投げかける形にさせていただきます。

竹内先生は、演劇の世界でずっとお仕事をしてこられて、そのお仕事に関して多くの著書を公にされています。私に、もっとも強烈に残っているのは次のことです。つまり、学者の先生方は形而上学的な観点から身体やことばについて語るけれども、それらは生《なま》の肉体やことばによる検証がなされていない。私はそういうものを信じないし、現場の実践をとおして試行錯誤しながら構築される理論でなければ、実際の役には立たない。そういう理論を既存の思想・哲学の理論と突き合わせながら、さらにシェイプ・アップしていく、私の方法はそういうものだ、という趣旨のことをかなり語気を荒らげて仰っている。文章ですから、別に「語気を荒らげて」書いているわけではないのですが、私にはそう聞こえてきた。私は「これだ」と心の中で快哉を叫びました。

私たちはそれぞれスポーツが好きで、何らかのスポーツに情熱を傾け、それなりに自分の体を通して、いろんな身体経験を持っている。そして、そこから編み出したさまざまな「経験知」を持っています。しかし、それらは「特殊個」の「経験知」のなかに閉じ込められていて、それを「普遍」につなげる方法を持つことができていませんでした。つまり、「経験知」をうまく言説化する方法を持たなかった。しかし、言説化しない限り、いわゆる現場の「経験知」の蓄積はできません。それが、特に学校体育のような教育の現場では必要なのにもかかわらず……。

先生の『ことばが劈《ひら》かれるとき(2)』のなかには「体育（からだそだて）の授業が大切だ」ということが力説されていて、あそこも膝を打って読ませていただきました。しかしながら、体育教育の現場は、いまだに教師個々人の経験と勘みたいなものに流されていて、それが「普遍」につながっていない。そうではなく、現場の実践から積み上げてきた「経験知」と「普遍」につながる理論的裏づけが、きちっとかみ合うことが大事だとずっと考えてきました。ですから、『ことばが劈かれるとき』を読ませていただいてから、メルロ＝ポンティを読んだり、ハイデガーを読んだり、ニーチェを読むともっと面白いと教えてくれる人がいたりして、私なりの思想遍歴を始めることになります。

ヨーロッパから入ってきた近代の論理といいますか、理性中心のものの見方や考え方、そこで解釈されてきた身体というものが、いま大きな壁にぶちあたっているように私は思っています。明治以前までの日本人は違った見方で身体をとらえていたけれども、明治以後はヨーロッパ近代の身体観が入ってきて、そういう流れが二つ交じり合いながらだんだんとヨーロッパ化していく。特に戦後の民

（2）竹内敏晴『ことばが劈かれるとき』思想の科学社、一九七五年、現、ちくま文庫。

主化教育では、一気にヨーロッパ化、アメリカ化が進む。それは今の若い人たちなどを観ていると非常に強く感じます。でも、そういう理性とか意識にコントロールされている身体ではなく、そこからはみ出してしまう、意識と無意識の境界領域といったらいいでしょうか、そういう「場」で何かが起こっている。そここそが体育やスポーツをやる人間が真剣に考えていかなければならない「時空間」だと、私は考えています。二十一世紀の課題は、そこら辺にあるのではないか、と。

そんなことを考えていたら今度は『待つしかない、か。』[3]という本を出されました。この本で先生は、きちんと意識して理論どおりにやっていくうちに無意識が動き出す、そここそが「本当の主体」の現れるところだと仰っている。それは、ヨーロッパの近代論理や形而上学の言う主体ではなくて、無意識も含んだ「本当の主体」だと。私たちが考えてきたことはそんなに間違っていなかったと、救われた感じがしました。そのあたりの話から入っていただけると有難いと思います。

竹内 そうですね。そこに行く前に一つ足固めをさせてください。瀧元さんが、スポーツ史学会のシンポジウムの報告書[4]で、私のことを取り上げましたよね。あれはいつだったかな。

瀧元 三年前です。二〇〇二年でしたから。

竹内 もう三年になるんだね。あれから発展してというか、「この問題点はこうなった」ということが何かありましたらまずそれを伺っておきたい。どうでしょう。

瀧元 武術を稽古している中で「次にこういう技をしよう」と意識して動いたときに出てくる失敗やもどかしさがあります。また、「何も考えずにからだの動きに任せよう」と思って、ある程度の構えを、相手の反応にあわせる心構えも含めてしておくとスムーズに動けることが多く、そこにはある種の爽快感があります。それらの経験を言葉にしたいけれどもいい表現が見つからずにいます。

そういった中で、オイゲン・ヘリゲル(5)の著書に注目しました。ドイツから哲学の講師として来日したヘリゲルは、禅や日本の武道に興味を持ち、阿波研造(6)のもとに弟子入りします。ヘリゲルは一所懸命に何とか的を射たい、型を身につけたいと悶々と稽古を重ねていきますが、阿波師範に意識的な射をことごとく否定されていきます。ところが稽古が四年になったある日、ふと現れたある一射を、阿波研造は「それが射た」と表現します。意識的自己を離脱した先に現れた一射が「それ」と表現されているわけです。これはすごいことだと思いました。

竹内 それはどの文献ですか。『日本の弓術(7)』ですか？ それとも『弓と禅(8)』ですか？

---

(3) 木田元・竹内敏晴『待つしかない、か。――二十一世紀身体と哲学』春風社、二〇〇三年。
(4)『「スポーツする身体」の可能性とその現代的意義』研究代表者 三井悦子、(財) 水野スポーツ振興会二〇〇二年度研究助成研究成果報告書。
(5) オイゲン・ヘリゲル 一八八四―一九五五年。ドイツの哲学者。東北帝大で教鞭をとる。日本文化に傾倒、阿波研造（本章注（6）参照）に師事し弓術の修行を行う。
(6) 阿波研造（あわ・けんぞう） 一八八〇―一九三九年。弓術家。大日本武徳会弓道範士。大日本射道教（大射道教）を開き、自ら教主となる。
(7) オイゲン・ヘリゲル『日本の弓術』柴田治三郎訳、岩波文庫、一九八二年。
(8) オイゲン・ヘリゲル『弓と禅』稲富栄次郎・上田武訳、福村出版、一九八一年。

瀧元　『弓と禅』のほうです。これは僕にとってそれこそ「的を射る」表現だったわけです。僕が何とか一所懸命やろうとして出てくる技と、そうではなくて構えの中から技そのものが跳ね返って出てくるものとは違うということにあらためて気づきました。どちらも同じ身体で技を行っているけれども、身体をどうコントロールするかと考えてしまうと違ってくる。「それ」という場合には、形而上学的なところでいう主体としての「わたし」が行っているのではない。もちろん「わたし」としての身体が行ってはいるわけですが、その点をどう折り合いをつけて言説化していったらいいのか。その難しさを感じていたところです。

　ですから、『ことばが劈かれるとき』の文章で印象に残っているのも、「無意識が現れるように準備をする」という言い方です。ただ、その先で何が現れるのかと期待してしまう自分のもどかしさがあって、実際に稽古しているときには、できたらコントロールしたいということもあります。そんなことを考えながら稽古をしているところです。

「私が真に私であるとき、私はすでに私ではない」――スタニスラフスキーという指針

竹内　どこから話しましょうかね。最初は「ことばが劈かれた」という体験が一番大きいですね。それからは、後で書いたと思うけど、「私が真に私であるとき、私はすでに私ではない」という言い方をしていました。あれは人に話しかけるときの体験だったんです、一番はじめは。人に働きかける

ときに、自分はこうで、あの人はこういう人だからと意識して用意している限り、自分も生きてこないし、相手の胸にも入れない。本当に人に働きかけるときには、自分が消えて、自分が自分でないという状態でないといけない。逆に言えば相手だけがあるというか、その言い方もちょっと正確ではないけれども……。

人に話しかけるときは自分が自分ではない。こういう体験の方が先なんです。この体験があって、「無意識の働き始める地点」まで正確に行動するという、スタニスラフスキー(9)の晩年の理論を——日本語では「身体的行動の方式」と訳されていますが——私なりに理解できた。

スタニスラフスキーという人は『オセロー』が大好きでしてね。『オセロー』の一場面で「血だ、血だ、血を見ずにはおかん」と叫び出すところがあるんだけれど、あそこのところをどうやろうかと若い頃に苦労した話が、俳優修業中の若い人のこととして書いてあります。どうしても自分の思うようにいかないのだが、ある瞬間にパァッとなにか自分の中に走るものがあって、灰皿のようなものをガシャンと叩きつけて叫ぶ。手を切って怪我するくらい感情が爆発して、自分のコントロールを超えるすさまじい瞬間がある。しかし、考えてみるとそれは一回しかできない。でも、演劇では一回で済むというわけにはいかないし、そのたびに怪我するわけにもいかない。それで、噴出してきたものは

(9) コンスタンチン・スタニスラフスキー　一八六三—一九三八年。ロシア・ソ連の俳優・演出家。モスクワ芸術座を結成した。彼が創り上げた俳優の教育法はスタニスラフスキー・システムと呼ばれ、世界的に多大な影響を与えた。

何かということと、どうしたらまた繰り返せるかということを考え始めるわけです。それが「スタニスラフスキー・システム」と言われる演技理論の出発点の一つです。そのときは、時代的な制約もあって「からだ」という問題はまだ考えられずに、ほとんど感情の真実さの問題だった。外から見ると確立したシステムと見えますが、彼自身は固定的なシステムだとは考えていない。

それが、アメリカに伝えた人たちが「メソッド」と呼んだものです。エリア・カザンやリー・ストラスバーグが指導したアクターズスタジオ[10]がメソッド派の代表で、マーロン・ブランドなどを育てたわけです。だから、アメリカの映画の一流の役者は感情表現が非常にリアルで生々しいわけですね。これは他の国とかなり違う。そして「スタニスラフスキー・システム」は世界的に育っていって、近代俳優劇とはスタニスラフスキー・システムだということになった。ヨーロッパの近代演劇のほとんどのベースになっています。

ところが、彼がモスクワでずっと仕事をしているうちにソビエト革命が起こる。そうするとね、二重の問題が出てくる。一つは労働者と農民、つまり働くものが真に必要とする演劇であるのか、という疑問がつきつけられるわけです。ブルジョアの芝居じゃないかという猛烈な批判を浴びせられる。弟子のメイエルホリドなどはもっと身体的な、といっても、今私たちが言っているものよりメカニックな、肉体的な表現を重視する構成主義とよばれる演劇を創造して、これこそが革命的な新しい演劇だというので喝采を浴びる。しかし、スタニスラフスキーは、時代の波の中で自分たちの演劇活動は本当にこれでいいのかと悩み続けるわけですね。

ところがその後に、労働者の社会生活をリアルに描かないといけないという社会主義リアリズムが唱えられると、メイエルホリド的な機械的・構成的な肉体表現は、抽象的、観念的、小市民的だとして抑えられ、弾圧されていくわけです。スタニスラフスキーは自分の感情重視の表現にこれでいいのかと疑問を突きつけられているところへ、今度は、最先端だと思っていた弟子の運動が社会主義リアリズムに反するとこれも弾圧されるということが重なって、ごたごたになるわけです。

その先の話もすると、メイエルホリドは最後に反革命だとみなされて裁判にかけられ、殺されているんですが、スタニスラフスキーはその裁判の特別弁護人をかって出るんです。そういうことをしたら自分自身がどう扱われるかわからない危険は承知の上で。それで、そういう混乱でわいわいとなっている最中に、彼は夏の休暇でフィンランドに行く。そのときの話は有名です。

その当時、役者でもあった彼の有名な当たり役に、イプセンの書いた『民衆の敵』という芝居のストックマンという役がありまして、これは公害問題のはしりみたいな芝居です。ある温泉町を観光地として売り出そうということで市長が弟の学者（ストックマン）を連れてくる。それで温泉のお湯を分

(10) エリア・カザン　一九〇九―二〇〇三年。トルコ生まれのギリシャ系アメリカ人。俳優・映画監督。代表作に『波止場』『エデンの東』など。
リー・ストラスバーグ　一九〇一―八二年。アメリカの俳優、演技指導者、演出家。
アクターズスタジオ　一九四七年創設。その後リー・ストラスバーグも参加し、俳優の育成方法として、スタニスラフスキー・システムによる「メソッド演技法」を確立した。

析させて、「こんな効能があるから、どうぞおいでください」と宣伝しようとする。向こうの温泉は日本とは違って、飲んで病気に効くとかいうことがありますから。

ところが分析をしてみたら、毒が出てくる。当然、「この温泉は飲んではいけない」と発表しなければならなくなるわけです。ところがそんなことをしてもらっては困る、この町がつぶれてしまうというので、町全体が「いい温泉だと言え」となるわけです。しかし、学者の良心としてそうは言えない。すると町中から攻撃されて、家にいると石は飛んでくる、ガラスは割られる、終いには「殺せぇー」となってしまう。で、家族が身を寄せ合ってうずくまっている中で、ストックマンは「一人立つものは、最も強い」という言葉を吐き、罵声の中で幕が下りるんです。アーサー・ミラーがアメリカでやったときには、この台詞はカットされていたそうですけれども。

このストックマン博士がスタニスラフスキーの当たり役だったわけです。この良心的な、純粋な学者を彼がどういうふうに形象化したかと言うと、ちょっと前かがみになり、話をするときにこんな風に中指を動かして人を指さす。そういう癖が出てきたらしい。その動作をしながら話しかけるのが特徴的で、「あれがまさにストックマンだ」となる。みんなの目に焼きつく名演技だったわけですね。しかし、彼はフィンランドでフィヨルドを眺めながらつくづく考えているうちにふと気がつく。十年前に始めたときには喜びに満ちた動きだったものが、十年経った今は、こう動けばお客が惹きつけられるということを全部わかった上で繰り返している。技術的処理の繰り返しで、充実した喜びはもはやない。俳優の仕事というのはこれでいいんだろうか、と。

それから、彼が言うところでは、毎回毎回そこで一人の人物として生きるのが俳優の仕事だ、そのためにはどうしたらいいんだろうと考え始めたという。これがスタニスラフスキー・システムの探求の始まりです。それからいろいろと考えていた彼は突然思い出すわけです。「この仕草は考えてしたことではなかった」と。ずっと忘れていたけれども、あるときに駅かなんかでそういう癖の人に出会ったことがあったことを思い出した。それが意識の下に焼きついていたけれども、全部忘れていた。水面下からそういう動きが出てきたときにも思い出さない。その人を見たまま写したのかどうかはわからないけれども、自分がああいう形象を生み出したのは、忘れていた深いところから何かに導かれて出てきたもののせいだと気がつく。そこで「情緒的記憶」の扱いが、役者の訓練の重要な項目の一つになっていく。それが彼の何十年もの探求の中身なんです。

ですから「無意識が働き始める」というのも、彼は何も考えずにたまたまやっちゃったわけです。だけれども、本当に俳優が一つの動きを創造するということになったなら、そういう無意識が働かなければ真に深い感動をひきおこす動作を生むことはできないだろう。では、いったいどんなふうにして自分をそこまでコントロールしていくか。何かを正確にコントロールしていかなければならないが、頭でコントロールしただけでは、無意識には届かない。どうしたらいいのか。それが、さっき瀧元さんが仰った問題への、スタニスラフスキーなりの返答に発展するんですね。

彼は、そこで「からだ」の問題に気がつく。存在としての「からだ」が相手に対してどう働きかけているかが問題だということです、これは私なりの言い方ですけども。彼がどういう言い方をしているかというと、『俳優修業』[11]は三部に分かれているんですが、第一部と第二部では基礎的な訓練の実際が書いてあり、第三部になって「役の創造」が問題にされ、『オセロー』を上演するとしたらどうやるかを書いている。未完のままで死んでしまうのですが、その中にこう書いてあります。

第三幕第四場、一番有名なところです。オセローは新婚の妻デスデモーナが自分を裏切ったと部下のイアーゴーから吹き込まれる。「もし信じられないなら、閣下が奥さんに婚約のときにあげたハンケチがどこにあるか聞いてごらんなさい。私はこの間、そのハンケチでキャッシオーが口を拭いているのを見ました」と、奥さんとキャッシオーができているという話をされる。イアーゴーの妻でデスデモーナの侍女でもあるエミリアが拾っただけのハンケチを、イアーゴーは「よこせ」と言って自分のポケットに突っ込んでおいて、その話をするわけです。それで疑念にさいなまれたオセローがやってくる。そしてデズデモーナに「あのハンケチはどこにある?」と問い詰める。

「どうしてそんなに激しいおっしゃりようをなさるの……」、今、手元にありません」と言うと、「ハンケチはどこだ」と問い詰める。これ、実は日本語の翻訳ではみな「〜はどこだ」となっていますが、原文だと「ハンカチーフ!」だけです。これを三回怒鳴る。この三回をどんな風に怒鳴るのかというのが名優たちの工夫のしどころになっています。ここは嫉妬に狂っているというのがヨーロッパの伝統的な解釈ですから。

ちょっと横にそれますが、『天井桟敷の人々』という映画があります。あの映画では劇中劇でオセローを、ピエール・ブラッスールという名優が演じているんですが、彼の劇中の恋人である女優が、本当はジャン＝ルイ・バロー扮するパントマイムの役者に心を寄せていたと気がついたときに言う台詞が面白い。「俺は今までどうしてもオセローがやれなかった。でも、これでオセローがやれる！」、自分は、嫉妬という感情を初めて体験した。これでオセローがやれる！　というわけです。

この場面は、そういうふうに嫉妬の塊だと普通は解釈されている。だからいかに狂気のように怒鳴るかが問題だということになる。ところがスタニスラフスキーはそう考えない。あれは、「ハンケチよ、出てきてくれ！　出てこなかったら俺はもう破滅だ！」という必死の叫びだと言うのです。だから「ハンケチはどこだ」という訳文をさっき訂正したのは、「ハンカチーフ！」と言うと、奥さんに向かって「出せ」ということばになってしまう。ところが「ハンカチーフ！」と言うとハンケチに向かって叫ぶことばになりうるからです。「ハンカチーフ！」「出てきてくれぇ！」というね。

稲垣　ははぁ、なるほど。

竹内　彼は、このセリフは、感情もからだの動きも含めた存在全体で、どういうふうに、何に対して働きかけているのか、つまり「身体的行動」を一言であらわしている、と言います。こうなると、

（11）『俳優修業』は、一九五二年に未來社より山田肇訳で第一部と第二部がそれぞれ三分冊で出版された。その後、同じく未來社から新訳で『俳優の仕事　俳優教育システム　第一部』『俳優の仕事　俳優教育システム　第二部』がそれぞれ二〇〇八年に出版された。さらに、二〇〇九年には『俳優の仕事　俳優の役に対する仕事』が第三部として訳出された。

行動するたびにどういう動きが出てくるかが究極的にはわからない。どこにあるかわからぬハンカチに向かってうろうろ探し、訴えかける働きかけは、まさに正確に、全身で行動しなければ出てこない。その結果、あるときにはすさまじい勢いになり、あるときには悲しみに満ちているかもしれない。そのときそのときにならないとどういうニュアンスで叫びが顕れるかわからない。突如として「無意識が働き始めて」狂気のごとく暴れるかもしれないし、泣き崩れるかもしれない。そういう全存在での行動を一言であらわす「ことば」を見つけるのが肝心だというのが、私の理解するスタニスラフスキーの最後の段階の考えです。彼はこれを追求している最中に死んでしまうのですが……。

彼の最後に行き着いたところは、いかに行動を正確に組み立てて準備するかということです。正確に行動できるときがいつ来るか、どうくるかわからないけれども、とにかく無意識が働き始めて頂点にゆく。そういうふうに頂点にむかって「正確に」準備する。これは、演劇ではそうするということです。他の分野ではどうなるのかということは、問い返されなければならないでしょうね。

「正確さ」にからだが気づく、という才能

稲垣　スポーツの世界は、説明しやすいような気がします。体操競技などで、たとえば逆立ちを覚えるときには何回も何回も繰り返します。肩が出すぎている、腹を引っ込めろ、ここはこうだと教えてもらううちに、何も考えないでひょっと立っている。床の上で逆立ちを覚え、平行棒のバーの上で

逆立ちをし、吊り輪で逆立ちをする。本質的には同じだけれども、レベルで言うと全然違う逆立ちです。それを、正確に練習を積み上げていって、あるところまでいくと何も考えずにやっている。そこまでいくと一流選手です。そこから、次のレベルの戦いがまた始まるわけですけども。

そういう非常にきちんとした練習の積み上げをしないとあるレベル以上に行くことはない。これは他の競技でもたぶん同じで、基本をきちっとやっておかなければ、考えないで動くとか、無意識のうちに技が出てくるとか、そんなふうにはなりません。お相撲さんが「何も覚えていません。体が勝手に動きました」といった言い方をするときがありますが、あれも稽古を積んで、積み上げてあるからこそ言えることでしょう。稽古なしには絶対にありえないことです。

竹内 ピンポンの荻村伊智朗[12]という名選手は同じコーナーに二千回連続してスマッシュを決める、失敗したら初めからやり直すという練習をしていたと聞きました。さっき、「きちっとやらなければ」とおっしゃいましたが、その「きちっとやる」ことをできるかできないかということに、才能があるのではないですか。正確にということでも、何が正確かってことに気づく才能がいるという気がするんです。たぶんその正確さというのは、一人ひとり違うんだと思う。たとえば股関節が十分に開く子が脚を上げるのと、開かない子が上げるのとでは筋道が違うわけですね。だからその正確さをどう自

(12) 荻村伊智朗(おぎむら・いちろう) 一九三二—一九九四年。卓球選手。世界卓球選手権優勝ほか。世界卓球連盟会長、JOC国際委員長などを歴任。

分の「からだ」が見出すかということに才能の問題もあるという感じがします。

稲垣　まさに、それが才能だと思います。体操競技は典型的にそうですね。それから、いまお話にあったように、一流になっていく選手というのは練習量が違う。私なんか、二流だなぁと気づかされたのは、練習をしている間の集中力が三時間くらいで途切れてしまうからです。ところが、仮に下手な段階でも、いつまでも集中力が途切れない人がいるわけです。「下手なくせに、よく休まずにやってられるなぁ」と思うんですけれども、それが一年経ち二年経ってくると確実に上のレベルにあがっていくんですよね。

竹内　私が旧制高等学校のときに仲のよかった水泳部のキャプテンは、戦争中に千五百メートルで旧制中学の日本記録を持っていたんです。戦争中だからオリンピックも何もないわけで、その頃に生まれ合わせた天才はかわいそうだと思いますけど、戦争が終わってからインターハイがあって、後輩が百メートルで一位になった。彼は大学へ入っていてろくに泳いでなかったんだけれども、母校にやってきたときにプールに行ってぽんと飛び込むと、その後輩をスーッと簡単に追い抜いちゃうんです。そいつに、毎日練習していた頃は一日どれくらい泳いでたんだ、と聞いたんです。そしたら、古橋[13]たちと同等かそれ以上でした。だいたい一日に二万メートルです。私は目が点になった。

稲垣　僕が噂に聞いたのは、古橋たちは陸上にいるよりも水中にいるときのほうが長いと。

竹内　古橋は一日に一万五千から八千くらいだということでしたね。

稲垣　でしょうね。橋爪[14]と二人で黙々と泳いでいたという。

竹内　一万メートルというのがあの連中の一つのレベルなんでしょう。

稲垣　そう、それができてしまう。普通の人にはできないですよ。やっても気の抜けた練習になるだけで。自分が納得いく練習ができるのも才能です。冒頭の大野一雄さんの話じゃないですが、骨格が違うという気がします。

からだが流れて立つ逆立ち――地球の中心に落下する

竹内　もう一つ、これは笑い話だと思って聞いてください。私の「逆立ち」は普通と違うんです。こう立っているでしょ、頭と上体をこうぶら下げて、手を床についてそのままスーッと立つんです。ほんとに垂直に不動の状態で立っているのはほんの数秒間だけれど、私がからだのコンディションを確かめるには、このスーッと立てるかどうか、それをやってみると自分のからだがクリエイティブかどうかが判定できる。今は肩を痛めたからできませんが、六十代の初めまではそうでした。手をすっと床につけばいい。目をつむってこうファーッとね。するとスーッと何にも考えないで立っている。

(13) 古橋廣之進（ふるはし・ひろのしん）一九一八―二〇〇九年。水泳選手、スポーツ指導者。第二次世界大戦終了後の水泳界で次々に世界記録を打ち立て、「フジヤマのトビウオ」の異名を取った。

(14) 橋爪四郎（はしづめ・しろう）一九二八年―。水泳選手、スポーツ指導者。ヘルシンキオリンピック競泳男子一五〇〇メートル自由形銀メダリスト。古橋と同時代に活躍。

地球の中心に向かってまっすぐ落下しているイメージなんです。ただそれだけなんです。

稲垣 落下ですか。私は、地球を持ち上げているつもりでした(笑)。

竹内 肘を突っ張って支えていると地球を持ち上げているように感じるんだと思う。全然力を入れないで、腕は柱になっているだけですから、落下してスーッ、と。

松本 そのときには落下しているイメージだけですか? つま先から上の方に向かってスーッと引っ張られているようなイメージはないですか。

竹内 そういうのはあまりないかな。あまり自覚はしていません。スーッとまっすぐになってるだけです。ただ、ヨーガの逆立ちというのがあって、野口三千三(15)さんのやっているのを見ていて、そのままやってできたんだけれども、野口さんは足をピシッと合わせてるんですね。見ていて「足をピンと伸ばしているな」と思って、「俺もやってみよう」とピュッと伸ばしてみたら樹液が上っていくみたいに何かが上っていくという感じはありました。今でも三点倒立はできるので、そのときは確かにスーッと上がっていくような感じがあります。

松本 体操の良い逆立ちは、スーッと上に伸びていくんですね。下手な選手の逆立ちはカチッとからだ全体が固くなっている。いま言われたのは、樹木がスーッと伸びていくような感じですね。

稲垣 体操の逆立ちもわれわれの時代と、松本さんの時代では変わっているんですよ。

竹内 違ってきてるんですか。

稲垣 われわれのときには全身が反り身になっていたんですが、それがまっすぐに変わった。要するに、そこからどちらにも動ける、動きの原点はここだという。反っていると、動きに入るときに一度戻すから、無駄な動きが入るんです。どちらにでも自由に動けるようにと、まっすぐになっていった。女子の平均台などはそれでないと静止できません。

竹内 眼は台を見ているわけでしょ。

稲垣 ええ、見ていますね。

竹内 私の場合には、ここ、頭頂部で地球の中心を見ているからね。

稲垣 それはかえって難しいでしょうね。

三井 首の後ろの力が抜けているんですね。

稲垣 あっそうか、頸反射がなくなるんだ。台を見ていれば頸反射でクッと止められる。それと違って、首の力は完全に抜けているんですね。

竹内 完全にではないですけれど、頭はただぶら下がっている。

稲垣 余分な力が抜けて、必要最小限の力だけになっているんですね。体操競技の倒立もだんだんそれに近づいていっているのかな。

松本 ええ、ほんとにまっすぐになってきています。でも、厳密にはまっすぐではなくて、肩甲骨の部分で体重を受けておいて、そこから足先までがまっすぐになっています。

（15）野口三千三（のぐち・みちぞう）一九一四―九八年。野口体操の創始者。元東京藝術大学教授。

竹内 そうだよね、全部の力を抜いちゃったら立っていられないもんね。

松本 そうですね。別の話になりますが、体育の教師を目指している女子学生がいて、器械運動の授業の中で、逆立ちで二秒止まらないと単位を出さないという課題を出したんですが、最終の授業になっても、どうしてもできない。逆立ちのときのからだの感じをつかむために、座らせて手を上げさせ、上から手を押さえてあげる。そうするとどこで力を受ければいいか、肩甲骨のあたりで受けることになるんですが、それがイメージできる。それを何度も繰り返して、それから逆立ちをやってみるんだけれどできない。お尻がポコッと出ちゃうんです。で、背中を硬くするんじゃなくて、少し反らせる感じでやってみようか、と。何回やってもできなかったのですが、最後にスーッとできた。それで、そこからゼロ、イチ、ニと数えて、降りたとたんに「止まっちゃった」と本人が言いました（笑）。自分で止めよう止めようとしてできなかったのが、ある瞬間、いろんなものが全部そろったときに「止まっちゃった」と言えるような世界がフワァッと出てきて、それまでとは違う逆立ちになっていた。でも、もう一回やってみようと言うと、全然できない（笑）。

先ほどから出てきている「無意識」ですが、いろいろと訓練を積んでいって、あるときにフッとそれができてしまう。やろうとしてはいるけれど、自分でやったんじゃなくて「できてしまった」ということがときどきあります。いつそれが出てくるのかはわからないけれども。

竹内 からだ自体からいうと、「ある流れが生まれてきた」というふうに私は思います。流れが止まってしまっているからだに、どうやって「流れ」をつくるか。各部分がどうくっつくかではなくて、スーッと一つの「流れ」ができるかどうか。私は「流れ」ということばを使いたいと思います。

「から、だ」ということ——深い集中の状態を自覚的にキャッチする

竹内 実は、どんな話をしたらいいかと考えてみたことがいくつかあります。でも、それだけじゃどうも違うし、何かが足りない。何が違うのかって考えて、問題は結局、「からだ」ということに尽きると思った。「からだ」ということは「から、だ」ということです。それじゃ「から、だ」とは何か。今日はそこのところを喋ってみようと思います。

知覚するということは、意識するよりも前に知覚がはたらくということです。これはメルロ＝ポンティの言っていることです。そこを拡大解釈して、知覚より先に、というか媒介にして、からだ全体でどう働きかけるかということ自体が意識を超えていると私は考えようとしているのですが、無意識がいつ働き始めるかというのは、私の言い方ですと集中の深さの問題だと思うんです。

稲垣 なるほど。

竹内 集中の深さがあるレベルまでいったときに無意識が働きはじめる。一所懸命やっている間はだめなのは、一所懸命は意識で自分を駆り立てていることだからです。ですから深い集中をどこからどのようにキャッチできるかと気づいた人は、ある地点からすっと無意識へ手がかかるところに行くんじゃないか。そういうことをひっくるめて「働きかけるからだ」というものを考えると、空っぽで

ただ流れだけがある、というような言い方が大雑把に言うとできそうな感じがするんです。

稲垣　今のお話は、先生が書かれたものの中にもいくつかバリエーションを変えて出てきますね。「から、だ」、だから、「空っぽだ」という。意識が立ち現れる前にからだが動く、動くと意識が現れて動きの意味を考えはじめる。だから、常にからだが先行して意識は後から来る。それで意味がわかりだして、今度は意味を持ってからだを動かしていく。

竹内　そうですね。

稲垣　そうしているといつの間にかまた無意識が先に行ってしまう。意識が後追いをするという言い方をされていますが、そういう流れみたいなイメージでいいのですか。

竹内　だいたいそうです。今出ている無意識の問題は、いつ来るかわからないけれども、こういうふうになったら絶対に来るとキャッチできるようにならなければということでしょ。そういう状態というのはある自覚がなければそこへ持っていけないわけです。その自覚がどれだけの正確さとどれだけの深さで現れるのかということは、まだ私にはうまく言葉にできないのですが。

稲垣　小さい子どもが夢中になって遊んでいますよね。これはすごい集中の深さです。

竹内　そうですけども、そこには自覚がない。つまり、夢中になっている中で後追いしている意識もあって、それがある自覚を持って、「そこだ」と問うてくることがあるわけです。

稲垣　一つの方向性のような意識というか、そういうものに合うように無意識が動き出す……。

竹内　動いているのは、「混沌」と言ってもいいでしょう。そこにある方向性が見えたときに「そこだ」と言ってスッと手を出せばこっちへ来るという。それが自覚ということなんですけれども。

三井　今のお話で「仮面のレッスン」(16)の「火になって燃える」という課題を思い出しました。あのレッスンでは、同じ人でも日や場所によって火になれるときとなれないときがあるんでしょうか。

竹内　どうだろう。いっぺん燃えられた人はね、その集中の深さに入っていければいいのだから、燃えられないことはないと思う。ただ、いきなりやってもできるものでもなくて、コンディションを整えてゆかないといけない。

三井　それは、自分が行く方向性のイメージがあって、そこへ集中していくということですか。

竹内　広い意味ではそうです。燃えるということで、漠然とした広い意味での方向性はあります。燃える場合には、熱さとは関係ない波のようなものが来て、それがバーッとうねって炎になることもありますが、どこかが暖かくなってきて、熱くなって、熱くなったものがバーッとからだじゅうに伝わって燃え広がるというようなこともあります。そういう意味でどこから来るのかわからない。わからないけれども、こういう集中の仕方をしていれば必ず来るという手がかりはあるんですね。

稲垣　炎になるという話を初めて読んだときに、僕は恐くなりました。恐い世界だなぁと思いました。燃え出して止まらなくなったらどうするんだろう、と。

(16) 仮面のレッスン　竹内氏のレッスンで行われるものの一つ。中性面・表情面などを用いる。仮面の印象をそのまま受け取り、仮面をつけたときに自分の内側から湧き出してくる感情や動き、声に身を任せる。

竹内　いや、実際に止まらなくなるんですよ。フランスの演劇指導者ルコック[17]さんの前でやったとき、止まらなくなっちゃったんです。で、どうしようかと思ったんです。からだはへとへとになっちゃうし、息は切れるし、それでもどうにも止まらないし。フランスでは、止まらなくなって、救急車を呼んで運ばれた人がいたそうです。私も二時間くらい止まらなくなっちゃった。

稲垣　止めようという意識はあるんですか？

竹内　意識は働いてます。だけれども止めようと思って苦しくっても、からだは動いている。飛んだり跳ねたりして止まらないんです。どうしたらいいだろうと考えて、仮面をはずせばいいと思ってバーッとはずしたんです。それで世界が開いて、必死になって転がりながら止めた。からだの動きそのものでいったらセーブが効かない。私は後で「憑依」という言葉を使いましたが、だから、「のりうつる」ということはあると思っています。

松本　そのレッスンには、何か前の段階のレッスンというようなものはあるのでしょうか。

竹内　何かきっかけがあったときに、全身が躍動しなければしょうがないわけでしょ。だから、からだと自分の中に、そういう流れがいきわたるように準備するということはやります。一番最初には「揺らし」をやる。床に横たわったからだをずっと揺らしてやって、脱力したからだの中が流れ始めるように。それから、相手の背中に乗っかって転がり降りるとかね。

松本　そういうように、からだの準備状態を作っておいてから入るということですか。

竹内　とりあえずは、そうです、と答えますが、もう一つは、集中度の問題です。「揺らし」ということが集中度を深める第一歩といってもいい。それは、「からだに気づき、整える」いわば準備であると同時に、ひとつの深い体験でもあるわけです。「からだ」の重さにはじめて目覚めるということがありますが（気づいたら、重さで立てなくなる人も出てきます）、その重さが、立つということの方向を教えてくれます。重力の方向と立ち上がる力との微妙なバランスがわかるし、そうして立ってみて目を開いたときに、額や胸に、第三の眼が開いた感じになったりもする。たとえば、世界の奥行きがさまざまと現れるとか、世界が全く新しく見えることもあるわけです。そこから次のレッスンに入る。演劇には、「無対象の訓練」という集中の訓練があるんです。たとえば、ここにレンガが一つあるとします。

（想像上のレンガの周囲をなで、さらに上面をなでて床にすえる）

もう一つここに同じレンガがある。これをこうして——

（つかんで前のレンガの上にのせ、ふちをそろえる）

そして、もう一つ同じレンガを——

（同じように重ねる）

そして、もう一つ——というふうに非常に単純なんですが。

（17）ジャック・ルコック　一九二一—九九年。演出家、俳優。主著に『詩を生む身体』（大橋也寸訳、而立書房、二〇〇三年）。彼の名を冠した国際演劇学校がある。

松本　だんだん集中させるわけですね。

竹内　スタニスラフスキーはね、舞台でアガっちゃう役者が多いでしょ、そうすると、たとえば「おまえさん、そこについてるものは何?」と言うわけです。それは何ですか?

（林さんのペンケースを指差す）

林　これは、魚の模様です。

竹内　というようにするんですが、すると、言われた人はそのモノにだけ集中する。先に待っている舞台のことから意識が離れる。すると緊張がほぐれるんです。

稲垣　なるほど。

竹内　そういうことが大事です。ある何かにフッとつられたときに力が抜けるというのが一つ。それから、最初の台詞しか考えない。最初のアクションだけ。先のことは一切考えてはいけない。最初が出てきたら後はできるというために稽古するわけで、最初しかない。言わば「今」だけに集中する、というのが彼のやり方です。サックス奏者のソニー・ロリンズ（二〇〇五年に来日コンサートをしている——編集部注）が、あるインタビューでこんなことを語っています。「演奏しているときには、何も考えてないね」と。「はじめのフレーズに注意している」、「あとは音楽がやってくる」、それはとても早くて「考えてる暇なんかない」と。長いこと訓練した技がからだに蓄積されて、意識の底に埋もれている。仏教の唯識の言い方を借りれば、蔵識（アーラヤ識）に入って種子が「異熟」して、突然「現行」として顕れる、ということでしょう。もはやそのときは「考えて」なんかいない。これは「エクスターズ」ともつながると思いますが。

声はからだのはたらき

稲垣　スポーツ史学会での講演のときに竹内先生が「マイクを使いたくない。聞こえますか？」と言われて、誰も答えないから「はい。聞こえます！」と私が後ろで言ったことがありました。

竹内　真ん中よりちょっと後ろの席におられましたね。

稲垣　ええ。そうしたら、生の声でずっと話をされた。すると、いつの間にかみんなが吸い込まれる。マイクを使えば全館に同じ声が響くけど、それは機械に落とされた音であって、先生の肉声とは違う。機械化された音声で集中力を引き出すのはたぶん無理ですね。

竹内　機械化された音声は、聞いている方が受け身でしょ。受け身では集中も高まらない。

稲垣　肉声の場合は、顔の表情も身振りも一緒になって声が飛んでくる。それを聞いていると呼吸みたいなものがはじまる。それが集中かなぁ、と。僕なんかは話が下手だから、学生がすぐ寝ちゃうんです。あー、寝かせてしまったといつも思う。

竹内　私も下手です。もともとが喋れなかった人間ですから。この間、あるところで話をせいといわれて資料のチラシが届いた。毎年三人くらいのスピーカーが喋ってる。十年くらいだから三十何人。その中に私が入ってこちょこちょ喋っても仕方がないじゃないか、喋るのはやめてレッスンをしよう、と。それで、「夕焼け小焼け」をみんなで歌うレッスンをやった。えらく受けました（笑）。

稲垣　聞いた人は印象に残って一生忘れないでしょう。講演ってすぐに忘れちゃう。

竹内　それで、「夕焼け小焼け」の一番だけやった。そしたら、一時間半ばかりたった会の最後に、主催者が皆さん一緒に歌いましょう、と指揮を始めた。そして一番が終わったらすぐに同じ調子で二番に入ったんです。一番の終わりは「〽カラスと一緒に帰りましょう」でしょ。それとまったくおんなじテンポで「〽子供が帰ったあとからは〜」って。私は「あかん。あかん！」って怒鳴った。みんなはびっくり仰天。だって「カラスと一緒に帰りましょう」って子どもはもう帰ってるわけだ。帰って人っ子一人いないのに、どうして同じように歩くリズムで始まるんですかってことです。

まぁ、そういうふうにやる方が話すより楽ですね。一所懸命、言葉にして話すのは大変です。言葉にするには、時間の流れに従ってズーッと一直線に並べなきゃいけない。ところが、からだというのはそうは動かない。同時にたくさんのことが出てくる、声も表情も身ぶりも息づかいも。だからこそ、からだの動きなんであって、これを一つの時間、単旋律で言葉にして並べるなんて、こんなにつらいことはない。これからは講演はしないことにして、レッスンをしようと思った。

林　私は「とおりゃんせ」をやったことがあります。でも、今の学生はほとんど知らないんです。

竹内　知らないですか。

林　ええ。全部知っている学生はいませんでしたし、ましてや、あの道がどこにつながるかなんてことは全然知らない。一所懸命なんですけれども、全然歌えないんです。

竹内　私は、この頃は三十代から四十代にかかるくらいの女の人のレッスンが多い。その人たちはみんな知っている。そこでね、ある課題がはっきり出てきてるんです。「女の声変わり」です。

稲垣　えっ、「女の声変わり」？　三十から四十代で。

竹内　ええ。つまり、今は働いている人が多いでしょ。子育てだけしてたという人はあまりいない。で、若いときには、彼女らは「こういう」声で格好よく喋ってきた人が多いんです。

（高く細い声で喋ってみせる）

つまり、カワイコちゃんの声で喋ってるわけ（笑）。ずーっと三十代の半ばくらいまで。ところが、だんだんそれでは通らなくなってくる。自分が気づく前に、まわりが、あの声はイヤだな、となってくるんです。で、当人が自分の声がまわりに通ってないということに気がつく。それで、これは何でしょうという感じになって、レッスンしてみると声が一オクターブくらいボンと落ちちゃう。

三井　私が参加したレッスンでも、確かにドーンと低い声が出始めた人がいました。

竹内　そうすると、「楽です」となるんです。二十代なら、それまでの声で問題ない、カワイコちゃんで頑張っていても（笑）。だけど、生活にいろんな矛盾を抱え込んだ一人の複雑な生活体、一人の女性として成長したからだの表現としては、とても自分を担いきれない。だからね、「女の声変わり」ということを言いはじめているんです。まだパテントはとっていないけども（笑）。

稲垣　ハハハ、そうですか。三十代後半ぐらいまでは何とか引っ張っていけるわけですね。

竹内　半ばまでです。頑張ってきた人ほどそれでいいと思って、からだが固まってる。女の声変わりを促すワークショップをやろうかと思うくらい、あっちでもこっちでもそういうのにぶつかる。

三井　竹内さんのドイツでのレッスン(18)でも、変声期（笑）を迎えた女性を目の当たりにしました。ほんとに大きな声がブワァーッと出たんです。ビデオを撮っていて鳥肌が立つくらいでした。「喉《のど》が劈かれた」という声で。立って上体をぶら下げて、からだを揺らして、そしたら余分な力が抜けていく。それで首の裏の力もゆるんで、うつむいたまま、らららぁーと息を出してみたら、とても声が通ったんですね。

竹内　うつむいたままで声が通らないと、つまり喉の力が抜けて声が通らないとね。

稲垣　僕は月曜日の一時間目の授業では声が出ない。金土日と家にこもって、ただ黙々と本を読んだり原稿を書いたりしていて三日間しゃべらないでいると、声は出なくなりますね。

竹内　私は最近、膝を痛めまして、朝起きたときに膝の裏側が張っているんです。だから、まずそこのところを動かしてから動かなければいけないということをはじめて知りました。声も同じでしょう。まず呼吸を整えて、それから声を出さなければ声は出ない。

稲垣　月曜の午前中は声がほとんど詰まった状態。午後になるとだいぶ出るようになって、二日目くらいに元の状態に戻る。授業をやると声が出ないから面白くない。自分の思っている声との違いに苛立って、変な授業をしたりしますけれども。

竹内　そういうときには、だいたい自分との対話ばかりしている。他人に喋らないでね。私は声はからだの働きだと思っています。空っぽでないと声が出ない、と。

この間、大阪の人権文化センター、昔からの被差別部落の人々の解放運動の中心の一つみたいなところです。その中の人たちと反戦詩をみんなで朗読するということになった。読む前にラララァーと声を出してみようとなって、その中の気になる人をレッスンしたわけです。すると小柄な女の人で、「へかーごめかごめ」とやろうとしても全然声の出ない人が出てきた。どうしようかなと思って、ハンケチを丸めてボールみたいにして、前にいるがっちりした人がキャッチャーだと思って、その人にぶつけてみろって言って投げさせた。ぶつけるときに「ばかー」と言え、と(笑)。

ところがぶつからない。途中で落ちちゃう。あの人に集中してぶつけろ、そうしたらそのうちにぶつけられるようになるから、とにかく「ばかー」と言ってぶつけろ、と。ボールがどっかにいって、それでも「ばか、ばか、ばかー」とやっていると、そのうちにすさまじい声で「ばー」という音が出た。「あなたは今までにばかなんてことは言ったことがないみたいだね」って言ったら、その人は涙をためて、「そうなんです」「声を出すのがこんなに大変だとは思わなかった」って。私が女の人が泣いたからって遠慮はしないと言うと、周りがドドドーッて笑って。

稲垣　面白い。からだが動いていないと「ばかー」という声がちゃんと出ない。

竹内　もうね、まっすぐに行かないわけですよ。これも集中の問題だと思います。集中というのは

(18) 二〇〇五年三月十八日—二十日、ドイツ、ボッフム市ルール大学で行った、第十一回ドイツ語圏日本語教育研究会シンポジウム、ワークショップ「声と身体」。

意識だけじゃなく、からだ全体が動いていなければだめ。すると、やっと声が出る。

三井　最近、口を開けて話さない人が多いなぁと感じることがあります。今のお話を聞いていて、口を開ける、声を出す、からだを動かすということがそんなに関連しているのかと驚きました。それで、この三つは、体育の授業のなかでできるなぁと。力強い声が出たり、自分にはないと思っていたような感情がその場で現れたりする学生を見ると、今日の授業はうまくいったなぁとうれしくなるんです。

竹内　この間、吃音の人とやっていてわかったのですが、私は息が出せれば声を乗せられると思っていたんだけど、どもりの人の中には息は吐けるけれど声が乗せられないという人がいるんです。どうしたら声を乗せられるかという問題にぶつかった。

「はぁー」はできる。だけど「らららぁー」とはできないわけです。音を出そうとした瞬間にできなくなる。どこに力が入ってしまうか探求中です。最初の音はたいていの人は乗せられる。「タケウチサン」だったら「ター」って言ってごらんといえば「ター」と出る。ところが「タケウチサン」と言おうとすると出ない。結局ね、私に言わせるとからだの問題なんです（その後、「はぁー」を音にすることができ、やがて「ひぃー」「ふぅー」「へぇー」と出せるようになる、という例を経験しました——竹内追記）。

「ターケーウーチー」というのは時間の流れに従って出てこないといけないんですね。ところが「タ」を言おうとしているときに「ケ」を言おうとしている。からだが「今」にいないで先に行っちゃってるわけです。今と未来が一緒に出てくるんだから、そりゃ詰まります。今を言えたら次へ行くというのでなければ声は出ないというのは、からだの流れと同じだと思うんです。

だから、たとえば正確という話がありましたが、止確というのはね、流れの一コマ、一コマの順序を一緒くたにしないで一つずつちゃんとつないでいくということにあるんじゃないか。ところが慌てるとか、混乱するというのは、一を言おうというときに十までいっぺんにやろうとする。意識が一のところに立ってなくて、十のところに立っている。だからこんがらがってしまう。からだがそういうふうに整理されていかないとだめだ、という言い方ができるような気がするんですね。

「分割」と「流れ」

三井　さきほど、ひとりひとり違うからだが、どうそれぞれの正確さを見出していくか、というお話がありました。練習とはその正確さを一つ一つ積み上げていくものだと。ならば「型」というのはその正確さを方向づける一つの典型というふうに考えてもいいのでしょうか。
瀧元　それは言えると思います。今の話を、自分の感覚はずれていないと思って聞きました。「意識が先に行ってしまう」ということについて、昨日あったことを、具体的な例として出してみます。
空手の技を教えるのに、まず私が全体像を見せます。そして、「わかった?」と聞くと「はい、わかりました」と答えます。しかし実際に動きをさせてみると、実は技が終わったときの印象しか残っていないことが多いのです。昨日の技は、左手と左足を前にしてお互いに構えていると、相手が左足から歩を進めて左拳で顔を攻撃してくる。こちらは、左手甲を相手の左腕に沿うように差し出し、相手の突きの勢いを左手から感じたら左腰を少し右斜めに進め、続いて右腰から反時計回りに身体をひねります。ひねるといってもほんの少し、角度で言うと一〇度程度です。足は移動しないで行います。すると相手は、突きを受け流されてしまい、勢いを支える感覚がなくなり崩れていくのです。と、言葉にすればこのような技でした。

ところが、その子はからだの軸が安定していないので、どうしても手の動きに合わせてからだが動いてしまう。足が移動したり、からだを傾けて突きから逃げようとしたりするということです。そうすると逆に相手の力を受けてしまって、さらに自分のからだは逃げてしまい、からだの軸が崩れてしまう。だから「そうならないように、手を合わせたら、そこへ自分の軸を預けるようにしなさい。そうすると相手のほうが今の君のように自然に崩れていく」と、説明したのです。

すると、その最後の動きだけを真似て、最初から最後の預ける方向に動いてしまう。つまり受けをしていないために相手の力とぶつかり合ってしまうのです。それができてしまうと、なんでできなかったのかがわからない、ということになったりするのですが。

三井　先ほどの逆立ちと同じで、気がついたら「できちゃってた」ということですね（笑）。

瀧元　そうですよね。大事なことは、からだのある部分を動かし、動きを分割して学ぶことと、流れを学んで技ができるということとは、どうも別のことらしいということです。この話にしても、一つ一つ説明しようとすればできるし、動きの分割もできますが、それで流れを取り出せたかと言うとそうではない。三つの動きに分けたからといって、それを一つにつなげてやることができるわけではない。だいたい、僕たちの動きには円運動が多いのですが、分割するとどうしても直線になってしまって、つなげてみると角ができてしまって滑らかな円の動きにはならない。

竹内 それは、さっきの話にも通じますね。「タ」と言えて、「ケ」も「ウ」も「チ」も言えたとしても「タケウチ」とは言えない。「タ・ケ・ウ・チ」としか言えない。結局母音の流れがないんです。タケウチの母音は「アエウイ」です。「ア〜」と息をつないでいったところを変化させて「アエウイ」となってくれれば、「タケウチ」と言えるようになる。言葉の場合にはそうですね。

ここはもう少し説明しなきゃいけないから、ちょっと私の口をよく見ていてください。

「あー」、でしょ。で、「あーえーいー」。

唇の形は少しも変わらないでしょ。舌の形が変わるだけで、唇の形は変わらない。喉《のど》から出ている音は一つしかない。喉から「タケウチ」という音が出ているわけではない。これは私がはじめて発見したと言うと大袈裟だけれども。喉からはたとえば「アー」という音しか出ていない、あとは舌や唇などを動かせば音は変えられるということです。それをどうして誰も教えてくれなかったかと思いますね。だから「ケゥチィ」とこうなって、喉で一つ一つの音を出さなければいけないと思って苦労してきた。気がついてみたら喉は「あー」と言っているだけなんだ。

流れというものはそういうものなんでしょう。からだの流れにしても、来るものに対してどうからだが流れ、触れ合うかということの何かが見つかれば、一つ一つの動きがスローモーションみたいな流れとして見えて来るんだと思う。流れが言葉となって相手に届く。流れがないと「タ・ケ・ウ・チ」とぶつ切れにしかならない。私の小学校のころにすでに使い古されていた掛図があります。アイウエオの口の形を描いた図。あの通りに喋ろうとしたら、言葉の不自由な者は話せなくなる。

どもりの人の話ではね、一つ一つの音がちゃんと出なければだめだというので、「おはよう」が、「おあおう」から始めて「おはよう」までいくとするでしょ。するとね、「おはよう」と言えても向こうへぜんぜん届かない。注意は自分に集中していて自分の中で回っているだけだから、発音はしても言葉にならない。ある人に話すとしたら、ある人のからだにおいて言葉は成り立つのだから「あんた（自分）じゃない、あっちに言いなさい」ということです。「お前は空っぽだ、流れ出してゆけ」「ここじゃなくあそこで成り立たなければならない」。この間は、これで非常に苦労した。

こんな例もあります。いい声なんですけれども、こもるんです。自分のからだの中で響いている音を、いい音だと思って聞いてしまうわけですね。だから、これで声が出ていると思ってしまうんだけれども、声は確かに出ているけれども言葉にはなっていない。向こうに話しかけるには、「花火みたいに、あそこでパァーッと開くんだ。お前さんはどうでもいいんだ」と言うと、「はぁ？」と不思議がられる。とにかく全部捨てろ、あんたは全部空っぽになって、と。「ばか」もそうです。自分の中で「ばか」と言っていてもだめなわけで、「あそこへぶつけろ」と。あっちを見て、それで「ばか」といくから「ばかー」と響くわけで、自分の中で大きな声を出そうとしてもだめなんです。

だから、さっき言っていた「無意識が働きはじめる」ということは、こっち側の意識がなくなるという瞬間、それとたぶん同じことなんだろうと思う。現われとしてはかなり違うから、もっと丁寧につき合わせてみないといけませんけれども。

体験を〈自覚〉する困難

林　大きな声を出したときには、たいてい弾けているというか届いていると錯覚するように思います。さきほどのハンカチを投げるときには、からだに反応が出るんですか。

竹内　そりゃね、投げられたほうは「オオーッ」となりますからね。まっすぐ来れば。

林　相手と自分の関係の中でそれはわかるんですか。

竹内　周りにいる人間にはわかります。当人はなかなかわからない。と言うのは、声がちゃんと出た瞬間には喉に抵抗感がないからですね。自分に知覚がないとわからないんです、声が出ても。さきほどの「立てちゃった」という逆立ちの話と同じですね。

林　「話しかけ」をしていても、最初にわかるのは受け手のほうですよね。

竹内　相手にちゃんと届いたと当人が気がつくためには、自分の外へ出ている声が聞けなければだめなんです。これにはちょっと訓練がいる。自分の中で骨伝導で響いてくる音を聞くことはすぐにできるけれども、外に出ている声がどう広がっているかということを聞くにはちょっと訓練がいる。

稲垣　それが僕にはわからない。

竹内　稲垣先生のは、どちらかというと「こういう声」です。
（あごを大きく引いて発音する）
あまり外へ出ていない。
稲垣　だから学生が眠っちゃうんだ（笑）。そうか。自分の中で回っているだけなんですね。
竹内　型で言うと、型としては正確だけれども相手に入っていないという人がいない？
瀧元　そうですね。柔術では相手を押さえる技があります。押さえたり急所を攻めたりするときに、一所懸命に力を入れて頑張るけれども相手は平気ということがあります。僕は「どうして力を使うの」と問うわけです。そして、「筋肉は力を入れると縮むことしかできない。押そうとして力を入れても筋肉は縮んでいるんだから、単純に言うと力なんて伝わらない」と続けるんです。
竹内　なるほど。
瀧元　まずは意識を変えさせます。次に、筋力ではなく別のもので技に使える力とは何かと言えば、自分の重さになるわけです。重さをどうやって伝えたらいいのか。
たとえば、ひじを逆関節に決めるために押せば痛いわけです。この動作をするときも自分の中で力を入れていると相手に伝わらない、つまり痛くならない。この場合は、自分を相手の肘のほうへ動かせば十分に効きます。それを力で押しているつもりになったり、下手をすると相手の腕を引いて助けてしまったりする。それで、どうやったら押さえられるのか、説明すればわかってくれます。
それなのに、先ほど言われていたように、上手くいくと自分にはわからないことが多いです。というのは、自分の力が相手に伝わってしまって自分に感触が残らないからです。相手の表情や動作で感じるしかない。だから、「上手くいったときには、危ないからその点に気をつけろ」とやられている方に言います。「危ないと思ったらすぐに反応できるようにしろ。恐がってビクッと力んでしまうと本当に危ないぞ」と。だから、やられているほうは技が決まるまでじっと待っていて、技が決まったときに合図を送るわけです（笑）。力の流れは攻める側からだけでは感じられないからです。

竹内 それは武道の問題だけではなくて、人間関係の問題ですね。「一人が相手に手をかけて向こうへ押せ」というレッスンがあるんですが、押せない人がけっこう多いです。手がちゃんと相手に触れてないんですね、そぉっと突いたり、押しながら離れたりする人が多くて。「押せ」というと「エイヤ」と肘を曲げて、自分では力を入れて押しているつもりなんです（笑）。もう一つの例は、押すんだけれども押した途端に引いている。相手に力が流れていくためには何か自分を開けっ放しにしなければだめなんですよね。自分を守っておいて襲っていくことはできないわけですから。これは人間関係と同じです。なるほど、力を入れると自分を縮めることにしかならないわけか。今のお話はわかりやすい、これから使わせてもらいます（笑）。

あべこべにね、「無対象のレッスン」のときにはそれが逆になります。たとえば「押す」。「（実在しない――編集部注）柱を押してごらん」と言ったときに、力を入れて肘を伸ばしたら、対象の柱が動いたことになって押したことにならない。立ったまま、押す者の自由にはならない柱を作り出さねばならない。これは空間の不動点と呼びますが、そこに手のひらを固定してじたばたしている姿になる。

あべこべです。ものを押すのと目に見えないものを押すのとでは力の入り方が逆になる。

松本　昔、合気道の人に教えてもらったことがあるんです。腕を伸ばしておいて、自分より力の強い人が肘のところで腕を曲げさせようとするのに対して、伸ばした腕を曲げられないように頑張るというものです。そこでは力で頑張ってみてもすぐに曲げられてしまう。

（林さんの腕を取ってやってみる）

そうではなくて小指をあちらの離れたところにいる人に向けてスーッと伸ばしてみる。開いた手のひらの下側の小指を、そのまま力を入れずに頑張らず。すると曲がらないですよ。

林　ほんとだ。曲がらない。力は加わっているのに。

松本　これが合気道でいう「気の流れができる」ということです。全部がそうです。からだの力を抜いて重みをドンと落としてあげたら子供だって上がらない。そういう力を利用しているのが合気道です、という話を聞いたのを今思い出して、一緒なんだなぁと思いました。

瀧元　空手の場合、突きのように突っ込んでくる勢いがあれば、その力を借りたり、返したり、逸らしたりしながら投げるなどの技をすることはできます。ただ、グーッと力がかかってくるものに対しての技がまだできなくて、悩んでいるところです。そのレベルでの練習相手が今そばにいないので、それが悩みどころでもありますが。

斬られに入る人間関係

竹内 合気道や空手の話が出たところで、ちょっと質問させてください。武道と私のやっていることは全然違うと私は言うんだけれども、武道を今の時代で考えるとすると、人間関係の問題とつなげて考えたいと判で押したように言う人たちがいるんですね。そこは私にはどうも納得がいかない。

たとえばボディ・ランゲージというアメリカの考え方がありますけれども、あれなんかはそのまま武道に置き換えることができなくはない。つまり煎じ詰めれば、二人向かい合っていて向こうが攻めてきたらこっちはどう守るか、という話です。あるいは、どう相手を操作するかという話です、非常に単純化するとね。だけれども、私は逆なんだな。ある有名な武道家に会ったときに、私が握手をしようとスッと手を出したら向こうがフッと身構えて顔色を変え、それからフーッと緩んできたことがあった。それで「あぁ、これは私が勝った」と逆に思った（笑）。つまり、身構えたらあべこべだと思うんです。人間関係とは、斬られに入ることなんだから。

稲垣 なるほど。入っていく、しかも斬られに。それがなければ何も始まらない。

竹内 斬られることによって向こうと一つになるっていうかな。だから入っていくということの意味が違う。斬りに入るんではなくて、斬られに入ってるというふうに私は思うんです。その辺のところを瀧元さんはどう考えるかというのを聞きたい。

瀧元　私のところでは、ある段階までくると「突かれないように構えるのではなく、突かれなさい」と教えています。それまでは、いかに隙をなくすのか、相手の攻撃をどう捌《さば》くのかと、自分の身の守り方を稽古するわけですね。しかし、それだけでは鎧を身につけるようなもので、ある意味自閉していくだけです。

次の段階にいくときには、それを捨てなければならない。つまり鎧を捨てて突かれてみることによって、突かれるとはどういうことなのかを身に染みこませるわけです。さらに、突かれることによって自分の動きが生み出されるようにするのです。相手は攻撃が決まると思った瞬間に力を込めるわけですが、その力を利用されてしまっているために勢いを止められず行き所がなくなってしまうのです。

それを念頭において、わざと構えを解いて攻撃を受けてみます。この稽古ができる段階までくれば、多少当てさせても大丈夫なからだができていますから、当たるタイミングや攻撃の力のベクトルを身をもって感じることができます。そうすると突きを誘い込むことができる。そして、相手に「よし、これで突ける」と感じさせて、抵抗感なく突かせます。もちろん、ほんとに突かせるわけにはいかないので、それこそ正確に準備した技が生まれて相手の攻撃をかわせるのですが、その動きは自分の力でするのではなく相手の力を利用しているだけです。

そして、自分のからだがどう崩されていくのかを感じていきます。そのうちにもろに攻撃を受けることがなくなり、相手の力を借りて自分のからだが崩れていき、その崩れによって相手の攻撃がそのベクトルを保ったままで、逸らされながら流れていくのが感じられます。そのときに初めて自分が負けているけれども勝つ、という段階になります。これは、今言われていたように、斬られに入る、やられに行くという状態を構えとして作っていくことではないかと思います。ただ、このような構えができてくると、たいがい攻撃してきません。もちろんそれを感じられるレベルの人は、ですが。というのも攻撃をしていったらどうなってしまうのかを感じることができるからです。

竹内 その先はどうなっていくんだろう。針ヶ谷夕雲(19)でしたか、斬るのでも斬られるのでもなく「相抜け」ということを言いますね。あれなんかとはどうつながりますか。

瀧元 私のところの「相抜け」という技は文字通り、お互いに抜けていきます。それは、ただすれ違うのではありません。相手の勢いに対して正面からぶつからないように進んでいけば、すれ違うわけですけれども、「相抜け」では、お互いに摺《す》り抜けていくので微妙に軸や力のベクトルが崩されています。勢いの線があるとしたら、それが触れ合いながら摺っていくのでお互いに崩れるわけです。じつは、崩れたときにつく脚は自分にとって一番バランスのいいところになります。そのポイントがわかると、今度は崩れておきながらそこへ脚をつかせないようにすることができて、相手を完全に崩していくことができるようになります。

針ヶ谷夕雲や小出切一雲(20)の「相抜け」では、本来勝ち負けにはならないとなっているのですが、勝っ

---

(19) 針ヶ谷夕雲(はりがや・せきうん) 生年不詳—一六六九年。江戸時代初期の兵法家、剣客。無住心剣流剣術の開祖。

(20) 小出切一雲(こでぎり・いちうん) 一六三〇—一七〇六年。針ヶ谷夕雲の弟子。

てしまうのはそこではないかと思っています。おそらく摺り抜けていく際にバランスが崩れ、師範はつく脚のポイントが外れたか、外されたために転んでしまったのではないか。だから一雲に真里谷円四郎(21)は勝ってしまったのではないかと思っています。(22)

竹内 それでだいぶはっきりしてきました。人間関係で斬られに入るというのは、入っていって「ちゃんとここを斬れ」と言うことですね。「刀を振り上げているだけじゃなくて、ちゃんと斬ってこい」と。それから「ちゃんと突け」とか「逃げるんじゃない」とか。今の話を聞いていたら、本当はまっすぐに入ってこないやつを、こっちへ向けて、なんとかまっすぐに斬れるようにする、と。人間関係として考えると、どうもそう考えてよさそうですね。

竹谷 「斬られに入る」ことについては、私は昔、居合いをやっていましたので、次のようなことも関連があるかと思います。居合いでは「遅さが速さ」といいます。つまり、相手に先に抜かせて近くまで来させる。そこで見極めができていれば、あとは体捌《さば》きで相手の体勢が崩れてからゆっくりとどめを刺せばいいと。もし斬られても致命傷ではありません。「身を切らせて骨を断つ」という言葉があるように……。

竹内 それは「柔《やわら》」ということの根本ですね。

竹谷 そうです。その技には体術という、刀を使わないでからだを作っていく前提があります。

竹内 なるほど、そういうふうになるわけですか。

竹谷 刀が折れたり切れなくなったときには、素手で刀なしで戦わなければいけませんので。だから、最初は長い刀で稽古をしますが、実際に型をするときには短い刀をできるだけ長く使う、ということをします。いつも対戦相手はおりませんので、想定しながら稽古をするという難しさはありますが。

稲垣　それは「後の先」という言い方でもいいの？

竹谷　そうです。「後の先」です。相手の体勢が修正できないところまで待て、と。

稲垣　相撲の立ち合いでも「後の先」と言いますね。出島という大関まで昇進した関取は、調子がよく番付が上がってくる頃は、必ず一呼吸遅く立っていました。相手に遅れて立って、相手の胸元あたりにドーンと頭で当たっていっぺんに起こし、後は一気に寄るという相撲でした。出始めの頃にはテレビを見ていても「これは後の先だ」とわかるくらいきれいに、一瞬早く立った相手の喉元の辺りめがけて頭から当たっていく。解説の人が「あれが後の先だ。あれをみんなやればいい」と言ってま

---

(21)　真里谷円四郎（まりや・えんしろう）　小出切一雲の門人で、無住心剣術の三代目。

(22)　心陰流を修め、無類の強さを誇っていた針ヶ谷夕雲が四十代（一六三〇年代と考えられている）に無住心剣術を興す。夕雲六十代の頃に二十八歳で入門した小出切一雲は、三十三歳のときに夕雲と三度の真実の試合をするが三度ともに「相ぬけ」をした。そこで、夕雲は一雲に印可を授けた。無住心剣術は、勝敗を超えた「相ぬけ」にこそ特徴がある。しかし、一雲に十代から学んだ真里谷円四郎は、二十五歳のときに一雲と真実の試合をして一方的に一雲を打ち破ったという（甲野善紀『剣の精神史』新曜社、一九九一年による）。

した。少しでも早く立ちたいところを、待てるようになればたいしたものです。

竹内　私は耳が聞こえなくて年中熱を出していましたから、中学に上がった頃には全然体力がないわけです。でも戦前の中学ですから剣道や柔道が全部正課なんです。私の通っていた中学校の校長が剣道六段でね。軍国主義の塊みたいな人で、全校生徒がやらなければならない。一年生のときに試合があって「負けでもいいや」と思いながら出て行ったわけです。私の相手は剣道部の副将か何かだった。「あぁ、だめだ」って思ってね。そうしたら向こうが「わぁー」っといって振りかぶってきた。そしたら喉のあたりが空くでしょ、スッと竹刀を出したらデーンと転がっちゃった（笑）。

それは「後の先」だと言われましたけれど、体力のない人間はそうするほかないわけです。これは銃剣術でもフェンシングでも同じでした。

瀧元　私はちょっと違うと思っていることがあります。「後の先」という話については、同じ理解なのですが、さきほどの「突かせる」ということについては違うところがあります。「後の先」とは、構えていると相手の隙が見えてくるからそこを突いていくということでしたよね。出島の立ち合いにしろ、先生の剣道のお話にしろ。

私の話は、突いていくのではなくて突かせるのです。その突かせた後に崩れた状況があって、そこで自分がどうなるのかということです。突いてくるときにあいた隙を狙って、こちらが突いていったのでは実際には突かせていないですよね。そうではなくて、完全に突かせてしまうのです。ただ、その突きが決まるときに相手の力を借りて自分のからだが動き、突きをかわしつつ体勢が崩れていく。

そこでは相手の突きは自分の懐の中に入っている。相手にしてみれば、自分が入っていくんだけれども力をこめる瞬間にずらされているから、「おっと」という感じで崩れてしまうんです。その「おっと」といって崩れていくのが自分の懐の中で起きますから、こちらは難なく抱きかかえられるわけです。抱きかかえるということは、締めるなり、急所を突く、投げるなど何でもできるということです。一度、後ろに回っておぶさったことさえありました。

竹内 それじゃ、もう「後の後」だ（笑）。受けておいてからやるわけだからねぇ。

瀧元 そうですね。ですから、「自分の懐の中に呼びこみなさい」と指導していますけれども、これは相当に恐いんですね。

竹内 そりゃ恐いでしょう。「後の先」だとそのまま自分を支えておいて、それからぱっと反応すればいい。でも、「後の後」というのは、受け入れちゃってからやるわけだから。

瀧元 そうですね。そうなると自分自身も立っていられなくなります。言ってみれば自分の軸の中に相手が入っていますから。すると、問題は相手にどう寄り添っていくかです。寄り添い方を間違えると、弾かれてしまいます。うまく寄り添っていくと相手に自分の体重を乗せられるので、相手にしてみれば、軸がぶれて自分を支えるのも大変になっているところに余計な体重がかかるわけですから、完全に崩れていくわけです。要は、受け入れ方と寄り添い方の問題です。そういう意味で「後の先」の話とは違っています。

竹内 それは「柔」の本質ですね。無手で抜刀に向かうのだから。人間関係におきかえてみると、大切なことが含まれているように思います。「受けて」そして「応える」ということの核心に触れると思う。どこまで受けるか。そこから先を私は「相手に突破される」こととして考えてきました。たとえば、ダンスあるいは音楽で言えば「受けて」「寄り添って」、「崩す」こともあるが「返す」「応える」が基本だろう。勝つあるいは負けないことを主眼とする武術と、共働して一つの高みへと生きてゆくこととの違いでもあろうけれど、どこまで受けられるかはよく考えてみたい問題ですね。

稲垣 今はそれをみんな恐がって、引っ込んでしまっていますよね。それこそさっきの「押しなさい」といっても、押して引っ込めてしまうとか。言葉もたぶんそうなっている。

竹内 だから「後の後」までいかない。「後の先」ですらいかないですよ。

稲垣 世の中全体がそうなってきている、と私は考えています。親子関係の断絶みたいなものも、親の側にこそ逃げているところがあるのではないか、とわが胸に手を当てつつですが。竹内先生のお話ではないですが、親も斬られに入っていかないと子供の出番がなくなっちゃう。入っていかないと、と思いますが、基本的にはわが身をさらけ出して斬られるのは嫌だから……。

竹内 現代社会では、人間関係を人を操作することとしか考えていないと思います。操作する方向に向かえば、「それは嫌」という「からだ」が出てくるのは当然なわけで、守りようがなければ閉じこもっちゃう。反撃すればそこでバンバンと破れるものがあるけれども、向こうのほうが力が強いし、反対するとくたびれるなんてことになると、身を守るためには閉じこもるしかない。それをどうやって超えるかということはいま話していることと同じ問題だと、さっきから思っています。

打てるように投げる——原点に戻ってつながりあうこと

稲垣　バレーボールにしてもテニスにしてもいろんな技術があり、戦略があって、相手と徹底的に駆け引きをやり合ってますよね。場合によっては、こちらがスキをみせて相手を呼び込んだりする。

竹内　そういう上等なバレーボールではなくても、もっと底辺の遊びとしてのバレーボールで、どんどんルールを変えていけないかなぁと僕は思いますね。障害者の野球をやったことがありますが、普通は打たれないように球を投げるところを、打てるように投げるというルールがあるわけです。あういうふうにルールを変えてつながりあうというか。最上級レベルの手前のところでそういう考え方が成り立たないものかなぁと思いますけども。

稲垣　そういう話になりますと、私の専門であるスポーツ史の話がしたくなります。野球で言いますと、初期のころの野球は、ピッチャーはバッターが打つまでボールを投げ続けているんですよ。それもアンダー・スローで下から投げている。

竹内　あぁ、そうですかぁ。

稲垣　フォアボールも何もない。バッターが打つまで投げる。バッターがピッチャーに投げるボールを要求することもできる。打ちやすいところ、自分の好きなところに。「もうちょっとこっちに投げてくれ」とかね。それで好きなところへ投げさせて、打って、走る。

竹内　そういうルールを復活させなきゃ。野球の原点に立とうと言って（笑）。遊びとしては面白くなるじゃないですか。

稲垣　生物学じゃないですが、遊びにも、系統発生を繰り返させてね。

竹内　そうそう。前に提案しようかと思って結局やめたんだけど、「高校野球」という名前はけしからんと思う。高校生がやってはいないでしょ、高校生をコマにして、プロがやってるだけで（笑）。だから監督も全部高校生にする。そうしたら名門校なんてできないよ。

稲垣　ラグビーみたいにするのもいい。監督はスタンドに居させて、選手が自分たちで考えてやる。

竹内　そうそう。でも、スタンドから監督が一所懸命サインを送ったりしてね（笑）。皆さんがそうおっしゃるのならば、私は提案すればよかったかなぁ（笑）。

稲垣　今からでも遅くないです。ぜひ。

竹内　私なんかが言ってもだめだから、スポーツ史学会が言ったほうがいいよ。

稲垣　全然違うジャンルの方から言われたほうが効果があると思います。それで何か言われたら、「いや、竹内さんの言われていることは正しい」とこっちからバックアップします。

竹内　高校野球連盟はいい加減にしろって思う。高校野球じゃないじゃないかって。

稲垣　生徒はコマ扱いですからね。

竹内　コマだよね。だから原点みたいなものを探さないと。

稲垣　ニュースポーツ（軽スポーツ、レクリエーションスポーツともいわれる。年齢や体力、技術にかかわらず、誰もが気軽に楽しめることを目指す――編集部注）にはその傾向がありますね。

竹内　そう、ああいうのはええことやと思う。ただ、商売が関係しているところが気に入らない。

稲垣　なんでそうなっちゃうんでしょう。

竹内　ねぇ。アメリカイズムだ（笑）。

稲垣　そうだと思います。優勝劣敗主義、力の強いものが勝つ、それが正義だという世界。

竹内　心理学の思想もそう。負け犬とか、勝ち犬とか。ほんとにどうなっているんだろうな。

松本　野球の話ですが、僕らの子どもの頃の野球といえば三角ベースで、三人いればできる。バッターとピッチャーと外野。それで、打って走ると「あそこにランナーがいることにしよう」と言って、またバッターボックスに戻って。それでまた打つと、あのランナーが走ってホームに来たから一点という感じで。しかも、三人で三チームできる。

竹内　なるほどね。

松本　アウトになると順繰りにピッチャーがバッターに、バッターが外野にいって、外野がピッチャーになる。Aチーム、Bチーム、Cチームが入れ替わってね。

三井　すごい想像力ですね。その「場」でみんなが同じイメージの中にいるっていうことですね。

稲垣　そうじゃなきゃできない。場所もない、道具もない、人数もいなければ、どうやったらできるだろうか、とみんなで考えてやっていたわけです。

竹内　そういう楽しみがあっていろんなことが見えてくる。そのときに、からだが弾んで楽しいということを知らないでいることは不可能だと思うんだ。

林　そうそう。ほんとにそう。からだが弾むっていうことですね。

松本　先生のレッスンにある、みんなでする「縄のない縄跳び」と一緒ですね。見ているみんなが「あ、今ひっかかった」と言う。見えないランナーがいて、だいたいこれぐらいであいつは走るから「今のはアウトだ」とみんなが納得するのと同じです（笑）。

三井　納得しあえる共通のイメージというか、感覚があるんですね。

松本　そう、理屈じゃなくて納得できる。「確かにアウトだ」って。

竹谷　さきほど竹内先生が、人間関係で斬られるとおっしゃいましたけれども、私の場合は潜りますので、相手は魚などの生物です。そうすると自らのからだを曝け出す必要があります。最初はサァーッと彼らは逃げていきますけれども、「大丈夫」となると元の場所に戻ってくるんです。私は息を止めていますが、からだを劈かないと彼らは寄って来ません。からだを劈くというその感覚はまだ上手くつかめていないないですけれども。

ジャック・マイヨール(23)という人は、二頭のイルカに潜りを教えたそうです。人間に飼われていたので深く潜ることを知らない。自然に帰すと餓死してしまうというので、百日間かけて四五メートルまで潜れるように教えた。彼は「一緒に遊ぼう」と言ったというんです。それはもちろん言葉ではありません。ただ水中でいろいろと模索しているうちに、ついてくるようになったと。イルカというのは気に入らないとさっさと離れていく。だから、一緒に過ごしていると面白いなぁというレベルで過ごしていたと思います。閉息状態ではあるけども、からだを劈いて、イルカと、さらに言えば生物たちとコミュニケーションをとる。ジャック・マイヨールは「地球の歯車のひとつになる」「水に溶ける」という言葉を、比喩的に使っています。さっきからの斬られに入っていくということと、何か深くつながっていると感じます。

竹内 そこまで広げると、そうも言えそうな気が私にもします。ただ、そうですね、斬られに入っていくということばではなくて……。いつか三井さんが、今考えていると言って「じか」ということを書かれていましたよね。[24] その「じか」ということをどう説明したらいいかと、あまりはっきりしていないけれども、考えた。たとえば相手と自分とが融合するというか一つになっていくというのは、日本では母と子の関係みたいなことを指して言いますよね。あれは片方がもう片方に依存しているわけで、まったくの他者と他者が溶け合っているわけじゃない。まったくの他者が同じような状態に入るというのは自覚的な作業でしかできない。そこがたぶん大事だと思うけれども。

竹谷さんの話では、ジャック・マイヨールさんが、「遊ぼうよ」と言ったと。言うということは自覚的な行為でしょ。その自覚的な行為ということが徹底的に大事ですね。イルカも他者ですからね。

---

(23) ジャック・マイヨール　一九二七―二〇〇一年。フリーダイビングで一〇五メートルの世界記録保持者。映画『グラン・ブルー』の主人公のモデル。主著に『イルカと、海へ還る日』(岡邦博編・訳、講談社、一九九三年)。

(24) 三井悦子『じか―から―からだ』ということについて」『女子体育』二〇〇五年一月号、論説。

自分とまったく違うものにある働きかけをする。それが、頭で考えてするということではなく、自覚してるんだけれどもからだ全体で、それこそ「じか」でね、フッと何かに触れ合うというふうにならないと、成り立たないんじゃないかなぁという気がするんです。

その「じか」ということをもう少し説明しますと、こういうことです。ことばが劈かれるときの体験を、今まで私は、声が出た、言葉が喋れたということに重点をおいて書いてきた。でも、もうちょっと別の感覚がありまして、何かと言うと、他者がはっきり同じ世界に現れたということです。今までは、目の前にからだ全体をとりかこむガラスの壁のようなものがあり、喋った言葉はマイクか何かで拾われて向こうへスピーカーで伝えられると感じていた。向こうの声もガラスの壁がありますから、向こうで拾われて別の何かから耳に入ってきている、という非常に間接的な感覚があった。これがいきなり壊れた。私が喋ったことがスッとあの人に通り、私が喋ったとたんにあの人が息づき、動いている。そういう有り様が現れた。それが「じか」ということなんです。

他者のあらわれ方

竹内 だから「じか」というのは、同じ場に異なる者が一緒にいてそれが動く、自分が動くということが向こうが動くということに、向こうが動くということが自分も動くということになって、それで場と自分と相手とが一つになって生きているというか……。だけれども、同時にまったくの他者でもあるわけで、違うものだから、反応の仕方から言えば、自分がこう動くからといって向こうも同じように動くとは限らない。にもかかわらず同じ場で同じようにつながって動いているとしか言いようがないということがあるということです。そういう意味で、イルカと人間がどういうふうになったらそうなるのかは僕にはわからないけれども、しかし同じ場で同じ生き物であって、人間同士の場合とたった一つ違うのは、こっちは自覚的に動いているということね。

自覚的に動きながら、自覚によって動くことではないことがらが、動かなければならない。なんと言ったらいいか、能動と受動とが一つになっており交錯もしている。自分で設計して動くのではない動き、今その場で自分と触れ合って動いていくという以外に言いようのない何かです。

稲垣 計算も打算もないところで、無意識がポンと現れてくるということでしょうか。

竹内 さっき瀧元さんが言われた「懐に抱えちゃう」、あれも考えてやったわけじゃないでしょ。ただ、あれを無意識と言っていいかというとそう単純ではないですよね。意識はちゃんとある。あるんだけれども自分をコントロールしているのではない、ということですね。ふつう無意識が働くというと、「意識が全部なくなっちゃう」と思ってしまうことが多いけれど、それは違うと私は思う。

竹谷 なるほど。

竹内 意識はちゃんと働いているわけで、働いているけれども後追いというか、雁行《がんこう》しているとでも言ったほうがいいかな。からだは動いていて意識は働いていて、あるところではそれがチェックもかける。意識と無意識が雁行しているという言い方がいいと思いますね。

稲垣　互いに雁行していて、どっちが先行するわけでもないということでしょうか。

竹内　私なりに言うと、ときにからだが先行する。ちょっちょっちょっという感じで。ここで一つ、こちらからお聞きしますけれども、近頃オイゲン・ヘリゲルの読み返しというのがあちこちで問題になっているんですって。

瀧元　それは、知らなかったです。

竹内　先日、ある新聞記者と話していたら、彼は弓との関係で私のことを知っていたもんだから聞いてきて、「いや、それは知りません」と言ったんです。

オイゲン・ヘリゲルの『日本の弓術』という本は、はじめに書いたもので体験を率直に書いてある。それから十年くらい経ってから『弓と禅』を書いた。これは禅というものを一所懸命考えて書いた、形而上学的というか思弁的な文章ですね。「どっちが読み込まれているのかなぁ」と聞いたら今度は向こうがわからないと。たぶん『弓と禅』のほうが思想界の人たちは好きだからそっちのほうじゃないか、と言って終わったんです。ひょっとしたらご存知かなと思って聞いてみたんですが。

稲垣　われわれが学生の頃に読みなさいといわれたのは『弓と禅』のほうで、稲富栄次郎さんの訳でした。最近復刻版が出たんですかね。書評紙なども取り上げていました。

三井　ドイツでも新しく出ていましたよ。昨年、ハイデルベルク大学前の本屋では新しい版が平積みになっていました。

稲垣　ほんと？　また、もう一回読み返されているということは聞いたことがありますが、たんなる懐古主義なのか、そうではなくて世界の状況が大きく様変わりして、近代の論理が突き抜けたその先に広がるものとして新たに脚光を浴びるようになってきたのか……。

竹内 あの本の中に、真っ暗な中で射る情景がありますが、正確に言うとあそこは真っ暗闇ではなく、確か線香が二本立ててあるんです。それを見ているとだんだん近づいてくるように見える。これは目に見えるものが近づいてくるというか、私の経験だと的が肘の先まで近づいているように見えて、的の中に腕が入っちゃって、これは外れっこないという話です。それと、暗闇の中で的を射あてるということは全然別の話です。どうもそれが混同されているんじゃないかなと思って。

私の場合で言うと、(25)立っている位置を変えないで射るうちに真っ暗闇になっていったわけです。足を一歩も動かさなければ、からだの姿勢もバランスもまったくそのまま正確なわけです。真っ暗だから、これは狙うということではもうないわけですね。からだの中がスーッと充実してきて、水平にスーッと力が広がっていって、ある一点で矢は放たれていくということになるわけです。そうして真っ暗闇で的に中《あた》るということと、線香が二本あってそれが近づいてきて的に中るというのは、別のことだと思うんです。それがまず一つ。

それから的が近づいて見えるという話ですが、たとえば那須与一が狙っているときに(26)「風が少し静

(25) 竹内敏晴は弓の名手でもある。一昼夜連続一万本射の記録は、明治以降、竹内ただ一人が持つ。
(26) 源平の「屋島の戦い」で、揺れる舟の上の扇の的を射ることに成功。平家滅亡に繋がる大きな契機となったとされる。

かになったので」というのは周りで見ている人間の言うことであって、彼自身は死を覚悟して集中していたら的が近くに見えたに違いないんですね。そのときでなければ放てるわけがない。だって物語に従えば鏑矢《かぶらや》でしょう。鏑矢というのは、だいたいがまっすぐ飛ぶものではない。風が吹いたらどんどん流れていくものだからね。そんなもので正確に一町先のものを射れるわけがない。

そこでしかないところでしか放たれないということは、的が近くに見える状態でなければならない。そういう状態になるのは別に禅とは限らないわけですね。深い集中がそこまで行くか行かないかという判断のために、何を手がかりにするかというと、阿波研造さんは禅を手がかりにした。だけど、たとえば蒙古馬か何かに乗ってる場合には、悪魔でもなければ間に合わないですよ（笑）。座禅なんてことじゃ間に合わない。そういうからだの状態に持って行く、その方法として禅があるのであって、何か神秘的なものとして禅があるわけではない。阿波研造さんは禅をやったんじゃない、弓のための精神集中を禅によって得ただけです。禅によって悟ったわけでもないでしょ、あの人は。

稲垣　オイゲン・ヘリゲルの場合は、彼はもともと哲学者ですから、禅の中にヨーロッパ的思考とはまったく違う世界が見えたけれども、「無」なんていう概念はヨーロッパ人にとっては実に不可解な話のはずです。それを弓の修行と重ね合わせて、われわれとはちょっと違う禅の理解に入っていったんでしょうね。

「竹内レッスン」のパースペクティブ

三井　今のお話は、からだをある集中の状態に持っていく訓練の一つとして、禅があったということですね。竹内さんの「からだとことばのレッスン」では「からだ揺らし」がそうだと考えていいのでしょうか？　それから、さきほどの逆立ちのお話に、逆立ちはからだがクリエイティブな状態か見極める手立てになっているということでしたが、このことも関連していると考えていいですか。

竹内　その筋道を考えてみましょう。「竹内レッスン」のパースペクティブということになりますかね。からだの状態が日常的な状態とは違う、脱力と言ってもいいし、ある集中と言ってもいいけれども、そこに入ってゆくことが第一で、これがさっきの「揺らし」です。次に、立ち上がって世界に入り他者に向き合い働きかける。これが「呼びかけのレッスン」。じっとしている人を呼ぶだけじゃない、歌でもいいしダンスでもいい、相手に働きかけ受け取り、動く。このとき、相手との間がゼロになり、自分のからだが空っぽになる。そして三番目が「出会いのレッスン」。

これが三本柱かな。「揺らし」と「呼びかけ」と「出会い」。その先には深層意識の世界に実際に入っていくというレッスンがあるんですけれどもね。この三つのレッスンは時間的に順次進んでいくという固定的なものではありません。はじめの「揺らし」で、すでに相手に「からだ」を委ねきれるかという人間関係の基本的な課題が含まれているわけで、すでに第三のレッスンでもあるわけです。ですから、レッスンは階段状ではなく、螺旋状に動いていく。逆立ちは、はじめてやるのは一巡りした後の「揺らし」の後になりますが、相手に支えてもらって始めるので、まさに第三のレッスンでもある。やがて、一人でまっすぐに逆立ちする「一人立ち」です。

ですから、運動することで自分をある状態へ持っていくというような、いわばウォーミングアップの役割のものはないのです。「出会いのレッスン」はまだ進化途中で、斬られに入っていくというものから、来たものを受けたところで崩れて、崩れた者と崩れた者とで抱えあうというところまでレッスンそのものが広がればいいなぁ、とは思っているのですけれども、まず基本的なことを十分に探り耕そうというところが大切ですね。

三井 レッスンの始めにおこなう「揺らし」は、たんに脱力だけではなくて、からだの中に流れを生み、集中のためでもあり、からだを委ねあうことの始まりでもある、と。そうすると、さきほど逆立ちがうまくできるときは、からだの中がクリエイティブな状態のときだとおっしゃったそのクリエイティブなからだとは、どんなふうに考えたらいいでしょうか。

竹内 どうなんだろう。竹谷さんは潜るときにありませんか。「今日はちょっとあかんなぁ」というときや「こういう状態なら何十メートルまでいけるなぁ」という感じが。

竹谷 あります。

竹内 それはどういう感じですか？

竹谷 えっと……。

竹内　いや、三井さんの質問と同じことですよ（笑）。

竹谷　それはもう、頭というよりもからだ全体で反応します。それこそ「これ以上行ったら危ないぞ」というシグナルを感じます。我慢していると水面まで戻る間にトラブルが起きますし、一番最初の「行ける、行けない」と感じたときに引き返すこともあります。それは言葉では表せません。

竹内　その「感じ」だけではとらえきれない部分、意識に触れてこない「からだ」があるんです。それを見極めるというか、自覚するために、私は「逆立ち」に自分を流し込んでみると言えます。

クリエイティブというのはわかりやすくと思って観念的な言葉を使っただけで、自分の中で流れが滞らずにスーッと動くかということです。首をこうぶら下げて、手をぶら下げてススッと何もなく流れていけばいい。どこかが引っかかっているとか、手が床に触れるときに手ごたえがあるとか、あるいは右と左のバランスが何か違っているとかがあると、絶対にスーッとは立ちませんから。

三井　スーッと立てたときは、滞るものがなくてゼロの感じなんですね。そのからだで生きる今日一日は、自分にとってクリエイティブな一日であるという、そういうことですか。

竹内　そこまで考えてはいなかった。今、自分はこのからだならレッスンができる、とかね。スーッとほんとに立つときには、何秒もないかもしれませんけどピタッとして微動だにしない。永遠というほかない感じで、何も動かない。動かないけれども動いています。

三井　なるほど、それで力は使ってないという状態なんですね。

竹内　そのときには、地球の中心に落下してもいない。そこにあるだけ。スーッと立ったときには、落下という動きの中にいるのではなくて、ただそこにあるだけ。

からだは時間を超えて動く

竹内　瀧元さんがさっき言っていた稽古のことで、相手がいないというのは難しいところだろうけれども、こう、スローで回っているような感じというのはありませんか。

瀧元　それが、ないんです。よくそういう表現は聞きますすし、読みますけれども。

私は上手くいっているときこそ一瞬だと感じます。もちろん技が短いということもあると思います。連続性がほとんどなく、すぐに終わってしまいますから。先ほどの話で言えば、勢いというか力のベクトルが触れ合って崩れていくと、その崩れから生まれるベクトルが続いていきそうな感覚はありますけれども、その技そのものがゆっくり動いているという感覚はいまだにないです。むしろ、「えっ」と思ったときがいい技だったりしますね。僕は何人ものすばらしい先生に恵まれているものですから、その先生と対峙するときには全身全霊でぶつかって行くわけです。それでしっかり向かっていって、ポーンと技をかけられたときには何をされたかわからないです。

竹内　なるほど。私は野球でゆっくり見えたことが一回あってね。横に曲がっていくカーブがゆっくり見えた。「はぁ、こういうふうに見えるんだったらこれは打てるわ」と思ったけど、えっと思って見直してみたらもう二度と見えない（笑）。よく連続写真ってあるじゃないですか。あれみたいにスーッと見えたんですけども。

稲垣　僕は、剣道で中野八十二という先生に教えてもらったのですが、今日は試験でこれで終わりという日にね、一対一でやってくれたんです。「はい、行くよ」とやさしく言ってくれるんです。それがものすごくゆっくり来るんです。それでこっちへ逃げようとするとこっちへ来る。それじゃこっちだと思うとこっちへ来る。結局、どちらにも逃げられない（笑）。「オ、オォー」と思っていたら、ポンとやられてしまう。それが周りで見ている友だちに言わせたら一瞬だったという。ところが、僕にしてみたら二、三回どっちかへ逃げようとしていた、けれども動けない。だってそっちへ来るんですよ。行き先をふさがれてしまっている。それで何もできないでポンとやられた。

竹内　たぶん狼に襲われるウサギはそういう感じなんでしょうね。「あ、あぁ、来ちゃった」と（笑）。

稲垣　鉄棒で大車輪をしていて落ちたときもそうでした。そばで見ていた友だちは「あっという間のことだった」と言ったけれども。自分としては、左手が先に滑って鉄棒から離れているんです。それで右手が頑張って握っているのですが、グググーッと離れていって、「あぁー離れた」というときには、もうからだはだいぶ上の方へいってて「このまま行くと頭から落ちる」なんて考えている。危ないから手で支えるか、横へひねって頭の衝撃を避けるか、とか。ところが遠心力がついているから頭がどんどん下がっていく。最後に「あぁ、もうどうしようもない」となって一回転して尻からドーンと落ちた。それが見ている友達に言わせると、ほんの一瞬。鉄棒では何回か落ちていますが、僕はそのたびにそう感じていました。そういうことってない？

松本　あります。一度ムーンサルトという技のとき、鉄棒で二回宙返り一回ひねりをやっていて、手が滑って一回目の宙返りのときに「アッ、これはやばいなぁ」と、「このままいくと死ぬなぁ。どうしよう。どうしよう」と思っている間にゴンと頭から落ちて。落ちる角度がもう少しずれていたら、もうこの世にいなかったろう……。そのときにはたくさんのことを考えた。とても、ゆっくりでした。

稲垣　僕の感覚では、全身が開いちゃったみたいな、全部の感覚がいっせいに働きだしたという感じで、普段はまったく考えない余分なことまで考えているんですよね。

竹内　瀧元さん、真剣で技をやってみたらひょっとすると……。

瀧元　感じられますかね（笑）。そうかもしれませんが、いずれにしろ、今のところそういったことはないです。ただ、師範と向かい合って構えた瞬間に「あぁ、これだとこうなって、ああなって、それで終わりだ」と攻防の様子が感じられて、構えを解いてしまうことがありますね。それは一瞬の間に考えるというか、一気に感じられます。そういう意味で、一瞬が長いと感じることはありますが、それも反芻すると、考えていたから長いと思うだけで、そのときはパッと反応して終わりです。

　技をかけられたときもそうです。今もいくつか反芻する技があって、そのシチュエーションはわかるんです。構えたときと、かかっていったときと、やられた後の形は覚えていますから。ただ、その間に何があったのかは覚えていない。一体、師範は何をしたのか。ずっと考え続けています。

三井　そうかぁ。不思議なものなんですねぇ。

稲垣　何をされたか、わからないんだ。

瀧元　わからないんです。だから、これまでの修行段階に応じて、ああじゃないか、こうじゃないかと試行錯誤しています。この技だったのではないかと思うものもあるのですが、本当にそうだったのかどうかはわかりません。まさに一回性のものですから。

竹内　最近はあまりやっていないんですけれども、「トラの飛び込み」というエクササイズがありましてね。四つん這いで何人かが並んでいて、こっちから走ってきてそれをポーンと飛び越えて、そこに置いておいたハンケチをつかんで転がっていく。ポーンと飛ぶでしょ、すると、これからこうつかんで、こう転がって、こうなる、とスーッと見えていることがあります。

三井　私の場合にはバレーボールで、スローモーションに感じたことがあります。ボールはスローモーションで見えるんですけれども、その間に私が何を考え、どう動こうとしたのかは何も覚えていない。ただボールはすごくゆっくり動いていて、自分のからだは、そのボールが落ちていく地点を知っているかのように動いていくんです。私がそこに吸い込まれていくような、むしろ、私の動いていくところにボールが落ちてきてくれるような感覚のときが、これまでに一回だけありました。たぶん、その日はボールがどこに来ようと……。

稲垣　拾えるんだろうな。

三井　えぇ、たぶん。ボールが私のところに来てくれるから。でも、そのときにどう予測したか、反応したかということは全く覚えていない。記憶がないだけなのか、そういうことはしなかったのかわからない。ただ、ボールはスローモーションで動いている。自分も速く動いている感覚はなくて、全体の映像としても、体感としても、スローモーションだったという記憶しかないんです。

竹内　そういうときには、ボールが手元へ来てくれるんだよな。的だって肘に来てくれるんだから。

竹谷　なるほど。

竹内　不思議だよね。どうしてそんなことになっちゃうんだろうね。私はわからないけれども、昔の中国の人はそういうところから弓の訓練をはじめた、というのは面白いですね。

稲垣　中島敦の『名人伝(27)』ですね。

竹内　あれは何を原典にして書いたんだろう。原典を読んでみたいですね。「虱《しらみ》が馬の大きさに見えるまでにらんでいろ」なんてね。

松本　今のスローモーションという感じと、瀧元君が言った、切れた技が一瞬だったという話ですが、もう三十年前になりますが私が現役だったときに、跳馬でその当時のチャンピオンだった加藤沢男さんが、前転跳びという一回半しかひねっていなかったものを、二回ひねろうとして、できないときには一所懸命ひねろうとするわけですね。でもそういうときは一回四分の三ひねりぐらいで終わっちゃう。うまく立てたときには、それがない。パーンといってクルッ、パッ、で見事に立ってる。一瞬なんです。どこにも引っ掛かりがない。ひねれないときにはグー、グーッと抵抗があるんですね。

竹内　声もそうで、声がほんとに出るときには何の引っ掛かりもなくて、みんなが驚く。レッスンをしていても、みんなが「すごーい」となる。で、本人はきょとんとしてる。

三井　そうそう。

竹内　あれは抵抗が何にもないからなんですよ。声に関してはよくわかる。抵抗が何にもないから自覚する手掛りがないんです。

松本　技ができるときには、からだのつくりも勝手にできている。つくりが上手くいかずに無理やりやろうとすると大変になる。試合でも、いい演技をするのはつくりが上手くできたときで、さっき先生が言われた一・二・三・四の一をまずきちっとやれば、何百回と同じ演技を繰り返していますから、あとはいけちゃう。途中で失敗しても、からだが勝手に技を修正してくれる。

「生の奪還」と「人間」のイメージ

稲垣　エクスターズのお話もさせていただきたいと思っていましたけれども、今日のお話を伺って、また「考えなきゃいかん」ということがいっぱい出てきました。

竹内　課題として考えないといけないことが、だいぶ深いところへ入ってきましたね。

稲垣　私は竹内先生と木田先生とのお話[28]が非常に面白くて。ハイデガーからメルロ＝ポンティへつながって竹内先生の実践が成立していることがよくわかる。こういう説明がわれわれのスポーツの世

（27）『中島敦全集一』筑摩書房、二〇〇一年所収。『列子』にある素材から着想し、弓の名人になることを志した紀昌の生涯を描いた作品。一九四二年に発表された。

（28）木田元・竹内敏晴『待つしかない、か。』本章注（3）参照。

界でもできるといいなぁ、と考えていました。運動の世界でからだを動かすということ、つまり運動に習熟するということはこういうことなんだ、ということを発育・発達のレベルでだけではなく、人間が生きるということとの関係で言説化すること、あるいは、人間が存在することとどうつながっているのかということを、より普遍的な理論をベースにして言説化できるようになりたい。

それで今日言われた意識と無意識が雁行すること、僕の言葉で言うと境界領域を行ったり来たりすることとか、そのようなところがたとえば木田先生との対話で取り上げられた「エクスターズ」という概念でどれくらい説明ができるのか。たぶん武術の世界にもそういうことがたくさんあると思いますし、伝統芸能はむしろそっちのほうがうまく説明できそうな領域だなぁ、とずっと考えてきました。ジョルジュ・バタイユ(29)が言うエクスターズとは違う話かもしれないけれども、私はスポーツする身体もエクスターズする身体と非常に重なるところがある、というふうに考えています。

竹内 山口一郎さんという現象学者がおられます。あの人はボッフム大学でドイツにずっといた人だから、日本とドイツの文化の壁を超えて「からだ」ということを考えようとされて厚い本を出された。そのなかの一章が「話しかけのレッスン」にあてられているんです。そこには多くのことが書いてあるんですが、私の思想的根拠がブーバーとメルロ＝ポンティに拠っていると書いている。間違いではないんだが、しかし、私は思想的根拠から理論を考えたわけじゃない。

稲垣 そうそう。そうですね。

竹内 体験が先にあってね、それを理解するためにそういう理論を知ったときに私の中であるものが見えた、というようなことなのです。そこをあべこべに考えてはいけない。体験が先にあって、その体験をどう考えるかということでないといけないんじゃないかという気がするんです。

今日考えてきたことには二つあって、一つは、三井さんが「じか」ということについて文章を書かれたんで、それについて考えなければいけないということ。もう一つは、この前、三井さんと話したときに、近頃の若い連中はからだが固まってきているとか、なかなか動かないという話が出て、私はからだが変わってきたとはあまり思わない、表皮は変わってきているけれども、それを剝がすと中はあまり変わっていないと思うと話したら、非常に驚いた顔をされた。そのことを話そうかなと思ったんです。それに義理立てしないままで話してきましたけれども、そういう方向に集中していくとすると、この次にまた話さなければならないと思います。

ただ、何というんですか。要するに皆さんモチーフは同じだと思うんです。「生きている」というか「生をいかに奪還するか」という問題ですよね。生き生きとしたからだをどう取り戻すかということです。スポーツがうまくなるためにという問題意識で、皆さんが話をされているとは思わないわけです。以降も「生の奪還」ということがどんな風にできるかということについて一緒に考えられたら嬉しいな、と思っています。

ここで、ちょっと私の実験に立ち会ってみていただけますか？　目下、ちょっとした実験というか

---

(29) ジョルジュ・バタイユ　一八九七—一九六二年。フランスの哲学者、思想家、作家。

な、ほうぼうでみんなにしていただいていることがあるんです。まず、目をつむっていただいて、私が、言葉を一つ投げかけてみます。それを聞いて一番最初にどういうイメージが浮かんだか、それをジーッと見ていると、あるいは感じていると、どんな風にそれが変わったか、せいぜい十五秒くらいですけれど、やってみてもらえますか？　それじゃ、目をつむってみてください。

いっぺん息を入れてー、止めて。吐いてー。それじゃ、いきます。

「にんげん」

（十八秒間の沈黙あり）

はい、目を開いてください。どんなイメージ？

瀧元　自分のからだがどんなふうに感じるか、というつもりで目を閉じたのですが。まず、竹内さんが言葉を発せられたときに、ぶわっと胴体が広がる感じでした。それから「あぁ、呼吸しなきゃ」と思いました。その二つですね。

竹内　イメージではなくて自分のからだの動いた感覚ですね。

竹谷　私は「自然の中の人間」ですね。いろんな動物がいますけれども、その一つの人間というイメージを思いました。

竹内　なるほどね。具体的に何かイメージが見えたとかじゃなく、そういう観念が浮かんだということですね。稲垣先生は……。

稲垣　恥ずかしいなぁ。僕は、いきなりボンと胎児。おなかの中の赤ちゃん。お母さんの大きなおなかの中で大きかったのが、だんだん小さくなって、というイメージが流れました。

竹内 なるほど。それじゃ、三井さん。

三井 「にんげん」と投げかけられて、まず黄色い丸いふわふわしたもの。そして、ほにょほにょっとひょうたんのように変わって、それから三角に変わって、ははぁー変幻自在なやつやなぁ。

竹内 林さんはいかがでしょう。

林 えっと、まず「息を入れて、吐いて」ということだったんでドンと落ちた感じがして。そのあと、また今も目を閉じて確認したんですけれど、黒いところに白い光がピカッと。最初はけっこう強かったんですけれど、それが空のほうに抜けていくようなこのくらいの穴になった。

竹内 はじめが黒くて白い光というのは、たぶん「にんげん」という言葉のイメージではなくて、イメージというものが始まる前の意識の切断というか、そういうものだと思いますね。途中で出てくる場合もありますけれども。それじゃ、松本さんはいかがでしょう。

松本 まず、「イメージしてください」という説明があって。それで、「息を吸って。吐いて」って。吐いたときにフーっと手のひらに息を吐くようにしていたところに「にんげん」と来たんで、まず思ったのが「なんかイメージしなきゃ」と(笑)。それで出てきたのが人間が立っているんですけれども、立っている人間がどんな格好かはないんです。シルエットみたいなものがボーッと出てきて。「どんな感じかな?」と見ていくと後光みたいなものがフワーッと輝いている感じで終わった。何か感じなくっちゃ、と思いながら手のひらの温かさみたいなものを感じてたら、人間が立っていた。男か女かもわからなかったです。
稲垣　私は、声の大きさにちょっとびっくりして。
竹内　大きかったですか？
稲垣　大きかったです。すごく大きくて。
竹内　そんな大きかったの？
「にんげん」
（もう一度言ってみる）
これくらいの大きさだったけれどね。
三井　もうちょっと大きかったですよ（笑）。私の横で花火が上がった、みたいな。
竹内　そうですか。私はね、このごろ「にんげん／人間」という言葉が日本語になっていないということを痛感するんですよ。「人間の尊厳」とかいろいろ言うでしょ。だけれども「にんげん／人間」という言葉がイメージになっていない。それでこういう実験をやっているんです。で、「ひと」と言うと生物になっちゃうんです。
竹谷　なるほど、そうですか。
稲垣　そっかぁ。抽象的になっちゃうんだ、「にんげん」は。
竹内　今感心したのはね、「文字」が出たという人が一人もいなかったということ。「スポーツ史学会えらい！」と思った（笑）。「人間」という文字が出てくる人が圧倒的に多いはずなんです、これぐらいのレベルのインテリ、学者が集まると。

稲垣　いや、インテリはいないですから。

竹内　そっか、インテリじゃないんだ（笑）。インテリは「人間」という文字が明朝体で出るんです。

竹谷・三井　明朝体⁉

稲垣　それは本の読みすぎじゃないんですか。

竹内　「人間」じゃないいろんな言葉でやっても、明朝体の文字が出てくる人がかなり多いんです。たとえば「まつり」なんて言うと、「あぁ、神輿」などと言う人が一般市民には多くて、大阪に行くと「だんじり」だったりする。ところが、学者はそうじゃないんだよね。「祭という字が出てきた」と言うから、それぞれ聞くわけです。「筆で書いた字ですか？」、「ペンで書いた字ですか？」するとみんな活字、しかもそれが明朝体なんだな。

イメージというのは面白くてね。「祭」なんてことばを投げかけるとね。明朝体の活字という人から始まってだんだん変わっていく。団扇《うちわ》に書いた「祭」とか、法被《はっぴ》の背中の「祭」なんていうのも出て来る。そのうちに法被を着てわっしょい、わっしょい担いでいる人たち。それから神輿になったり、夜店になったり、たくさんのイメージになる。そういうふうにだんだん変わっていって、太鼓や笛の音だけとか。最後にはからだの中で何か知らないけれども疼いたような気がした、というのも出てくる。ものすごくプリミティブなものから明朝体まで出るわけですね。

「まつり」だとそうなる。ところが「にんげん」っていうのはね、出てこないんです、ちゃんとしたイメージが。今のみなさんのものだと、たとえば「胴体が広がって。息しなきゃ」というのには「人間のからだ」を感じられた。それから「自然の中の人間」という、これは観念ですよね、人間というものはそういうものだ、という。それから「胎児」。これは一目瞭然です。けれど胎児は「人間」かなぁというと問題なんですね。三井さんの「黄色い丸いふわふわ」というのはね、たぶん「にんげん」という言葉を聞いたときの体感というか、さっきの「まつり」で言うとどっかでズキンズキンみたいな、そういうものに近いと思う。

林さんの「黒い中から」というのは、「にんげん」に限らず、何かのイメージを、最初はぼんやり感じていたのが途中からパンッと黒くなって全然違うものがはじまるということがあるんです、しばしば。そこから先がほんとのイメージになっていくわけですが。私が最初に息を入れて吐いてとやったもんだから、そっちのほうへ何かがいっていて、それがパンッと切れたところではじまったんだと思いますね。松本さんの「息を吐いて。手のひらが温かくなって。立って人間が出てきた」というのは、さっきの「祭」で言うと真ん中よりちょっと具体寄りのイメージでしょう。

とにかく「人間」というものに対するイメージが、日本人は、敗戦後六十年（この座談会が実施されたのは二〇〇五年である――編集部注）経ってどうなっているんだろうということが気になって、このところまだ二、三回なんですけれども試してみています。端的に言うとイメージがないんですね。「人間」のイメージが。

最近、調べたんですが、敗戦後に憲法ができますね。同じ敗戦国のドイツでもできます。西ドイツ

（当時）の憲法では「人間の尊厳は侵されてはならない。政府権力はこれを守るために全力をあげなければいけない」、これが一番最初に書いてある。つまりナチスによって人間が滅茶滅茶にされたということへの反省だと思うのですが、「人間の尊厳」が大事なんです。

日本ではどうかといいますと「天皇」から始まりますね。それから戦争の放棄条項が出てきて、第三章になってやっと人間の権利と義務が出てくる。その一番最初は「日本国民たる要件は、法律によってこれを定める」。そうして日本国民はこれこれの権利を与えられる。つまり、はじめから「日本国民」と限定しているんです。「人間」ではなく。

稲垣 はぁ、なるほど。あぁ、そうかぁ。

竹内 日本国民には人間の権利が与えられるという言い方。だから基本的に、人間ではなく日本国民しかいないんですよ、出発点で。私は気になってね。「人間」についてのどういうイメージがみなさんの中にあるんだろうと。それでやってみて「人間」というのは「日本語じゃないわ」とまず思った。日本語になってないわけですよね。「人」というのはかなり近いけれども、「人の権利」とは言わないでしょ。西洋的な観念ですよね。それで、このごろちょっと考え込んじゃってね。

「仮面のレッスン」に、「人間の誕生」というのがあるんです。何年か前、非常に上手くやった人がいた。まず、なんでもないものとして床にうずくまる。さっきの胎児じゃないですけれども、じっとしているものが動きはじめて、赤ん坊が生まれて、四つん這いになって、立ち上がって、大人になって、正面向いて手を開いた。たしかに「人間」だ。見事なんだけれども、これが「人間の誕生」かなぁ、と。誕生したのは赤ん坊、「人間」ではない、というのが私の理解です。「人間の誕生」というためには、「人間」というイメージがはっきりあってね、それが生まれてこなければならない。赤ん坊が生まれて大きくなったというのは「生物の誕生」であって「人間の誕生」ではない。

敗戦から半世紀をはるかに過ぎて、日本の中に「人間」というイメージとか、「人間の尊厳」とか「人間の権利」というイメージは、議論はたくさんあるけれども実は育ってないんじゃないかというのが、今の私の感想というか危機感ですね。

稲垣 戦後六十年というのは何だったんだということですね。

竹内 ということは、戦後六十年、お前自身は何をしとったんだという話でもある。戦後責任みたいなものですけれども。

三井 それは、魂の問題ですか。林竹二さんとの本（『からだ＝魂のドラマ——「生きる力」がめざめために』[30]）の最後のところに、「人間であること、人間になること」と書かれていますが、その流れの中にあるのでしょうか。

竹内 私はさっきから自覚という言葉をしきりに言いますが、これは「魂」という問題ではなくて「精神」の問題だと思う。意識の問題です。日本人はすぐに話を魂にもっていくけれども、魂が「人間」のイメージを生むだろうか。実は私たちが一番考えなければいけないのは、「精神」というものがどのように始まるのかという問題だと思うんです。生き物ではなくて人間というためには。

さっき、野球の原型に戻ったらどうだという話をしたでしょ。それが今のルールになって、いかに上手くやるかとなったら、これは生物の段階ですよ。ルール通りに訓練されて、いかに上手くやるかというのは人間の段階じゃない、生物の段階だ。あるいはロボットの。だからそれをもういっぺん元に戻すとか、作り変えてみるとかして初めて、人間の問題になるのだろうと私は思う。

稲垣　ルールにはめるということは何にだってできるわけですね。訓練すればいいわけですから。

竹内　それをいかに上手くやるかということに血道をあげても、それで人間になるわけではない。

稲垣　人間にとってのルールにならなきゃおかしい。あぁ、いっぱい質問したくなってきた。この先は次回にしましょう。勉強して問題を整理しておかないと、受け止められなくなっちゃう。

スポーツ文化論を考えているときに、最後にぶつかるのは「人間が生きることにとってスポーツ文化とは何なのか」という問題です。その問い返しがない文化論なんて意味がないといつも思っている。ところが、新聞や雑誌などいろんなところで評論家が言っているスポーツ文化論というものは、もう競争のあだ花みたいなものばかりで、その花がどこから来ているかということは誰も語らない。こうだから負けたとか、こうだから勝ったとか、そんなことばっかりで。そうじゃなく、現代社会を生きているわれわれにとってスポーツ文化とは何なのか。二十一世紀を生きている私たちとスポーツ文化はどのようにクロスしていくのか。そこを語れるようにならないとわれわれは大学で給料をもらっている資格はない、とそう思ったりしているんです。

(30)　林竹二・竹内敏晴『からだ＝魂のドラマ――「生きる力」がめざめるために』藤原書店、二〇〇三年。

竹内　私はね、武道、特に剣術については多少感じるところがあるので、それについて書いたのが『やわら』の志」（二七〇頁参照）。あれは私の現代剣道批判なんです、裏返して言うと。

稲垣　次のテーマがはっきり見えてきましたね。

三井　そうですね。先ほど少し話が出ましたが、私は以前、竹内さんにこんな話をしたことがあります。からだが持っている力を信頼したいけれども、人間のからだが変わってきている。学生を見ていると、どんどんからだの力が失われていっているんじゃないかと感じていると。そうすると、竹内さんは「失われているんじゃなくて、それは覆われ過ぎているだけで、覆いを取ったらじつは以前のものと変わりないものが中にはある」とおっしゃったんです。そして「じか」とはどういうことかというお話になったわけです。次回はここからスタートするということで、つないでおきたいと思いますが、いかがですか？

竹内　さっきの話はやっぱりそういうことだと思うんですよ。つながると思います。

稲垣　そうですね。「覆われている」という話は、僕は大賛成。私も考えていることがありますが、それをどういうふうに説明されるのか。人間のおかれた状況、周りを取り囲む環境が人間のあり方を規定していくわけですから、それが変われば人間にはどのような場合にでも、広い意味での適応ということが起こる。今起こっていることも一種の適応なんですよね。ですから、もともと持っている身体はそれほど変わってはいない。広い意味での適応の仕方だと考えています。われわれを取り巻く社会環境や自然環境がどのように変化しているのか。それに対する若者の適応の仕方の問題だと思っていますから。それこそ海に潜れば竹谷さんのような適応の仕方もあるし（笑）。

竹内 ほんとうに、若者の現在の適応の仕方はかなりリアルに考えなきゃいけないですね。

稲垣 そうですね。非常に危機的な状況だと思います。

今日は長い時間にわたって、こんなに贅沢な時間を持たせていただいて、本当にありがとうございました。

竹内 いえいえ。こんなに集まっていただいて私のほうこそ恐縮です。

一同 ありがとうございました。

第二回

「じか」と「エクスターズ」

2005.9.5

「じか」ということ

三井　昨年（二〇〇四年）の暮れに『じか-から-からだ』ということについて[1]」という短い文章を書きました。私にそれを書かせたものはなんだろうと考えてみると、生きてるという実感の中で生きたいとか、そうならないもどかしさといった自分自身の問題があるように思いました。では、この「なま」の感覚を邪魔しているものは何だろう、空っぽになるにはどうしたらいいんだろう、どうしたら、生き生きとしたエネルギーの深い力を感じられるのだろうと考えていくと、「じか」ということが重要になると思いました。それは竹内さんのレッスンで体験したり、その体験からあらためて考えたりしたことが大きなヒントになっています。「じかであること」や「人間が今ここで生きている」という現実に立った「生身のからだ」というものをもう少し突っ込んで考えていきたい。それで、竹内さんに名古屋でお目にかかったときに、「じか」とはどういうことなんでしょうか、と質問したんです。今日はこのあたりからお話を始めていただきたいのですが。

竹内　難しいですけれども……。「じか」といったときにエピソードとして思い出すのは、ある養護学校に行ったときの話です。南山短期大学には人間関係科というところがあったんですが、ここにはちょっと特色があって、実習中心の学科なんです。そこで一年生は毎週金曜日には養護施設とか老人介護施設に行く。一年間ですから三十回くらいになるのかな。全員ですから十カ所くらいあるのですが、教員はそのうち二、三カ所くらいを担当して巡回するわけです。そこで、ある養護学校へ学生たちの様子を見に行った。その学生がいるところにはどう行ったらいいかわからないから、担当の教員に教えてもらおうと思って控え室に行く途中で、ある部屋を通った。

そうしたら、後でわかったんだけれど、そこは重度の重複障害児がいる部屋だったんです。机の幅より小さい箱が置いてあって、ひょいと覗いたら、「そこに？」って言いたいんだけれど、小さい女の子がいた。養護学校だから小学校の年齢のはずで、六歳にはなっているはずだけれども、三、四歳にしか見えない。フワァッと上を見ていてね。これもあとで知ったんだけれども、全然動けない子だったんです、重複障害で。

その子とフッと目が合って、じっと見ていて、フーッと箱の中に顔を入れて、おでことおでこでコッツンコとこうやったら、何かクッと向こうが動いたんだ。それで今度はね、鼻と鼻とでコッツンコとやった。そんなふうにずっと目が合っているわけですね。もちろんくっついているときには見えやしないけれども。向こうもなんとなくククッとね、笑い声とまではいかないんだけれども。

それで、「はぁ、次はどうしようかなぁ」とじっと見ていたら、向こうから「あら！　竹内先生！」と女の先生が飛んできた。そうしたら、いきなり「まぁ、この子は！　この子は絶対に人の目を見ないのに」と言うわけです。それを聞いて、私の方がビックリしてね、「はぁ」と思ったまま棒立ちになっ

（1）前掲、第一章注（24）参照。

た。その子はただ私の顔を見ているだけなんです。その子が他の先生たちに目を合わさないというのは何だろうということ――。いい先生たちなんです。丁寧に考えているし、心配りも確かだし。私がおでことおでことコッツンコとやっているのと何が違うのかなぁ、というのが宿題です。

もう一つ、これはもっとわからない話なんだけれども。この夏、東京でレッスンを続けている人たちが、一人ひとり自分の考えこんでいること、苦しんでいることを一年がかりで小さい劇の形にまとめたものを〈八月の祝祭〉と称して発表したのです。その一番最後においたのは、これも養護学校の高等部へ勤めている人の作ったものでした。

その高等部で、体が動かなくて話もできないけれども、耳は聞こえて反応がはっきりしていて、面白いことがあればげらげら笑って、気に入らないことがあるとギャーとなる、非常に活発な子がいたというのです。その子が高等部を卒業してから二、三カ月経ったときに電話がきて、ＩＣＵに運び込まれたから行ってくださいといわれる。行ってみると脳出血だったそうですが、自然呼吸ができないで人工呼吸器をあてられていた。

ところが彼女はその子に対していつもと同じように喋りかけたのです。「どうしたの、あんた大丈夫？」「あぁ、脈は今こんななの？」「聞こえる？　Ｔ先生だよ」「明日また来るからね」と話しかける。医者は脳死に近い状態だと言うわけです。それで、もう何もできないんだろうか、あのままなんだろうかと考えていたら、その子が好きだった歌だとか、以前に海に行ったときのビデオだとかを思い出して、ベッド際に持ち込んで聞かせるのです。「聞いていてね。私が見て話してあげるからね。ほら、あんたが出てきた。ユウコちゃん、先生におんぶされて。あんたは喜んでいたけど先生は足が痛くてねぇ」と話しかけたり、歌を歌ってあげたり。

するとお母さんが気がついたんですけれども、話しかけ歌いかけていると脈が上がるんですよ。どうしてだかわからないけれども、行くたびに脈が上がる。彼女は、「ユウコちゃん、聞こえてるんだ！　ちゃんと私の話に応えてる」と思う。毎日毎日行ってそういう話しかけをして、そのたびに脈搏が上がっていたそうです。それで、ある日行ってみると顔が赤いのでおかしいなぁと思ったら、髪の毛を洗ったらしいんですね。こんなときに髪の毛を洗ってもいいのかなぁと思ってすごく心配だったけど、ともかくその日はいろいろ喋って帰った。そうしたら次の日の朝に、彼女は死んだ。

「脳死なんていうけれど、確かに彼女は生きて応えていた」と彼女は言うんです。ただ、そこから先が彼女らしいところで、お葬式になると、ユウコちゃんは活発な子だったから、じめじめしないで楽しいお葬式にしてあげようというわけです。友達がみんな来るから歌を歌ってあげたりして、というふうに。そうして彼女はどこにいたかというと、お棺の横、祭壇の中にいるんです、亡くなったユウコちゃんと一緒に。それで、みんなが「ユウコちゃーん」と言うと、「先生が代わりに返事しようか」と言って「はぁい」とやるわけです。彼女にとってはまだ生きているユウコちゃんの、好きな歌を一緒に歌っている――そのことを思い出しました。人と人とのふれあいを私たちは普通もっと意識のある次元で話します。けれども、話しかけてそれに応えるというのはね、一番根本的なところ、からだ＝存在そのものがどのように生きているのか、という次元のことです。この意識以前のふれあいを「じか」と呼びたいのです。

三井さんが言ったのは、社会生活の中では、AさんとBさんの間に、AさんはAさん、BさんはBさんという一つの枠組みがあって、そのルールの中の定まったシグナルの交換で生きている生活があるけれど、それを超えたプリミティブな触れ合いというものがどうありうるかという問題意識だと思う。そういう社会的な存在以前のからだ、あるいはそれを超えた次元でのからだというかな、それが社会生活に生きているからだのベースに実は生きていて、それが社会生活の中で鮮やかに生き返ってきて、生々しく相手と触れあうときに、はじめて「じか」という言葉を使いたいというふうに思うんです。私の話は、基本的に障害者として歩いてきたらこうなったという話です。だから、非常にプリミティブな話を提出して、それと皆さんの感じておられる問題意識がどうつながってくるかという筋道を討論してみるという態度にしようと本日は思って来ました。

「劈《ひら》く」ということ

稲垣　そういうふうに補助線を出していただくと、気が楽になります。われわれはみんなスポーツをやった経験をもっています。しかも、あるレベルよりも上でやってきています。国際審判員であったり、オール関西に選出されていたりと、トップアスリートでやってきている。ですから、私たちの思考の基本にあるのは、「スポーツする身体」とはどういうものなのか、あるいは「舞踊する身体」

や「武術する身体」とは何か、と考えることです。そして、それは、いつのまにかトップアスリートたちが感じている身体、考えている身体とは何なんだという方向に行くのです。

で、たまたま教育現場にいるものですから、下手な子を上手にするにはどうしたらいいかと、運動の習得、学習について考えます。そして、そこのところでのベクトルは基本的に右肩上がり、上昇志向なんですね。上手になる、スポーツの理想的な世界はここにあるといって、そこへ向けてステップを上げていく。それが学校教育なりスポーツクラブで行われている。ですから平均的な日本人がまずあって、そこから上に行かせようとするだけで、下に行くことはないんですね。

ところが三井さんは大学を卒業して、いわゆる医療施設のリハビリセンターのようなところで働く。すると、一度病気になったり一回故障して、それを医学的に治した身体を日常生活が送れるところにまでリハビリテーションする。そういう経験をされたというのはすごいことなんですね。つまり、トップアスリートの世界を知っていて、今度は正反対のこちら側へやってきて、機能回復訓練のような、弱った身体を支援する、それをスタンダードまで持ち上げるところもやられている。

竹内 その言い方でいきますと、私の場合には、持ち上がらない、持ち上がる可能性がまずないという世界の中で、何が動いているのかというところに関心があると言いますか。

稲垣 はい、よくわかります。それで、われわれもう「上昇志向」ではなく、「下降志向」という言葉を使って考えてみたい。近代スポーツは訓練をし、筋肉を強くし、肺活量を大きくして、血流量も多くしようとする。それは、オリンピックを頂点とする競技スポーツの構造ができあがっているからです。

ところが、前回の竹谷さんの話に出たジャック・マイヨールという人が「素潜り」で水深百メートルを突破して帰ってくる。そのために彼が行うトレーニングがもっぱら瞑想系の身体技法なんです。つまり、脈拍数も呼吸数も落とし、いわゆる基礎代謝よりも下がるように訓練して入っていく。すると少ない酸素量で長い時間呼吸を止めていられる。そういう訓練を積んでいくと、やがて深いところへ潜っていっても耐えられる身体にギアチェンジして、そこから戻ってこられるようになる。これは近代スポーツの目指してきたベクトルとは逆の方向です。むしろ、あまり鍛えない。積極的に基礎代謝を下げてしまうようなスポーツへの広がりがそこにはある。そういう瞑想系の身体技法を用いて開かれてくる身体の可能性みたいなものが、一つあるんじゃないか。だから下降志向のスポーツというものをもう少し考えてみようじゃないかと提案しているんです。

竹内 なるほどね。それは原則として私が思うところに非常に近いです。

稲垣 そういうことを考える前から竹内先生の本は読ませていただいていて、実践としては『ことばが劈かれるとき』に書かれていたように、いわゆる普通の社会から距離をおいた……。

竹内 私は、「落ちこぼれた」というふうに言っていますけれども。

稲垣 ええ、そういう子どもさんや若い人たちの話やそこでの実践の話がたくさん出てきます。ところが竹内先生ご自身も身体ということでは希な体験をお持ちです。「ことば」でハンディキャップを背負っておられたし、「弓」ではとんでもないレベルを体験しておられる。ですから、いろんな側面が見えていて「からだ」のことを考えていらっしゃる。私たちはそこを勉強しなきゃいけない。閉じられていた子どもの心が少しずつ開いて、声を出すようになり、言葉を話し始めるプロセスは、読んで知ってはいますけれども、実際に触れたことはない。どっちかと言えば頭でっかち。前回の先生の実験のお話でいえば、明朝体の「人間」のレベルになっているかもしれない。

竹内 マイヨールさんの話を聞いていて思い出したのですが、京都・嵯峨野の嵐山に、ある岩があるそうです。私はよく知らないんですが。橋の少し上の方にその岩があるそうですが、昔、そこで座禅を組んでいた禅坊主がいたそうで、どうしたのか姿が消えちゃった。そこでみんなが「どこへ行っちゃったんだろう」と探してみると、川の底へ落っこちちゃってた。すぐに引き上げてみたら、そのまま生き返ったというんです。つまり、あるところまでいって息が止まっていたんでしょう、そしたら下へ落ちちゃった。それで川の底から引き上げたら生き返った。そういう状態へ入ることができるわけですね。私は、座禅というのは無限に死の状態に近づくことだと思ってるんです。これもまぁ鍛えなきゃそこまではいかないけれども。そのことを思い出しました。

稲垣 「死」という言葉が印象に残ります。今のお話のように瞑想を通して基礎代謝が下がっていくのは、生理学的にいえば死に近づいていることですよね。一方でトップアスリートたちは、練習で自分の脈拍数や呼吸数を高めていって、これ以上いったら死んでしまうというギリギリのところへ自分のからだを追い込んでいく。

竹内 あぁ、そういうこともありますか。

稲垣　つまりトップアスリートも、ある意味もう死んでもいいというところまでいっている。今、言いたいのは、その生と死の端境期というか境界領域、生きるか死ぬかみたいなギリギリのところに、人間を変える、心とからだなんてところを超えてしまう何か非常に面白い時空間があるのじゃないかということ。そういう体験を積み上げることで、日常性といってもいい、あるいは人間のどこか根源的なところに変化が起こる。坐禅なんていうのもそういうことなんだろうなと思います。そこのところと、三井さんの言う「じか」の問題はどこかでつながっていると思っているのですが、どうでしょうか。

竹内　座禅を一つステップとして置くと、いろんなことがわかりやすくなるだろうと思いますね。たとえば、悟りを開いた場合の一つの例ですけれども。その境涯を問われて「体露金風」と答えるんですね。(2)つまり「体が露わになる。秋風に裸の体をさらしている」と返事をした人がいるんです。この「体露金風」という言葉はたいへん好きなんです。そうはいっても私の境涯がその人の境涯と近いというわけじゃなくて、言葉を借りているだけですけれども。

『ことばが劈かれるとき』を書いたときには、声が出て劈かれてそれから話すことができるようになったその喜び、みたいなものを書いた。そして、あのときに自分に劈かれたものはそれだけじゃないことがだんだんわかってきた。どういうことかというと、劈かれたときに声が出ますね、こっちが「こんにちは」と言うと、あっちが「こんにちは」とパッと返してくる。「じか」に自分のことばが向こうへ届いて、向こうのからだが動いていることが、「じか」にわかるということ、それをはじめて感じたんです。しかし、あることが起こったというだけで意識していなかった。意識以前の体験——西田幾多郎風に言えば「純粋経験」でしょうか——があっただけで。しばらくたって、今まではどうだったかが見えてきた。そのときにはじめて以前の状態がわかったんです。

喋ると向こうのからだが動く。向こうで動いたものので息づかいが変わり、声になってこっちへ戻ってくると、その声が自分のからだの中に染み入ってくる。そこでからだが熱くなって「こんにちは」と声が出ると相手の表情が変わる。こんなふうに「じか」に行ったり来たりするということがはじめてわかった。この感覚をあとから言葉で言えば「じか」になったわけです。その「じか」、禅風にいうと「自受容三十年」、それ一つで三十年探求を深めてきたという感じがします。私は大学の人間関係科にいました。そこには、カウンセリングの専門家とかいろんな人間関係の専門家がいる。彼らはあるところまでは非常によく話がわかるんだけれども、そこから先はどうしても話が通じないところがあって、それが劈かれる前の壁に似ていた。本当はそこから先が問題だろうというところでカウンセリングやら何やらは止まっちゃって、言葉のやりとりだけで終わる。単純に言うとそんな感じがしていた。理性主義の限界というふうに言ってもいいし、人間の身心を操作対象として見ることの限界と言ってもいい。「そうではないもの」と思って、十年くらい前から感じはじめたのが、どうも「じか」としか言いようがないなぁと。説明するとそういうことになります。

（2）中国宋代の仏教書で禅宗の典籍である『碧巌録』第二七則に「体露金風」とある。

「出会いのレッスン」――「看板ではなく、あなたに会いたい」

竹内 「出会いのレッスン」というのがあります。二人がこう近づいてきて自分の感じるままに動く、いやだったら逃げるし、いいなと思ったら手をとりに行くとか、ともかく自由に動く。するとかなり多くの人が、ここで「えーっと、どうしようかなぁ」と考えるわけだ。「これからどうしよう」と考えてしまう。そうなると、だいたいそこで私が止めちゃうんです。どうしようかと考える以前の、どう感じたかということを、スッと感じたままに動けというレッスンですから。どうしたらいいかと考えてしまったら、考えてるということを動けというわけですね（笑）。「今どうしたらいいかわからないから考えている」ということを動きで示さなきゃダメだと。

するといくつかの段階があるんです。だいぶ以前の若い女性と中年の男の組が典型的でした。男が世慣れた感じで「やぁ、こんにちは」とやるわけです。ところが、女性の方は変な顔をしてちょっと逃げる。近づく。また逃げる。これが続いてどうにも話にならない。見ていると非常にわかりやすい話であって、男はきわめて世間的なからだでいくわけですね。ところが片方の女性は、こういう場で違う何かを期待しているわけだ。まだ言葉でも意識でもはっきりしないけれども、何か人間的な触れあいというものを期待している。それなのにこっちは「やぁ、こんにちは。いい天気だね、お茶でも飲みに行こうよ」とやるわけでしょ。すると、「何言ってんのよ」となる。

こっちから見ていると二人の間にはっきりとギャップがあって、さっきの社会的なレベルから落ちこぼれたという言い方は障害者や病人の場合に使うわけだけれども、世間よりもう一つ下のレベルといったらいいか、違うレベルがあって、ハイデガー風に言えば、「本来的存在」を志向しているからだ、とでも言いますか、そこに立っている人と、日常世間的なレベルで立っている人とは、絶対に触れ合わないということがだんだん見えてきた。その場合、触れ合わないことによって傷つくのは必ずレベルの深い方です。日常レベルの人は平然たるものです。世間的な鎧でもって身を固めている人は、なんで相手が逃げたのかをまるで感じてない。これが一番わかりやすい例です。

別の例ではこういうのもあります。男の人は何も見ないで、私からすれば足もとに何か落ちているのかなと思うくらいに下を向いたまま歩いていく。すると相手の女の人は、あとで彼女が言った言い方ですと「自分を見て避けて行くなら話はまだわかる。ところがこっちがいるのもいないのもまるで目に入れずにまっすぐに行ってしまうでしょ。だから」と、なる。それで、「私はここにいるわよ」と前に立ちふさがった。男からすると「何で俺の邪魔をするんだ」となるわけです。それで、どけようとして手ではじこうとする。女の方がその手をつかまえて前に立つ。それから取っ組み合いになったことがあったんです。これもわかりやすい。相手が自分に対してどういう関係を持とうとしているんだろう、ということですね。これはあとで笑い話になるんですが、このときに男の人の奥さんが見ていた。それで「十年来の夫婦生活を一目で見た」と言いました(笑)。

これは書いたことがあるけれど、こういう人もいた。あとでわかったのですが、坊さんだった。相手がやってきたら、彼はにこにこ笑って話しかける。ところが女の人が逃げるわけだ。繊細な人で、三十代半ばくらい。それでも一所懸命に追いかけるので、二人でくるくる回っちゃって。それで私は「あなたはずっとにこにことしているけれども、それは何ですか」と聞いたんですね。そうしたら、キッとなって「これは、私の生き方です。選んだ生き方です」と答えるんです。「どういうことですか」と聞いたら、その人は脚の悪い人で若い頃にはいろいろ荒れたこともあったらしい。そして「あるとき、私は、自分は一人で生きているんじゃない、大きな力によって生かされているんだと気がついた。これではいけない。人様に感謝の心をもって接しなければいけないと思った。そのときから、私は笑顔で人様に向かうようにしました」と言うのです。「気持ちはよくわかるけれど、すると、その笑顔はあなたの看板ですね」と私は言った。「この場で私はあなたの看板を見たくはない」「あなたに会いたい」と。するとジーッとこっちを見たまま、ぽろぽろ涙が出てそれっきり俯いてしまった。しばらく経ってから「もういっぺんやってみますか」と言ったら「やります」と言う。

すると、今度は動かない。最初のときに女の人に「あの人がどんなふうに見えましたか?」と聞いたとき、「人間に見えなかった」と答えたんです。それを「今度は人間に見えます」と言う。「それなら寄ってみませんか」と言ったら、女の人がそろそろと足を運んで、ジッと見ていてスッと手を出したんです。そうしたらその男の人がブワァーッと飛んできて、抱きついてワンワン号泣したんです。それで何かが壊れた。面白いのは「あなたはお寺でどんなことをしているんですか」と聞いたら、「坊さんとしてのお勤めもしているけれども幼稚園も担当しています」と言うので、「あなたに対して子どもはどんなふうにしますか」と聞いたら「逃げます」と言うわけだ（笑）。「そうだろうなぁ」と。とにかくそのときに何かが壊れた。そして、なまなましい「かれ」が現れ出た。

Ich-Es から Ich-Du へ——人間として生きる

竹内　私はそういうことに出会いながら、いったい人と人が出会うということは、どういう次元をお互いが持ったら起きるのかと考えたわけですね。これは、マルティン・ブーバーで言えば Ich-Du（我−汝、われ−なんじ／植田重雄の訳による——編集部注）ということでしょう[3]（一六二頁参照）。彼の場合には、Du というものに神を考えますから、神とひた向きになるということを一つのモデルとして考えます。なので、私たちはそこからある部分外してみないとわからないところはあるわけですが。

彼の理論には Ich-Du と Ich-Es（我−それ／同上）がある。Es ではなくて Er（彼／同上）でもいいわけですが、Ich-Es、Ich-Er の次元を知らないと人は社会生活ができない、しかし、Ich-Du の次元を知らないでは、「人間として生きられない」というわけですね。

こう二つの根源語があるというわけだけれども、Ich-Es の関係、自分とモノとの関係である間柄において、ある瞬間に火が燃えるようにして Ich-Du の関係に転化することがあると彼は言っている。

（3）Martin Buber, *Ich und Du*, 1923. マルティン・ブーバー『我と汝・対話』岩波文庫、一九七九年。

私はそう読むんです。Ich-Du ということでブーバーが感じていることは、じつは私が「じか」と言っていることとかなり近いという感じがします。これは、むしろ「自伝的断片」というサブ・タイトルのある『出会い』[4]の中の「馬」とか「ある回心」において深く感じられるのですが。

稲垣 ドイツ語の Es というのは実にややこしい言葉ですね、フロイトの Es からはじまって。英語の it に似ていますけれども。自然現象について言うとき「いい天気ですね」というのを、英語では It's fine だし、ドイツ語では Es ist schön という。そのときの Es はそれこそ神であり、大宇宙であり、自然である。そういう人間をはるかに超えた存在をひっくるめて Es という。だから、Du と Es が対照されていることが私なんかには非常に不思議です。ドイツ人的だという気がする。

竹内 そうですね。ただ、ブーバーが使っている Es はそこまでの広がりを持っていないと思う。

稲垣 でも、Ich-Du というように Du は二人称で指定しておいて、三人称の人たちを指定することはないんですよね。Er, Sie という三人称があるのに。そして三人称の Es を取り出して、Ich-Es という。Es は文法的には三人称ですけれども、いわゆる人称ではないですよね。

竹内 そう、人称じゃないですね。

稲垣 言ってしまえば非人称。人間を超えた別の存在と言える。

竹内 超えたのではなくて、むしろはっきりモノとして扱ったのではないですか。人間を超えたものの広がりはあまり考えられない。むしろモノとして扱ってる。モノとしてからだを扱っている。

稲垣 だから、二人称と対比できるわけですね。

竹内　というふうに私は読んでいます。もう一回丁寧に読んでみないと、そこまで深く考えたことがないからわかりませんが、今まで読んできた印象ではそうです。かなりはっきりと「モノ」と訳した方がいいと感じるところがあります。操作できるモノとして相手を見ているということです。

稲垣　西洋的な身体の捉え方はモノ的です。ところがわれわれ日本人はもちろんモノ的に見ることもありますけれども、完全なモノだとは思っていない。もっといろんなものがある、先生の言葉ですと「から、だ」「からだ、だ」ということにもなりますけれども。空っぽだからなんでも入ってしまうものでもあるわけですよね。

竹内　私の場合には入ってしまうのではない。中を何かが流れる、そう言った方が近いです。何かが入ってきてしまうと動きづらくなっちゃう。

「じか」ということについては、私自身もどう説明したらいいのかよくわからない。禅の「十牛図」の最後に「入鄽垂手《にってんすいしゅ》」という場面があります。ぶらりと空手、手ぶらで店に入っていく、ということばですが、これは「じか」と通じるでしょう。

稲垣　その話とつながって連想するのは、中西悟堂です(5)。「日本野鳥の会」を作った彼の伝記を読んでいると、まだ十代の頃に親戚のお寺で修行をする。そこで、森の中で座っていなさいと言われて

(4)　マルティン・ブーバー『出会い』児島洋訳、理想社、一九六六年。
(5)　中西悟堂（なかにし・ごどう）一八九五―一九八四年。野鳥研究家、歌人、詩人、天台宗僧侶。「日本野鳥の会」の創立者。

毎日通って座っている。すると、森の中を飛んでいた鳥たちが、だんだん自分の周りで遊ぶようになる。そのうちに自分の頭や肩にとまりだす。そういう状態になったときに明らかに今までの自分とは違う自分になっているという体験をしている。十代のまだ育ち盛りの血気盛んなときに、自然と一体化してしまう。関係性という意味では Ich-Du だが、自然という意味では Ich-Es かもしれない。

おそらく、人間であるという匂いを消していくことによって、鳥が寄ってくる。あたかも周りの木と同じであるかのように鳥が遊びはじめる。これを坐禅をして到達した境地と言うか、悟りと言うかは別にしても、生身の人間から生臭さが消えていき、モノ的な Es のからだになるということが、瞑想系の身体技法の中にはずいぶん含まれていると思うんです。

竹内 その話は、禅の方の人に言わせると、もっと先がある。その段階じゃダメだと。

稲垣 ダメなんですか。

竹内 うん。全然鳥が構わなくなるまでにならないとダメだ、と。それは、聖フランチェスコ(6)の話について禅坊主が話したことですけどね。遊びはじめたという段階も素敵なんだけれども、それも消えてしまう段階にならないと、仏教の方では認めないという話です。その後はどうなるのかなぁ。

三井 先ほどの「出会いのレッスン」の例でいうと、最初は Ich-Es でしかなかった関係が、二回目にやってみたときには男性が少し変わってきていて、彼女の方からも Ich-Du に、あるいは、まだ Du にならなくても Ich-Er ――人間に見えたということですから――、Er にはなっている。男性の側はもっと Du に近いつながりを求めたということでしょうか。

竹内　Ich-Esしか知らなかった彼のIchがこわれてしまったから、Esも変わらざるを得ないわけですが、彼が混乱してどう立てばいいのかわからなくなっちゃったときに彼女から手を出された。そのときにEsが変わったといっていいだろうと思うんですね。手を出したり、自分の方へ招くというのは、相手を呼び出す行為であるし、彼女は彼をDuとして呼び出したということだと思う。

三井　彼のIchが壊れたからこそ、彼女が彼をDuとみなせたということですか。

竹内　Ich-Esが壊れた、というふうに考える方がいいと思います。

「啐啄同時《そったくどうじ》」ということ

稲垣　今のことに関連して前から気になっていたのですが、「劈かれる」というふうに劈開《へきかい》の「劈」という言葉を意図的に使っていらっしゃる。これは明らかにお医者さんのメスで切りひらく、そういうイメージですよね。普通の開かれるというのとは全然違います。

竹内　普通の開くという字の意味をご存知ですか。あれは門なんです。門だから開けることができるし、閉じられる。開いたり閉じたりする可能性がはじめからあるのが「開く」なんですね。

(6) アッシジの聖フランチェスコ　一一八二—一二二六年。フランシスコ会の創設者として知られるカトリック修道士。「裸のキリストに裸でしたがう」ことを求め、悔悛と神の王国を説いた。

稲垣　門の中には鳥居がある（笑）。
竹内　鳥居！　ハッハッハ、そうだね。あれは鳥居ではなく手です。両手でカギをヒラく形。(7)
稲垣　はあ。お話を伺ってはじめて、劈開の劈という漢字をもってこられた意味が見えました。ただ開かれたのではないということですね。それが三井さんの言う「じか」に触れられるところへ劈かれることなんですね。ただ、扉が開かれたのではない。
三井　「劈く」ということばについて私は少し違うイメージを持っています。「じか」についてはとでお話ししようと思いますが、まず「劈」というのは、メスで切りひらくというより中から割って出てくるイメージが強いんです。メスで切りひらくというと外からの他の力で出てくるという感じが強いですけども、私にはそうは思えない。どこかにも書きましたが、コンクリートを突き破ってでも出てくる植物の生命力をイメージしています。堅い芽が地面を突き破って出てきたり、つぼみの一番外側の花びらが開きはじめるような、内側からのエネルギーというイメージがあるんです。
竹内　自分が花開くんじゃなくて、周りが壊れる。
三井　えっ。自分でじゃなくて、周りが壊れるんですか。
竹内　いやね、周りのコンクリートが壊れるんですよ。ギューッとなってきたら、周りがバリバリと壊れなきゃ。隙間があって、隙間から出て花開くんじゃないのだから。
三井　でも、周りを壊すのは、芽やつぼみの伸び出たいというエネルギーではないんですか。開こうとする力が、こう……。

竹内　開こうとする力なのかな。一瞬にして壊れますからね。「劈《ひら》く」（訓読みでは、「つんざく」——編集部注）という場合には。

稲垣　私が「劈く」でイメージするのは、子供にしろ大人にしろ、自閉していて中に何かがたまってはいるんだけれども、外からの働きかけがないと表出しない、そういう関係でのことがらではないかと思うんですが……。植物であれば、光があるとそっちへ芽を伸ばしていく。ただし、人間の場合には、働きかけに対して反応するものと反応しないものがある。さっきの例のように、前から人間がやってきても反応しない人がいる。人間が人間じゃないわけですね、その人にとっては。けれども、なんらかの意味でその人と関係のある人が来れば、それなりの反応が起こる。

要するに、何かが働きかける。つまり、風がフッと吹いて「あっ、冷たい」というときに、皮膚をとおして冷たさを感じることによって、自分という意識がパッと現われる。快適な状態でボーっとしていれば何も考えないわけですよね。いい気持ちで眠っていてもいいし。けれども、そこで犬が「ワンッ」と鳴けばビックリして我に返る。竹内先生のレッスンにも基本にそれがあるんだと思うんです。ですから、働きかけがあったときに反応する・しないという関係性が重視されるんだと思う。

竹内　禅で言ったら「啐啄同時《そったくどうじ》」ですね。卵の中に入っていると親鳥が外からチョンチョンとやっ

（7）白川静『字通』によれば、開は「門＋廾」の合成語で、門の両扉を抜く形、また、かんの木を外す形。門＝サン＝かんぬき＋廾＝キョウ＝ささげる、からなり、かんぬきを手でささげる、が原意とある。神祠のかんぬきを手ではずす、が「開」の字形となった、とある。

て、中からもチョンチョンとやって……。「啐啄同時」が難しいなら桃太郎でもいい（笑）。桃太郎さんは、上から刀で切りこむとパーンと劈くわけだから。桃太郎の方がわかりやすくていいね。

稲垣　桃太郎をそういうふうに解釈したことはなかったなぁ（笑）。

竹内　だって、刀で中まで切ったら、桃太郎も切られちゃう。だからちょっと刀をあてたら中から割れてくるわけですよね。

稲垣　よく熟れたスイカは、包丁をちょっと入れたらピーッと割れますね。

竹内　そうですか。それは知らなかった。

稲垣　子どもの頃にビックリしたことがあります。親に言われてスイカを切ろうとしたらピーッと割れて、ウォーッと思いました。それからというもの、慎重になってこいつは大丈夫かなぁなんてね。だから、あれはやっぱり中で準備がちゃんとできていて……。

三井　確かによく熟れておいしいスイカは、刃がちょっと触れるだけではぜます。子供が産まれる状況と似ていますね。

稲垣　それは知らなかったなぁ。

三井　自然なお産の場合ですが、おなかの中で赤ん坊が「そろそろ外の世界へ出ていこうかなぁ」「そろそろ出たいよぉ」と準備が整ってくると、お母さんのからだも準備ができていく、つまり、子宮口が柔らかく開いていく。こんなふうに親も子も傷つかないようにからだが整ってそうして産まれ出てくる。お産は、まさに「啐啄同時」だと思うんです。

稲垣　それはいい話だなぁ。

三井　自然の力というのは実に凄いですね。そういう自然なお産ができるのはとてもありがたいことで、今では文字通り「有り難く」て、そういうお産をするのは難しいらしい。会陰切開が当たり前のように行われたり、陣痛促進剤を使ったり。産まれる準備がまだできていないのに、予定日だからと医療側の都合で無理に取り出される。そうすると母子ともに大きな事故につながることもある。

稲垣　だから、劈開の劈は、「内」と「外」の阿吽の呼吸のように、「外」からの呼びかけに「内」が応えて、一気になにもかも変化してしまう、それくらいのひらかれ方ですね。

竹内　つぼみが、花ひらくのはどうなんだろうなぁ。つぼみが開く瞬間というのは何からはじまるんでしょうねぇ。

稲垣　蓮の花はポンッと音がします。

竹内　私はよく月見草を見ていたんです。夕方になると「まだ咲かないか、まだ咲かないか」と思って見ているんだけど、そういうときには咲かないんだなぁ。それが、「あぁ、やれやれ」と思っていると、「アッ」「咲いちゃってる！」となるわけだ（笑）。あの咲く瞬間というのは何だろうと思う。スローモーションで見ると、つぼみの一枚がフッと動く。その一枚がきっかけになってこっちがこうずれて、次がこう膨らんでというふうにひらいていくわけですよ。そのときのつぼみの中の温度はだいたい三十七度になっているそうです。

三井　ふーん、何だか温かい話ですね。

稲垣　蟬が殻を破って出てくるときも迫力がありますね、子どもの頃によく見ていましたけれども。最初に背筋のところにピッと線が入る。そのあとはなんと言ったらいいかなぁ、ピュッピュッピュッと段階的に広がっていったと思ったら、ボコッと出てきて、それからブワァーッと広がっていく。

竹内　それがさぁ、生々しいのが出てくるじゃないですか。あれが「じか」(笑)。

三井　そうなんですか。私、見たことがない。

竹内　ナマの感覚で触れあうという、そういう言い方しかできないですね。

三井　「なま」とか「じか」の問題なんですね。ところで、さきほどのお話にあった「出会いのレッスン」、「看板じゃなくてあなたの顔を見せてください」とおっしゃった。看板を外すということですけれども、私はある文章の中ではこの「看板」のことを「ウソ」をかぶっていると書きました。そこのところを稲垣先生は「殻」の方がぴったりするんじゃないかとおっしゃって。私は、何回も繰り返し考え直したんだけれども、やはり私にとっては「殻」という言葉よりも「ウソ」という方がリアリティがあった。私を「じか」にしないものは、「ウソ」としか言いようがなかったんです。

竹内　だけれども、あの坊さんにとってみるとね、かけた「看板」が自分だと思っているわけですから、そこがちょっと違うんです。嘘だとは思っていない、むしろ本当だと思っているわけですよ。本当だと思っているものが実はそうではなかったということで、だいたい気づきとはそういうものだと私は思っている。あなたの言うように、これは嘘だ嘘だと思っている人ももちろんいますが。

三井　自分自身では、嘘だ嘘だと思っているわけではないんです。どこか自分ではないような感覚がある。自分の今の状態をそのまま受けとめられない何かがある。受け入れたくない気持ちがあるのかもしれない。しかし、「殻」というのではない。「殻」はちゃんと自分の中身を包んで守る。そして世界と触れ合う境界でもある。しかし、私の場合は「殻」というほど上等ではない。ならば、それはなんだ。やっぱり「ウソ」だ、と思ったんです。嘘であることへの恐怖とか卑下みたいなものがあると言った方がいいかな。そんな「ウソ」をなんとか脱ぎ捨てたい。どうしたら脱げるんだろう、どうしたら「じか」になれるんだろう、と、こういうことを書いたわけです。

ところで、最近、竹内さんのお話のなかに「自覚」ということばがよく出てくることに気づきました。これは私にとっては非常に難しい問題です。なぜなら、「ウソ」を脱ぐためには「主体」とか「意識」を超えたところに身をおかなくちゃいけないんじゃないかと思っていた。そして「自覚」というのも、この超えるべき領域にあるものと考えていたのですが……。どうやらそうではないらしい。

後日追記――――――――――――――――――――**竹内敏晴**

「劈く」ということを現象として説明すれば、ここで話し合われたようなプロセスになるわけですが、「劈かれた」体験としては、突然すみ慣れた「囲い」がふっとんで、世界の中に投げ出されて「あった」、ということです。望んだり予期したりするイメージもなく、あらかじめ胚胎するものも準備もない、いきなり襲いかかられる体験。だから新しい「意味」に到達できた、ということではない。「意味」以前の存在にふれている。いやむしろさらけ出されてある、ということでしょうか。これを「じか」と言っておきますか（この「無時間にある」ことは、バタイユの「恍惚」に共通するなにかがあるかとも思いますが）。

「呼びかける」ということ

竹内 ちょっと、話は戻ります。相手がこう斬ってくるでしょ。するとそれがゆっくりに見えることはありますか。

瀧元 私はゆっくりに見えたことはないです。

稲垣 体操競技をしてきた人間は、落下するときなどはよくスローモーションで見えます。

竹内 それは、この前にもうかがいましたよね。で、なんでまたその話かということです。

エクスターズ（extase/ekstase）というのは、スターズ（stase, stasis）から外へ（ex/ek）ということですね。スターズ、いる＝あるところから外へ。一般的には「忘我」とか「恍惚」と訳されるわけですけれども、そうではなくて、一般化しないで考えるといろんなことがあると思うんです。日常生活の中で意識しないで働いているエクスターズというものもあると思うんですね。たとえば、そこに美人がいたら、フワッと目が行く。「目をやる」という言い方がありますが「目をやる」というのではなくて、「目が行く」。「手が出る」とか。これも生活のそこここにあるエクスターズで、普通言われるような大げさなものではないけれども、そういうエクスターズであることが、考えてみると生活の中にたくさんある。

「目をやった」と思っているのと、もうちょっと鮮やかに「目が行った」ということに気づくのとでは、現れてくる相手が違うということですかね、強いて言えば。ただ目が行っただけではなくて「目が行った」ということに気がついたとたんに、向こうが現れてくる現れ方が違ってくるということですね、「自覚」ということは。

三井 「目が行った」ということに、あとで自分が気づくということですか。自分は意識していなかったけれども、先に目が行っていたということをあとで自覚するんですね。

竹内 たとえば何人かいて、その中の誰かにね、「ちょっと来て」と呼ぶとするでしょ。呼ぶ方は何も意識して「この人にしようか。この人が特別にいいから来てくれ」なんて言っているわけではない。で、「あ、ちょっと」というときに、何で私の手がその人の方へ行ったのか。その人が美しいからとかなんとかいう前に、自分との関係の中ではっきりとその人が現れるわけでしょ。招いた瞬間に周りがなくなって相手の人と自分と二人だけになるんだ。二人だけになって、「あっ、来てくれる」とか「ちょっとためらっているな」というときに動いている何かが、「じか」なんですよね。

三井 なるほど、そうですね。

竹内 というようなことが言えるかなということが一つある。それから、分けて言うのがいいかどうかわからないけれども、意識を超えちゃったところで出てくる前に、意識以前でもなく、意識の中で動くということ。さっき聞こうとした、ゆっくり動いているように感じること。たとえば、狙っているときに的が近づいてくるとか。「近づいてくる」という言い方をオイゲン・ヘリゲルはしてますが、私はこの言い方はよくわからない。たぶん半眼にしたんだと思います……。

私の場合はクッと睨んでいると、向こうは向こうで見えていて、「ここにもはっきりある」という形でした。それに気がつくのと気がつかないのとの間には、たぶん集中という問題があると思う。エクスターズということを考えるときに、日本語での「集中」ということで考えてみた方がわかりいいのかなぁと思うことがあります。ある人を「招いた」ときには周りはなくなる。日常の次元から消えるわけですが、これ自体が一つの集中だし。

稲垣　非常に面白いですね。そこでも、エクスターズの元の意味からすれば、いつもの自分ではない自分になっている、という意味でエクスターズですね。

竹内　そのときにはじめて自分が現れるから、逆に言うと「インスターズ」かもしれない（笑）。それまでは、呼んでいるときには、自分というものはないわけだ。だから、そのことはエクスターズなわけ、外から名前を付ければね。「やぁ」と相手が言ったときに自分がいるわけですからね。ないものが呼んでいて、呼んだときにこっちがあるという言い方もできる。

三井　ないものが呼ぶっていうのは、面白いですね。それは、空っぽだからこそ向こうが受け取ってくれる、相手がこちらを誰それと認めたときにはじめて「わたし」が存在するということですか。

竹内　ちょっと待って。よく考えてみるから。「手が出る」ということは、向こうが呼んでいるから手が出るわけだよね。だから、こっちがなくてもいいわけだ。手が、出た。向こうが明らかに答えた。相手が立ち現れた。それに向かい合った自分というものが現れる、ということになりますね。

三井　なるほど。では逆に、私が自分のことをアピールしたいとか、「私はこうなんですよ」と思いながら呼んでも、これは伝わらない。Es は現れても Ich-Du ではない。

竹内　「あれは目立とうとしているな」とは、わかるけれどもね。人と人の関係はできない。

三井　だけれども、その人に目がいったときには、こちらはもう自分のことを忘れていて、気持ちは向こうに行っているから、こちらは空っぽ。そして自分を見てくれたとわかったときに自分がここに立ち現れてくる。そういう関係が成り立つ、ということでしょうか。

竹内　そこが微妙でね、私もなんて言ったらいいのかよくわからない。向こうが立ち現れた瞬間に自分がいるというのか、向こうが自分を見てくれたときに自分があるというのか。そこがちょっと微妙でね、正確に言えない気がする。

稲垣　さっきの話、すごく面白いと思って聞いていました。私は若い頃に嫁さんと街を歩いていて、綺麗な女性がいると目が行っちゃうでしょ。すると頭をこっちへ直されて（笑）。

竹内　それは、目が行くんじゃない、顔ごと行ってるんだ（笑）。

稲垣　ただ、ある範囲があってね。その範囲にあてはまる女性、いい女性だなと思う人、私はあまり年齢は関係ないんですけれどもね、「あっ」と思うときには目が――あ、顔ですか――行っている。私からすれば、目を引っ張られているんです。呼ばれてるんですね。

竹内　そうだよね。だってさ、「この人は綺麗な人だなぁ」と思ってから見るわけじゃないからね。何かパッとある存在が投げかけられてきて、パッと見てるだけだから。

稲垣　そうです。それで、誰でもそうかというとそうじゃない。ちゃんと選ばれているわけですよ。パッと目が行く前に、向こうがいる。その存在があるから、目が行くわけであって。行ったときに私の存在が現れるんだと思うんですね。

竹内　武術だったら、殺意をもってるやつが現れたとき、「あいつは殺意をもっているな」なんて考えていたら斬られちゃうもんね。

瀧元　そうですよね。

稲垣　それは、むしろ距離があるときに目をやるんでしょうね。「あいつは気をつけておかなければいけない」。

（目をぎょろっとさせて）

こう「目をやる」のと、「目が行く」のとは違う。

竹内　あのね、ああいう目つきの武術家じゃダメだよね（笑）。

稲垣　私の武術は昔の東映映画の世界です（笑）。

あなたと私が一つの場にいるか

竹内　この間ダンスセラピーの人たちとレッスンをやっていたら、私が考えている、人と人が触れあって踊りになるというふうにならない。踊りをやってきた人は、向こうから刺激がくるとパパッと自分一人で踊り出してしまうわけです。どうも、ちゃんと相手に応えているような気がしない。それで三回目のセッションで切り替えた。何をやったら気がついてもらえるかなぁと思って。

それで、「とおりゃんせ」という歌がありますね。あれをやったんです。「とおりゃんせというのはどういう意味ですか」と言うと、「お通りなさい」という意味だと。それなら「お通りなさい」とやってみましょうと――。すると、二人ずつ組になって「どうぞお通りなさい」と言って誘導している。言われた途端相手はさっさと通り過ぎていく。いったいこれは何だろうと思った。

まるでお店の呼び込みみたいなものです。これでは二人の間には人間関係が成り立っていないではないか、ということから始めたんです。人と人との関係が成り立つというのはどういうことなんだろうか、と。これも、ある意味では「じか」ということの答なんですよ。

それで、「ほんとに呼ばれているかどうか、相手の動きをよく見てごらんなさい」と、やった。すると初めて、「はてな?」となる。呼ばれている気がしない、足が前へ出ない、あるいは何があるのか怖い、というような返事が出てくる。相手に触れてはいない、サインを送っているだけだ、ということがだんだん見えてくる。

「じか」というのは、肉体が離れてはいても、肩や手に、今いる「ここ」から手を触れること、と言ってもいい。簡単に言えば、私とあなたとは離れていても一つの場にいて、手がこう出るということ自体が向こうから呼ばれていることであるし、手が出たときには肩にちゃんと触れている。AとBが別々になっていて、なんとか呼ぼうといろいろ苦労して、サインを送ったりしているうちは絶対につながらない、「じか」にはならないということをやったわけです。

稲垣 手が出る前に、目が呼んでいなければいけないはずだし、目が呼ぶ前に、そういう気持ちになってなければ……。

竹内 いや、私は「気持ち」のことは考えません。気持ちというのは「意識されたこと」だと思っている。

稲垣 意識ですか。

竹内 ええ。からだは気持ちよりも前に動いている。日本人は気持ちが好きで、そのことばかり言うところがあるけれど。

三井 いつだったか、「どうぞ来てください」といって相手を招き入れるレッスンがありました。このとき「この人にほんとに来てほしいかどうかはどうでもいい」と竹内さんはおっしゃったんです。やってみると「やっぱり来てほしいと思わないもん」なんて言ってる人もありましたが、この「来てほしくない」というのが「気持ち」ということですね。気持ちがほんとに来てほしいとなってから呼ぶのではなくて、とりあえず気持ちのことは置いといて「どうぞ来てください」と招き入れてみましょう、とおっしゃった。

竹内 それでやってみて、いやだったらね、途中でこうなりますよ。

（半身になり背を向けるしぐさをする）

稲垣 なるほど。

三井 招き入れたくなければ、招き入れたくないという「からだ」が出てくる。

林 招き入れたくないと思っていても、招き入れてしまう身体も存在するかもしれない。

竹内 それはありうる。でも、意識で「招き入れねばならない」といってやっている場合は、からだはそういうふうに現象してこないです。こっちのからだが絶対に劈かれていかない。

三井 あのお坊さんに子どもが近寄ってこないというのは、そういうことですね。「看板」で笑っていても、子どもたちは逃げていく。

竹内 「逃げていきます」と聞いたときには笑っちゃった（笑）。追いかけていけばいくほど逃げていくんだろうね。「ここでは逃げてはいけない」なんていうことにはならない。先生が「逃げてはいけない」といったら逃げない子はたくさんいますが。

そう言えば、あの本（『舞踊・武術・スポーツする身体を考える』(8)）の中に、中村多仁子(9)さんの「胸から下が脚」という話がありますが（一六七頁参照）、ああいうの、瀧元さんはどう感じますか。

瀧元 私は、ああいうふうに説明されるとわかりやすいと感じました。ただ、脚と言われると、脚は二本ありますから、どうしても軸が分かれやすくなるとも思うんです。分かれて感じてしまったら、私がやりたいことはやれないんじゃないかと思ったんです。

竹内 私はあれを読んだときに、文章だけではよくわからないところがあった。私が立つと言うときには、一本脚で立っているんです。二本脚で立ったら、動けない。常に一本脚で立って、もう一本

（8）三井悦子・中村多仁子共編『舞踊・武術・スポーツする身体を考える』叢文社、二〇〇五年。
（9）中村多仁子（なかむら・たにこ）一九四三年―。体操元日本代表選手。一九六四年の東京オリンピックで団体の銅メダリスト。のちに地唄舞名取となる。中村多仁女。

は休んでいるイメージだから、そのあたりを話し合ってみたいなぁと思っています。ここのところから動くというのは面白かったんだけれどね。

（胸骨あたりにある中心点。中村多仁子氏が指摘しているところを指し示す〔一六九頁の図、参照〕）

たとえば日本舞踊だったら、「タタン、タンタン、タン」となるときにこうなるわけですね。こっちへいくには、こうなって、こうなる。

（頭頂からの軸を保ちながら、視線と顔を右から後ろに振り向け、遅れて胸、腕が回転する動きをする）

あれでシナをつくるとか言うけれども、私に言わせればすごく単純で物理的なことで、あれは、髷《まげ》の関係なんですね。パッと振り向いたら髷が崩れてしまうから、頭を乗っけておかなければならない。だから、こうなって、さも「あら、まぁ」とこうなるわけでしょ。

踊りのシナというのは全部そうでね。全部、頭を水平にしておかなければならない。一番単純に考えるとそうなる。だから、役者に教えるときにはね、お辞儀をするときにはこうしちゃいけない。

（すぐに目線と顔を下に落とすさま）

苦しいでしょ。だから、こうやって――

（後頭部から首に力を入れて顔だけは正面に向けてお辞儀をするさま）

頭の上に何かを乗っけておいてお辞儀をすればいい。

私みたいなのは、考え方がざっくばらんすぎるかな。

稲垣　いいえ、非常にわかりやすいです。頭に重いものをのせれば必ずそうなるということですよね。

落ちそうなものをのせて、落ちないようにするには。

竹内 簡単に言えばそういうことですよね。落ちないようにというほどではないにしても、首を傾けたりしてはいけないということ。ただし、反応はしなければいけない。反応するためにはここ、胸と肩で反応するしかないわけだね。

稲垣 そうですね。重いものをのせたら後追いでいかなければダメですね。

竹内 だからね、これは踊りの問題だけではなくて、生活の問題なんですよ。生活の中でそう働いているからだが踊るから。私に言わせれば、そういうことになる。

地唄舞というのは元来お座敷芸でしょう。踊りとしては最終的な段階ですよね。精巧に出来てきて細かくなってきたものだから、ある意味で言うと生活の様式が煮詰まっている。

稲垣 あれはIch-Duの踊りなんですよ。いい旦那の前で、いい私を見てくださいといって一所懸命に踊る。だからあれはステージの上でやってはいけない。

竹内 二十歳代の終わりの頃に、西川流の踊りで有名な芸者がいて、これが二枚看板で素敵だというから、一度ちゃんと観ておこうと思って舞台を観たんです。ところがいっこうに感心しない。「踊りというものはわからないな」と思って、もう一度観に行ったんですが、やっぱり全然感心しない。それで、西川鯉三郎さんのところに行ったわけだ。「私は日本舞踊というのがわからなくて、お二人が評判だから観たんだけれども上手いという感じがしない」と正直に言ったんです。こっちは見る目が足りないと思って聞いたわけです。ところが、聞いた途端に西川さんが笑い出した。「竹内さん、それはかわいそうです」って。「芸者の踊りは、芸者の踊りです」って言われてショックを受けた。

稲垣 それは、恐ろしい！

竹内 それを家元が言うんですから、驚いちゃった。「かわいそうです」と言われた途端に私はウーッと思ったんです、何とも言いようがなくて。それじゃ「芸者の踊り」とはどういうことなんだろう、というところまで聞く元気はなかった、ショックで。

私は、今までに女の人の踊りで感心したのは一回しかないです。たった一人だけです。西川さんが木下順二さんの台本で踊ったときに、私が舞台監督を兼ねて演出助手だった。西川流の主だったところが踊るわけです。私は踊りを観る気はなくて、舞台袖に行って次の幕の準備をしようと思ってフッと観たら、「アッ」と思った。目が行ったきり止まっちゃったんですよ。身動きができなくなりました。それで、幕が下り、下を見たら、家元に次ぐ一番弟子の西川鯉次郎さんが、座ったままジィーッと見ていた。それから立ち上がって、「あぁ、これはこれは」と挨拶したんですけど。

これはね、西川小雪という人で、看板で見ると、なるほど家元の次が一番弟子の鯉次郎さん、その次くらいに当たる人でした。大阪の梅田に「小雪」という料亭があって、今はもうないでしょうけれども、そこの女将でした。この間、彼女の話を読んだときに旦那のことが書いてあって、「あぁ、いい旦那がついたんだろうな」と思ったんだけど、この話には実は先があるんです。

私たちが大阪で芝居をしたときに、楽屋に岡倉士朗(10)先生にご挨拶といってこの女性がやってきたんです。私は舞台監督だったので忙しくて、楽屋裏を走り回っていたのですが、スーッと現れて、薄化粧でしたが「すごい美人だなぁ」とみんながびっくりしていた。しばらく経って岡倉先生の部屋から戻ってきてギョッとしたのは、さっき左から見たときには真っ白な肌の素晴らしい美人でしたが、薄化粧でしょ、右顔を見たら一面に青あざ。あっと思った途端に「そうかぁ」と彼女の踊りがなぜすごいのかがいっぺんにわかった気がした。「こういう人だったんだ」と。

ほんとにビックリするくらい右と左が分かれていて、こっち側は全部青あざだった。こんな人が世の中にいるんだと思いましたよ。だから、よほどいい旦那がつかないとああ上手にはならないだろう。あの人の旦那を私は尊敬しました。

稲垣　中村多仁子さんのされている地唄舞では、いい旦那がつくかつかないかで踊りは決まるという。そういう旦那は目が肥えていて徹底的に厳しいそうで、その旦那に気に入られるように修練をするんだそうです。だから、クックッと引っ張っていけるような旦那でないといい踊り手にはならない。簡単に褒めてしまうとそこで止まっちゃうそうです。

武原はん(11)さんの地唄舞を観ておかないとダメだと。若い頃に連れて行ってくれる人がいて、それで

---

(10) 岡倉士朗(おかくら・しろう)　一九〇九―五九年。演出家。「ぶどうの会」で木下順二作・山本安英主演の『夕鶴』を演出。竹内敏晴の演劇上の師にあたる。英語学者・岡倉由三郎の子、美術史家・岡倉天心の甥。新築地劇団、民衆芸術劇場などにかかわった。

(11) 武原はん(たけはら・はん)　一九〇三―九八年。山村流上方舞の名手。上方舞を舞台の舞へと昇華させた。「武原はん舞の会」を九十一歳まで継続。代表作に「雪」「鐘の岬」など。

ビックリしたことがあるんです。予備知識もなしに、いきなり舞台を観たので、演目もなにも覚えてはいませんが、ある情景が強烈に印象に残っているんですね。女性が思い悩んで海へ飛び込む。動きとしてはほんの少しです。けれども、観ているとボーンと落ちていくように見える。「うわぁ、これは何だろう」って。それからは、武原はんはどういう人なんだろうとずっと思っていました。

中村多仁子さんのお師匠さんの関崎《かんざき》ひで女さん(12)が病気になる前のステージを、私は三年続けて観ることができました。その最初の舞台を見たときにもビックリしたんです。幕が上がったときに、あるポーズをとって立っていただけなんですが、その立ち姿になんともいえない存在感があって輝いて見える。華があるというか、その瞬間にスッと引き込まれた。あれにもビックリしました。

竹内　それで思い出した。瀧元さんに聞こうと思っていたんだけれども、あなたは『舞踊・武術・スポーツする身体を考える』の中で、関節がスッと緩む、落ちるということを言っていましたよね。

瀧元　はい。

竹内　私は、スッと落ちるというのは動きの基本だと思っています。あまり意識的に言ったことはないのですが、スッと落ちたら、どういうふうにでも動けるということです。

それで何を思い出したかというと、私の義理の母親は竹内てるよという詩人ですが、腰椎カリエスで生涯ほとんど寝たままだったんです。それが戦後しばらくの間は元気になって、出歩けるようになった。そして電車に乗ると、座らせてくれればいいけれど、その頃は年中ラッシュアワーの時代ですから、棒などに摑まっていて途中でフゥッとおかしくなるわけです。貧血ですね。すると「私、倒れます」と言うんだ。周りはビックリするんですが、フゥッと倒れていくとケガしないですね。スッ、コロンと倒れていくだけで、絶対にケガしない。スッと膝が緩むというのはこのことだと思う。なんにも訓練をしてきたことのない寝たきりの人ですから、力なんてないわけで。

稲垣　脱力状態ですね。

竹内　そう、完全な脱力状態です。初めはビックリして抱き留めようとしたけれども、これは抱き留めない方が安全なんです。「死んだんじゃないか」とか「大丈夫か」とかいって周りはビックリしますけれどもね。脱力というのは、ああいうことだと思って。

稲垣　私は、今、太極拳を習い始めていて、その先生が「股関節を緩めてください」と言うんです。ところがなんのことを言っているのかわからない。それで、こうか、ああかとやっていると「それです」と言われて「あぁ、ここだな」となるわけです。でも、そのつもりでやっているとまた「股関節を緩めて」と言われる。緩めているつもりでいるから「どこが悪いの」と聞くと、「ここを緩めて。そう、そこです」と言う。先生には見えているんですね。でも、私にはわからない。だいたいこの辺だろうとは思っているんですが、誤差があり過ぎて「違います」と言われてしまう。人のを見ていればわかると言われるんですが、わからない（笑）。

（12）関崎ひで女（かんざき・ひでじょ）一九二九—二〇〇八年。西川流を学び、のちに神崎流本家家元神崎ひでに師事して地唄舞を習得。独立して関崎流を起こす。『マダム・バタフライ』振付・出演など海外でも活躍。

竹内　なるほどね。声の方でも似たようなことがあると思います。声が出たときには、周りが見ていると「あ、出た」とわかるんですが、当人にはわからない。なぜかというと、それまでは声を出すときに喉に抵抗感があったのに、声が出ると抵抗感がなくなって自覚できないんですよ。それを何回か繰り返しているうちに自分の身体の中に響いてくる声ではなく、外に広がっている声が聞こえてくるようになる。すると、わかるんです。

稲垣　私はまだ全然聞こえていないです。声が出やすいときと、「今日は割合出ているなぁ」と感じることはありますけれどもね。でも、それは違うでしょう……。

竹内　「ワタシハ、ヨクデテマスナァ」。

（首を固めて顎を引き、喉を締めつけて声をだす）

とこういうふうに感じるわけです（笑）。

稲垣　なるほど。

竹内　ところが、よく出たときには、中に響くものが全然ないわけではないですけれども、外に広がっている方が分類するとすれば大きいし、自分にも抵抗感がないから声が出ていると思わない。だから、出ていることは、自分の中に響いているのを自覚することではなくて、外に広がっている声がどれくらいまで行っているかと聞き取れるようになってから初めてわかるわけです。

稲垣　私はそういうことを考えたことがないです。それは、向こうの壁から跳ね返ってくる声を聞き取るというようなことですか。

竹内 いやいや、そういうことではないです。たとえば、私がこうやって喋っていてどのくらいまで出ているのかな、と。言葉として意味はわかりますよね。でも、「コウヤッテシャベッテイル」のと、「コウヤッテシャベッテイル」のと、「コウヤッテシャベル」のとでは違う。

（だんだん声が響いて、大きくなっている）

さらに、「コウヤッテシャベッテイル」。

（喉を締めているような声）

これは全然出ていないです。音としてではなくて、人間関係としてと言った方が早いかもしれない。「音の力」というものがどこで止まって、どこまで広がっているかということですね。

声楽をやっている人の発声方法が、話し言葉の問題として考えてみるとダメだということがよくあるんです。響かせるばかりで、話し言葉として届く力がないんです。たとえば、「ラ〜」、「ラァ〜」「ラァ〜ッ」といろいろやるわけだ。民謡もそうです、「〽まつしぃまぁーのぉ、さぁーよぉー」とやるところを、「サ〜ヨ〜」とか中へ響かせるわけだけど、響かせどころが全然違うんですよ。

宮城教育大にいたときに、東北の民謡の偉いお師匠さんがレッスンを見に来て、いきなり「私のところに来てくれ」と言うわけです。「何をするんだ」と言ったら、「私が歌ってから一番弟子が歌うから、どこが違うか教えてもらいたい」と言う。「一所懸命教えて、確かにかなりいいところまで来てるけども何かが違う。でも、何が違うのかが教えていてもわからない」、と。これは、日本の歌を教えている人はほとんどそうです。長唄などもそうで、「それじゃ、ダメだ。こうだ」といって自分で歌うことはできるけれども、何が違うのかというのを聞き分けて教えられる人はほとんどいない。話し言葉に戻して考えてみますと、歌でいい声が出たと思うのは、だいたい自分の中で響いたもので、自分に酔っているだけなんです。話し言葉として力のある声かどうかと、スパッと割り切って聞いてみると、声楽家の教えている声はものの役に立たない場合が多いです。発声の意味合いが違うわけですね。

スポーツの中のエクスターズ

竹内　さっき、日常生活の中でエクスターズがあるんじゃないかという話をしました。そのほかに、日常生活を超えたところのエクスターズというのもある。武術なんかもそうですね。

瀧元　ええ。

竹内　それから踊り。スポーツの中にもそういうものがあるわけだけれども。エクスターズということを考えてみたときに、人間としてみたときにどうなるかなぁとずっと考え込んでいた頃がありました。日常生活の中で、社会生活の法《のり》を超えた行動が出てきたとしますでしょ。そうすると、それは自分にとってどんなに真実なものであっても、社会的には困ることが起こるわけです。その人にとってはいいんだからいいじゃないかというわけにいかないところがあるし、それは外から見て批判するだけで済むわけではなくて、その人の社会的行為についての責任はどうなのかという問題も出てきますね。つまり、責任という問題をどう考えるかということが、たとえば仏教とかインド系の「無我」

とか「即非の論理」[13]などに対する一つの問題として私の中にあるわけです。いろいろな論点において、仏教的な考え方というのは「善悪を超える」というけれども、「善」とは何であって「悪」とは何かと問い詰めない「超善悪」という感じもあります。そういうところへいったときに、責任という問題を抜きにして近代社会で生きて行くのは、いい加減な生き方だと言われてもしょうがない。芸術とか、宗教とか、スポーツや武道ということになると、そういう個人的な責任というものとあまり関わらないですが。

稲垣 あるジャンルが設定されることによってそうなるわけですね。

竹内 ええ。だから、そういう中でしか存在しないエクスターズがあるだろう、と私は思うわけです。と言うのは、社会生活の中では、仕事の上でも、家庭生活においても、自分の中にある矛盾が出て追い詰められたときに、今までの生活や社会関係をいっさいすっ飛ばすようなことが起こるわけですね。これは、その人のからだの中から動き出してくるものがあってしょうがないんだけれども、社会人としたならば、ある矛盾を背負わなければいけないところがある。そういう場合と、芸術やスポーツの場面を考える場合とは分離して考えた方がいいだろうな、と思い始めています。エクスターズということを、日常的なものを超えて動くときにはじめて存在するとか、実現すると

(13) 分別知が働く以前の主客未分の状態に真理があるとする考え方。鈴木大拙はこれを「即非の論理」と呼んだ。西田幾多郎の「純粋経験」の考え方に通ずる。

か、知覚することが成り立つものとして考えると――この言い方がどこまで正確かわからないけれども――、昔だったら、それが可能なのは祭という場だったと思うのですが、現代の祭は社会的行事という枠がはまって娯楽になっているから、もうその中ではできないわけです。ですから、今はそれを実現してもいいという場で、どこまでいけるかということを考えないといけない。

稲垣 お祭りということでいえば、岸和田のだんじりなどでも、警察の管理下でしかできなくなっている。昔はかなり大きな事故が起きたり、死者が出たりして、それが予想範囲内のことだった。しかし、今ではそういうことを起こしてはいけない、そういう枠組のなかでしか、だんじりもできなくなっている。本来の祭りは、近代社会の中ではもはや成立しなくなっているとも言える。

今、うかがっていて面白いと思うのは、スポーツという一つの文化領域の中でのエクスターズであれば、許されるということです。

竹内 倫理を問われないわけです。

稲垣 でも、まったく問われないかというと、ちゃんとルールがあるわけで。ルールの範囲内でのことならば許されるけれど、ルールを超えるエクスターズはストップがかかる。場所も、サッカーグラウンドや野球場というようにフィールドがちゃんとセットされている。その空間の中でのルールに沿ったエクスターズなら許される。条件付きであるわけですね。

竹内 しかし、表現という問題の範囲を大きくとると、それを逸脱したものが出てきても、それが一つの表現だということになるし、それが感動を呼ぶ場合もある。

稲垣　そうですね。その「感動」ということは、話題にしたいと思っていました。スポーツにおいては、見る側の感動とプレイヤーの側の感動と二通りあるわけで、それらに対する言説は立場によって変わってくるわけです。いずれにしても感動というものは日常に起きないことが起こるから感動するわけで、いつでも起こることならば感動しない。ほとんどあり得ないようなことが何かの偶然、あるいは努力や戦略やテクニックの結果として、起こる。そのために日々トレーニングをしていく。そういう身体でしか実現できない、驚くべきパフォーマンスが人々の感動を呼ぶ。

私もエクスターズのことはずっと考えていまして、今もあるテーマを追いかけています。その一つは、人間の自由の問題です。あるいは、それが社会的な行為になったときの責任の問題です。基本的に、人間は、自由でありたい、自分の内側から出てくるものに対してできるだけ制約をしたくない、という願望を持っている。言ってしまえば、無意識に立ち上がってくるものはできるだけそのままにしておいてやりたい。その方がたぶん心地よいというか、広い意味での快感につながりますから。でも、私たちは、社会的規範に縛られて生活していますから、つねに、理性を働かせてどの辺まではエクスターズの自由な時間・空間が許されるのかと、ある規制をかけている。そういう自由と理性の葛藤が近代的な法治社会のなかではいつも起こっている。それは個人のレベルでも社会のレベルでもそうです。社会の規範もあるし、個人の生き方の規範みたいなものもある。いつもそこのところで葛藤を繰り返しているわけです。

そこで、スポーツという場を設定して、ふだんできないエクスターズをその場において表出する。

サッカーのサポーターなどを見ていると、街なかでは無理でもスタンドなら許される行為というものが明らかにある。大声で歌ったり、鐘太鼓を打ち鳴らしたり、踊ったりはしゃいだりするのは、スタンドのある特定の席であれば、かなりのところまで許容されるようになっている。日常では不可能だからこそそういうところで行われる。それはある意味でエクスターズの「囲い込み」ですね。

竹内 下手をすると殴り合いにまで発展するからね。

稲垣 ある意味では、その殴り合いこそエクスターズだと考えてみたい。

竹内 当然です。そこまで含まなければスポーツとは言えない。

稲垣 あれが出てきてしまうのは、スポーツが生まれた根っこのところを考えてみればよくわかります。昔はレスリングや格闘技と言っても要するに殺し合いです。それを、「殺してはいけない」というルールを作って「力」を競わせたその段階からスポーツになっていく。その次に出てくるルールは「ケガをさせてもいけない」というものです。そして、その範囲で「力」を競わせる。そのようにして、身の安全を確保するためのルールが次々に作られていきます。こうしてだんだんルールが細かくなってきて、近代のヨーロッパ・ヒューマニズムの精神に則ったルール、マナー、エチケットなどへ変化していく。最近では、メディアの論理が優先されて、ますますスポーツ固有の論理から遠ざかっていますが、この問題はひとまず置いておきます。

つまり、スポーツは、ボールゲームもそうですが、もともと命を奪うところまでやっているわけですよね。それを「殺してはいけない」「ケガをさせてはいけない」というルールをつくって暴力性を排除し、暴力抜きのパフォーマンスへと仕立て上げてきた。これがいわゆる「文明化の過程」です。

つまり、「ルール」という美名のもとに抑圧・隠蔽された暴力は、行き場所を失っている。しかし、「ルール」を定めればそれですべての問題が解決されるかというとそうではありません。サッカーなんて「手を使ってはいけない」とまで言うわけですから、欲求不満が溜まってイライラしてくる。おまけに、点もなかなか入らない。その中で九十分間応援している。それだけに、ゴールの瞬間というのは興奮するわけですけどね。

竹内 野球でもそうだと思います。片方は座っていて、片方は立って待っているだけだもんね。あんな動かないスポーツはないです。そういうふうにして抑圧されているから、ホームランみたいにカーンといったら熱狂する。

稲垣 そういう暴力性の抑圧によってできあがっている近代スポーツの、その抑圧されたエネルギーは、選手にも観客にも欲求不満となって溜まってしまいます。そして、それが溜まりすぎると、思いがけないときにどこかで「亡霊」としてボコッと現れることになる。この「亡霊」こそがここでいうエクスターズの内実でもある、ということですね。

スポーツに暴力はつきものです。それをいかにコントロールするかが近代の法治国家の課題でした。その結果、日常生活の暴力はおろか、祝祭空間における暴力性までも、「法」という新たな暴力装置のもとで徹底的に排除されてしまいました。サッカーのフーリガンが現われるのは、私に言わせれば近代論理が生み出した必然であって、まさに「亡霊」の出現だということになります。

だから、これまでに論じられてきた「フーリガン問題」に私は全部不満なんです。それは、エクスターズの議論が完全に排除されているからです。そして、ほとんどすべてが、法律の問題、倫理の問題、キリスト教的なヒューマニズムの問題として片づけられている。どこまでも「近代スポーツ擁護」の議論です。これは「ドーピング問題」とまったく同じ構造をもっています。

そうではなくて、人間の「自由」という根源的な問いかけから発して、理性とエクスターズのバランスにどのような「折り合い」をつけていくのか、が問われないことには「暴力」の問題は見えてこない、と私は考えています。人間には、基本的に、ルールによって「禁止」されることに対するアゲンストの欲求がある。根っこがそこにあるのに、そこを解決しないでフーリガンはいけないという押さえ込み方をするのは、近代論理としては正しいかもしれませんが、人間の側の論理からすると違うのではないか、というのが私の考えです。

竹内 まったくその通りだと思いますね。野球場で酒呑んでわめいちゃいけないとか、太鼓をたたいちゃいけない、静かに観ましょうとか、野球場に静かに名人芸を観に行っているファンがいったい何人いるかっていうんです。誰もそんなものを観に行ってはいない。ワァーッって大声出して太鼓たたいて、それで発散したいから行っているわけです。

稲垣 そうですね。だから、昔の方が良かったですよ。ドーム球場ができてから音がうるさいとなって規制されるようになりましたからね。それならば外でやればいい。

竹内 それは、演劇の方から言ったら当然のことなんですよね。スポーツや演芸が催し物であり、民衆が祭りをしようとしたことの近代化された形だとすると、演劇はその代表格なわけです。だいたい、踊るといったら憑依するわけでしょ。憑依して、いっさいの日常生活からすっ飛んだものとして踊りが現れてくるわけで、もう少し形を整えてくると鬼が現れたり、亡霊が現れたりする。奥三河の花祭りなどを見ればわかりますが、参加する人たちが日常生活の世界から離れたところで、踊るわけですよね。あるエクスタシーの中に入って、また休むというか離れて見ていて、雪の中で寒いから酒をあおって、やおらまた入るというように一晩中続け、朝になると納得して日常生活に戻っていくわけでしょう。この興奮状態というものを、どうつくるかというか。

「暴力」と単純化すると問題が出そうだけれども、暴力にはみ出した部分も含めたエクスタシーに入っていきたいという欲求は、「からだ」の中にあると思います。演劇の側から言うとそういうことになりますが、スポーツをやる人の立場で言うと、どういう問題が出てくるのかな。

稲垣　スポーツも、これからはもっと演劇的な発想で語ったほうが面白いと思います。スポーツは、美しくて、立派なもので、スポーツマンシップなどと変におだてられて、いつのまにか、こうあらねばならないというところに押し上げられている。ところが我々経験者は、スポーツの裏側には実にどろどろの世界があるということを知り尽くしているわけです。仲間の多くが次々に脱落していくし、肉体的にも精神的にもつぶされていく選手がたくさんいるわけで、そういう裏側があることを関係者はみんな知っている。ところがこれを世間には出さないで、表には華やかなものしか出さない。それこそ、甲子園やオリンピックがテレビを通して喧伝されていく。つまり、メディアによって演出されたスポーツだけが一人歩きして、スポーツとして一般の人に受け止められていく。実は、スポーツの世界というものは裏も表もあって大変な世界なんだ、ともっと表に出していいと思うんです。

踊り――自分の存在を確認する営み

竹内　「念仏踊り」というものがありますね。昔、一遍上人が諸国を巡っていて、あるときに自然発生的に起ったわけです。「南無阿弥陀仏、南無阿弥陀仏」といって熱狂的に踊って、腿も露わに踊って見るに耐えないと『明月記』[14]か何かにも載っているわけですよね。あるところでは、舞台の上で踊っていて屋台が崩れ死傷者が出る騒ぎになったくらいで、ともかく狂躁的に踊られるわけです。それが、いろんな芸能を生み出す源になった日本の近世芸能の大きな根っこだと言われている。

私は、あるとき、信州の田舎にそれを見に行ったんですが、ビックリしました。「南無阿弥陀仏」とリズムよく踊っていると思っていたら、全然違った。真っ暗な中で「な〜む〜あ〜み〜」と非常にゆっくりと動いているんです。なんだこれはと思ったわけですが、六、七百年も経つとこういうふうになるのかぁと、ショックでしたね。まるで幽霊が踊っているようでした。各地でどうなっているのか、中には元気のいいところがあると聞かないでもないんですが、定かではありません。

そういうふうに一つの形がどんどん時代の中で動いていく。あれはあれで、ゆっくりな中にどういう力があるのかとはっきりと引き出して、ゆっくりしたもの自体を違った形で演出していくということができれば面白いのでしょうけれど、難しいだろうなぁ。何と言ったらいいか……。

稲垣　一般に伝統芸能の保存会みたいなものがあちこちにできていて、できるだけ元の姿を伝えようとする。けれども、それはほんとは……。

竹内　不可能ですね。

稲垣　身体が変わるわけですから不可能ですね。今の念仏踊りの話などは、元の原型も変わって、何だか訳のわからないものになってしまっている。踊る必然性もはっきりしない。一遍上人の念仏踊りは、栗田勇の書いた伝記を読んで非常に感激したことを思い出します。『一遍上人　旅の思索者』(15)というのですが、その中に描かれている念仏踊りの踊りがはじまる瞬間は強烈です。一遍上人の集団は、まるで乞食同然の姿で、念仏しながら旅から旅へと移動していきます。が、過労と空腹で途中で行き倒れのようにしてどんどん死んでいく。腹が減って仕方がない。しかも、疲労の極限状態のなかに追い込まれてしまって、生きている意味すらわからなくなってしまう。もうこれ以上生きていてもしょうがない、というところまで追い込まれながら念仏を唱えているときに、一人の女性が突然エクスターズする。それが「はねばはねよ　をどらばをどれ　はるこまの」という世界になるわけです。ここでも、重要なのはある種の極限状態を通過することによって、爆発的なエクスターズが現象する、

(14)『明月記』　鎌倉時代の公家、藤原定家の日記。定家が治承四年（一一八〇年）から嘉禎元年（一二三五年）までの五十六年間にわたり克明に記録した日記である。

(15) 栗田勇『一遍上人　旅の思索者』新潮社、一九七七年。

ということだと思います。

竹内 最初、ついていた超一という女の人が踊り始めたという説がありますね。

稲垣 栗田さんによれば、一遍上人の奥さんだった女性(もちろん、出家して尼さんになっていますが)ということになっていますね。男性も女性もみんな性器も露わに「跳ね踊り」はじめた、と描かれている。これは、アメノウズメの踊りと深いところで通底している、と私は考えています。

竹内 さっきの欲求不満とはちょっと違うかもしれないけれども、かなり追いつめられたところで、自分たちの生活の底で蠢くものをどこに叩きつけたらいいか、という感じで出てくるわけでしょ。

稲垣 ええ。最後に、自分の存在を確認するような営みですよね。

竹内 そう言っていいでしょうね。

稲垣 そういうところからポーンと弾け出てくる踊り、いうならば始原の踊りが、なにかを契機にどんどん変容していく。ここのところを考えなくてはいけない、と思っています。人間の肉体というのは、やはりある極限状態に追い込まれたときに、何かの拍子にとんでもないことを起こす、というように私は考えています。つまり、肉体の極限状態に接近する、あるいは、そういう状態を通過する、そのときにエクスターズということが起こる、と。文字どおり、自分が自分ではなくなる、自分が自分の外に飛び出す、そういう意味でのエクスターズです。

一遍上人の場合には遊行僧としてああいう形をとって、存在の極限状態に立ち会うことになります。その結果としてエクスターズが起こり、念仏踊りが誕生することになるわけですね。もちろん、あれがすべていいと言うつもりは毛頭ありませんが、そういう貧困が生み出す「生の充実」といったらいいでしょうか、そういうものが遠くなってしまいました。私たちは、今、現代的な豊かさ、つまり、物質的な豊かさのなかにどっぷりと浸りきっていて、極限状態というものを忌避して、そこから離れてしまっている。平均というか、ぬるま湯というか、温室みたいなところにいることがいいことだ、と思う風潮が強い。世の中全体が、そこを中心に動いてしまっていると思います。

身を寄せて安心できる場を最後に確保しておくことは必要でしょうけれども、子供が生まれて成長して大人になる、その成長過程の身体経験については、もっとバリエーションを持たせ、さまざまな経験を積ませることが必要なんじゃないかと思います。そして、ときには、ある種の極限状況というものも、少なくとも二十歳になるのが一人前になることだとするとすれば、そこへ至るまでに経験させることが必要なんじゃないかと考えたりします。こういったことを感じている人が多くなっているんじゃないか、それがもしかすると、今の武道ブームみたいなものや、前回の話にあった『弓と禅』が読まれているという話などにつながっているのかもしれない。確かに今、本屋に行ってみるとたくさん並んでいるんですね。新渡戸稲造の『武士道』などが……。

竹内　そう、あれは不思議だな。

稲垣　これはいったい何なんだろうと思って見回してみると、雑多ではあるけれども、古武道関係のものもたくさん並んでいる。するとその武道に関心が向かっていく日本人の心の傾きというものは何なんだろう、ということが気になってきます。とにかく、身体に対する関心がすごく高いです。いわゆる「癒し系」の本が前からブームになっていますが、私はどうも好きになれない。そう思っていたら、先生の『癒える力』(16)が出ました。「これだ！」と思いました。みんな受け身で癒されることばかり待っている、これは違うとずっと思っていましたから。身体に関する関心は高いのに、何かピントがぼけているとずっと思っています。いま、ブームを呼んでいるのは、自分中心の身体でしかない。自分と他者の、Ich-Du の関係の身体なんて何も考えていない。

竹内 それは、どうなんですか。たとえば、日本の武術を考えたときに、他者との間の関係の問題として考えるということが伝統の中にあるんでしょうか。私は一時期、何か見つけられないかと思って「柔《やわら》」についてはいくらか探ってみたけれど、剣術に関してはわからない。『やわら』の志」(本書一七〇頁参照)を書いて、剣術に対しては偏見があることに気がついた。私は、町場の人間なんですが、町人ではなくて職人です。町人というのは一戸をかまえてちゃんと税金を払っている。私の先祖はそれ以下の職人です。そうすると剣術とは、人斬り包丁を持った侍が向こうにいるということです。私から言うと、剣道なんてカッコイイものじゃないんだ。

稲垣 恐くてしょうがない。

竹内 そうなんですよ。剣術とはあくまで権力者の権力維持のための技術。その人斬り包丁からどう逃げるのか、という一つのやり方が「柔」になるということですね。

田中正造(17)などは、百姓でしょう。何かのときに侍とケンカになって、バーッと逃げると向こうが追いかけてくる。どんどん逃げて、見事に逃げたということを自慢話にしている。その頃は、侍をバカにしていて逃げ足が早かったということが自慢話になるわけです。ところが武士道が流行ってくる世界になるとそうはいかない。それは卑怯だということになるわけだ。侍の論理と町人や百姓の論理とは違うわけです。人斬り包丁と向かい合うとなれば他者を考えざるをえないですよ。こっちがどうするかなんて問題じゃない。向こうがこう来たらどう逃げるとか、無刀で人斬り包丁に向かうにはどうしようかと考えるわけでしょ。侍の方は、そういう他者が目に入ってない。

だから、これは一種の階級的偏見です。どうも自分には剣術に対して偏見があると気がついた。このごろ武術について関心が広がっていることについて、瀧元さんなどはどういう感じがするんですか。

瀧元　今の広がりは、単純に強さの疑似体験をしたいというものではないでしょうか。そういうふうにしか私には見えません。ブームとなっているものに関して言えばですが。

竹内　なるほど。あぁ、そうか。強さの疑似体験というのは面白い。

瀧元　今の武術のブームの前に、格闘技のゲームのブームがありました。あれが流行っていた頃に、私にはその面白さがわからなかったんです。ゲームを操作して画面上で戦って何が面白いんだろうか、と。マンガや小説などで想像を膨らませるのはまだわかる。身体の中で想像力を働かせるから。それがゲームになると小手先でこちょこちょやって、外にあるものを見ているだけのような気がしてなら

（16）竹内敏晴『癒える力』晶文社、一九九九年。
（17）田中正造（たなか・しょうぞう）一八四一―一九一三年。日本初の公害事件と言われる足尾鉱毒事件で、抵抗する農民の側に立ち、明治天皇に直訴した政治家として知られる。

ないんです。キャラクターのような人物がリングの上に上がっているに過ぎない。これは、今のお話にあったような武道・武術の本質とは全然違ったブームではないかと思います。

稲垣　いわゆるスポーツで獲得した身体能力とは違った身体の使い方があるよ、ということが知られるようになって、それに惹きつけられる人はかなりいると思います。つまり、ヨーロッパ的な近代合理主義的な身体の動かし方とは別の動かし方や使い方に、かなりの人が興味を持っている。そこから起こっているブームならばまだ救いようがありますが、それでもあまり素直には喜べない。

「からっぽ」のエクスターズ

竹内　話は元に戻るけれども、さっきのエクスターズの話で、からだの「空っぽ」という話をしなければならないと思ったんです。エクスターズというと、恍惚だとか憑依状態になって、何か自分でもわからないものが出てきて、と思われている点がかなりある。ある段階では確かにそうなんですけれども、エクスターズということで私が一番考えるのは、対人関係の中で働きかけるというときに、からだの中が「空っぽ」でないといけないということなんです。だから、「からだ」「から、だ」という言葉を使う。

たとえば、遠くに誰かいて「おーい」と言うときに、距離を測ってこれだけの声を出して、などとは少なくとも意識としてはしていないわけで、すぐ近くで肩をポンとやるのと同じようにやるわけですよね。そういう意味での「空っぽ」です。意識によってコントロールする「はからい」がないからこそ、何かが自分から引き出されてくる。

面をつけて動き出すのも同じです。いろんなところから動きが始まる。指先からパァーッと燃えてくる場合もあるし、脇の下がだんだん熱くなってきて火が移ってくる場合もある。そのときは炎の波のようなものが突き抜けて、自分がどうこうするという問題とは違うことが起こっている。だから、それはもう「空っぽ」と言うしかない。「エクスターズ」といってもいいと思います。私たちの「からだ」は一皮剝けば古代人とあまり変わってはいないのではないかと。

それと関連して、もう一つひどくプリミティブな話をしましょう。私のレッスンに「人が立つこと」というのがあるんです。どういうものかというと——

一番最初に波になるんです。床に横たわってざぶんと転がる。太古の海の波ですね。それが、雷が鳴ったり、風に吹きつけられたり、ぶつかってお互いがバァーッと弾かれたりしていると、何かが現れる。命の始まりと言ってもいいし、細胞やタンパク質の始まりであるコアセルベートと言ってもいい。そしてぷかぷかやっているうちに単細胞が形成され、そのうちに三葉虫になったり、タコやイカになったり、貝になって這いつくばったりする——それを全部からだでやるわけです。

そして、一大革命が起こる。魚が生まれるのです。なんで革命かというと、尾ヒレで水をかき、自分で、ある方向へ狙って行くことができる。その次に何があるかというと、顎ができる。顎ができるということは、パクッと食いついて自分のものにできる。それまではタコでもサンゴでも、向こうから来るものを待っているしかなかったわけだけれども、自分が狙って何かをつかまえ、食べることになる。自由意志の始まりです。

これが陸に上がってくるわけです。どうやって上がってくるかというと、頭が突っ込まないように前ビレで頭を地面から離す。そのときにはじめて、海にいるときには感じなかったからだの重さが生まれる。そして、後ろを持ち上げるために後ろのヒレが広がって両生類になりカエルになる。次に手が伸びて頭が持ち上がってくると爬虫類になる。その次に後ろの脚がもう一つ持ち上がって、外に広がっていたものが内転していって哺乳類になる。四本足で安定しているのになんで立ち上がるのかということだけれども、だんだんチンパンジーになって、それから人間にと立ち上がってくる。そうやって立ち上がってくるさまを全部やる、こういうレッスンがあるんです。

で、ともかく立ち上がってきますね。やってみるとわかりますが、動物はまず頭を持ち上げて、後ろを持ち上げて、また頭を持ち上げて、後ろを持ち上げてというふうにしてからだを大地からひき離して立ち上がってくる。ずーっと何千万年かかかって、頭を上へと持ち上げてきたからだが、ここに人としてあるということです。その間、自分には重力、つまり下へ落ちる力しか意識することができず、立ち上げていく力を意識できない。立ち上げる力は、人間になる途中で身体の中で働いてきた意識外のもので、人になってから、下に落ちてゆく力に対する上への力を意識化するようになった。その立ち上がる力と下へ落ちていく力と拮抗しているのが、人間の姿勢です。うずくまりかかっているときもあるし、上へと首が伸びていくときもある。人間は、これより上へ行こうと思ったらもはや大地を離れて宇宙空間へ行くしかない、地上最後の生物ということです。

そこで、私が注目するのは内臓です。脳はずいぶん注目されているけれども、内臓は哺乳類としての内臓そのままで、立ち上がったことによってもまるで変わってない。進化していないんです。ただ重力によって押しつけられる方向が九十度動いただけで。

稲垣 なるほど。からだとしては、四つん這いの状態から立った姿勢になったけれど、内臓は九十度動いても、水平状態のときのままなわけですね。

竹内 そうです。だから、中を開けてみると豚の内臓と人間の内臓とはほとんど見分けがつかないそうですね。人間は進化したというけれども、無理矢理立ち上がっただけで、内臓の変化はそんなものです。上へ立ち上がってきた力が自然に身体の中に働いている、それをいかに自分の中で自覚化して一つになるかということが「立つ」ということだと私は思うわけです。

そして、動こうとすれば重力に任せるしか基本的な力はないんですね。だから、動こうとしたら下へ動くより仕方がない。上へ跳ぶ力もあるわけですけれども、これは力を込めてやらなければいけないので、かなりのエネルギーがいる。自然に一番早く動くとすれば、力を抜いてさっと下がることからするしかない。上へ跳ぶのも、実はそこからしか始まらないというのが私の感じ方です。

その立ち上がっていく力と、寝ころぶこと。座禅は無限に死に近づくと言いましたが、人間は立ったまま安定はできない、寝ころぶしかない。寝ないとすれば、座る姿勢しかない。それが人間が人間であるままで死に近づく姿勢だと思う。あの姿勢は、日本人にはかなり難しい姿勢ですね。

稲垣　私は禅寺の息子なもので、いろいろやらされました。少なくとも、身体ができあがる高校二年生くらいまでは苦痛で仕方なかった。成長期の身長が伸びるときには本当に苦痛で仕方がない。身長が伸びるのが止まって、骨格がある程度固まったあとで、何回かやっているうちに馴染んだというか……。

前は意識、背中は無意識

竹内　私は、背骨の考え方が普通とは違います。人間は哺乳類です。立っていると背骨は柱のように考えるけれどもそうじゃない。四つん這いになってみるとケーブルに過ぎないことがわかる。内臓をぶら下げているケーブルです。座っていてきちっとするのは、背骨というより背筋の力です。なんで頭を真っ先に持ち上げてきたのか。人間でいえば頭は腰の辺にあると安定がいい（笑）。そういうプリミティブなことから考えて、そのプロセスの中で立つということをどう考えるか。人が働きかけるということを、横の関わり、つながり、からだの流れとして、どういうふうにできるか、というふうに私はいつも考えています。

稲垣　そういう発想は、演劇のからだから……。

竹内　それもあるけれども、野口三千三さんの体操(18)がアイデアの一つに入ってますね。野口さんの体操そのものではなくて、それをきっかけにしてですが。演劇もやっぱり大きいです……。

どうですか、その絵本は。面白いですか。

（回覧していた資料に言及する。一五四―一五七頁に抜粋）

瀧元　ふだん、人の身体はこの絵のような姿勢はとっていないのに、まるでそのまま立ち上がっていく過程を見ているようです。私にもこの姿勢が当たり前のようにできるかなぁ、と思いました。

竹内　東京造形大学のデザイン科の森洋子さんという画家で、学生にレッスンをやらせてみたら絵が変わるんじゃないかと言ってたんですが、確かに学生たちの描く絵も変わったけど、講師だった彼女が一番変わりました。彼女が一番最初に描いた絵です。人間のからだの感じ方が変わるでしょ。

稲垣　魚の中に人間が入っている。それからだんだん陸へ上がってくるよ。これは面白い。

松本　ヨガをやっていると、コブラのポーズといううつ伏せの状態から、上体を反らせていくのがあるんです。自分の力で持ち上げていくときと、呼吸に合わせてスーッと上に向いていったときの感じは全然違います。この絵を見て、魚が上がっていくのはあのイメージだなぁと思いました。絵は簡単に動いているように見えますけれども、実際にはすごく難しい……。

竹内　ええ、そうですね。はい。

松本　この絵では四つん這いになっているところで背骨がスッと反っている。そこで、はじめて猫のポーズというのが出てくる。

（18）野口三千三、前掲第一章注（15）参照。

竹内　いや、それがすごいんですよ。あれはもう二十年くらいになるかな。宮城教育大にいた時に学生たち二十人くらいを四つん這いにさせたことがあるんですが、二人くらいが背中が持ち上がっているんですね。ところが三年くらい前にある看護大学でやってみたら全員持ち上がっていた。それだけ背が日常的に、前かがみに固まってきている。上に伸びる力が衰えていると言ってもいい。そのときは五十人くらいいましたけれども。

稲垣　その四つん這いは、膝をついた形ですか。

竹内　そうです。

稲垣　膝をつかないと背中が丸くなるかな、と思いますが……。

竹内　それはそうなりますけれども、そうじゃなく、膝をつけて背骨がケーブルだということを感じさせようとしてやったのです。膝を離して歩く「猿になる」というレッスンもありますが、それとは別です。今は、ほとんどの学生が背中を丸くしてしまいます。だいたい七割くらいの学生が持ち上がっている。持ち上がっているのにも二通りあって、全体が持ち上がっている人と、みぞ

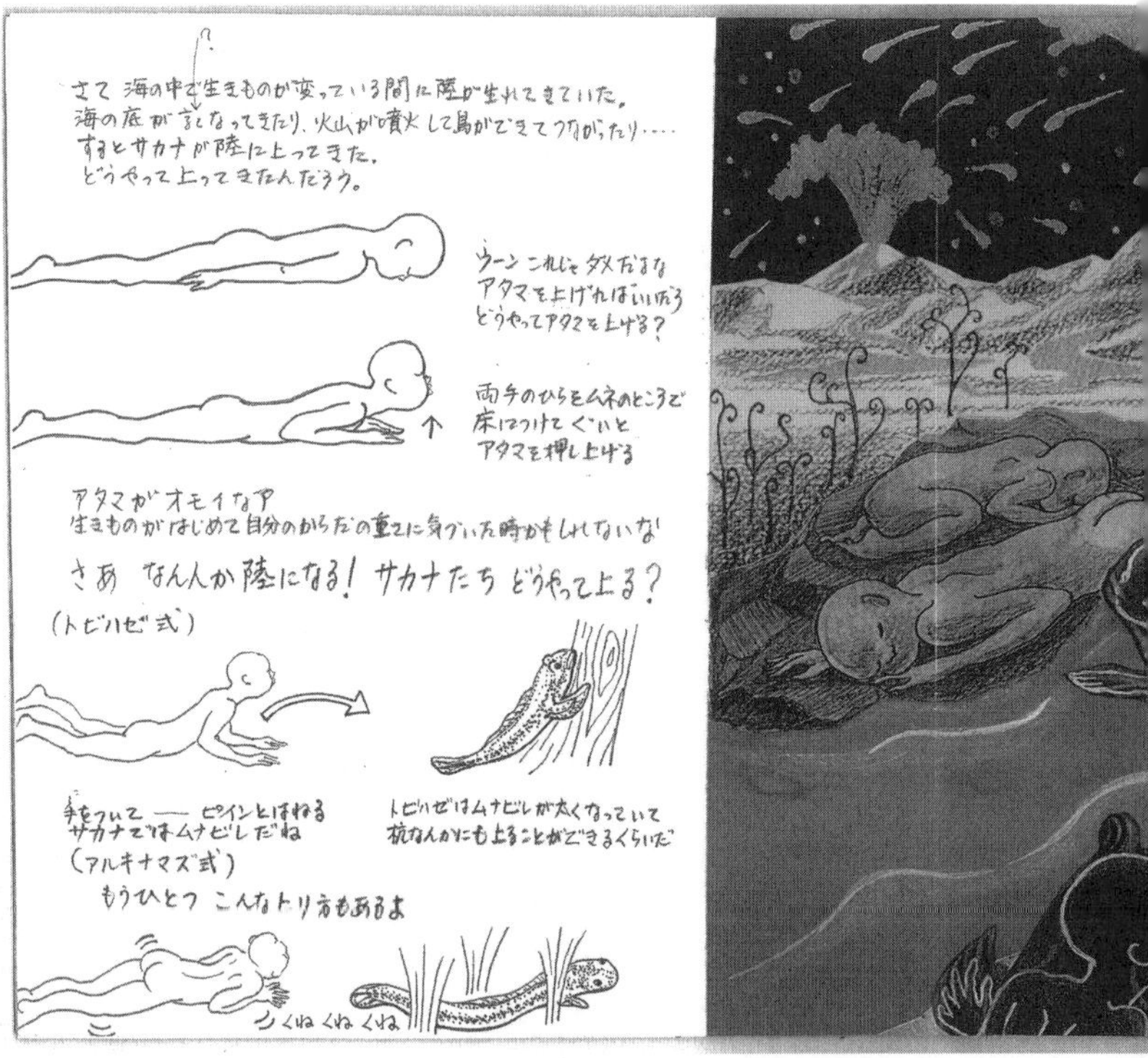

森洋子さんの私家版絵本『からだで考える』より
(文章は、レッスンでの竹内敏晴のことばから)

おちの後ろくらいが上がっている人がいる。全体はぶら下がっているようだけれども一部分だけが持ち上がっているという複雑な人もいたけれど。立つということを、背中が迷っているといった感じです。自分が立っていること、立つということ自体が崩れているというか。スーッと上に伸びるから、中から流れていくようなからだを自覚するためにやっているんですがね。

三井 このあいだも、背中を柔らかくして「背中で笑う」「背中で怒る」という面白いことをやりました。そのときに竹内さんは、みなさんは毎朝鏡で顔を

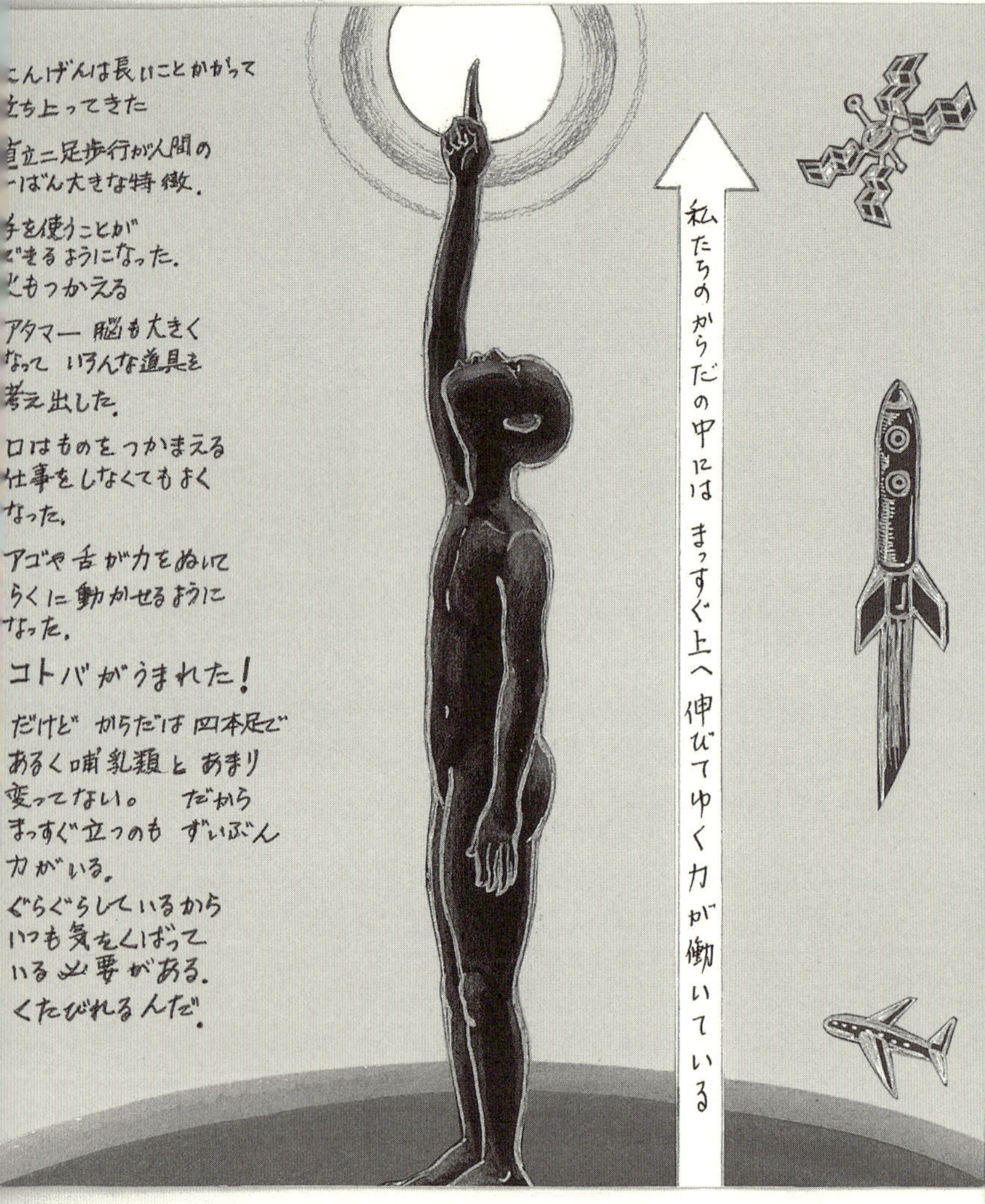

にんげんは長いことかかって
立ち上ってきた
直立二足歩行が人間の
一ばん大きな特徴。
手を使うことが
できるようになった。
口もつかえる
アタマー 脳も大きく
なって いろんな道具を
考え出した。
口はものをつかまえる
仕事をしなくてもよく
なった。
アゴや舌が力をぬいて
らくに動かせるように
なった。
コトバがうまれた！
だけど からだは四本足で
あるく哺乳類と あまり
変ってない。 だから
まっすぐ立つのも ずいぶん
力がいる。
ぐらぐらしているから
いつも気をくばって
いる必要がある。
くたびれるんだ。
私たちのからだの中には まっすぐ上へ伸びてゆく力が働いている

森洋子さんの私家版絵本『からだで考える』より

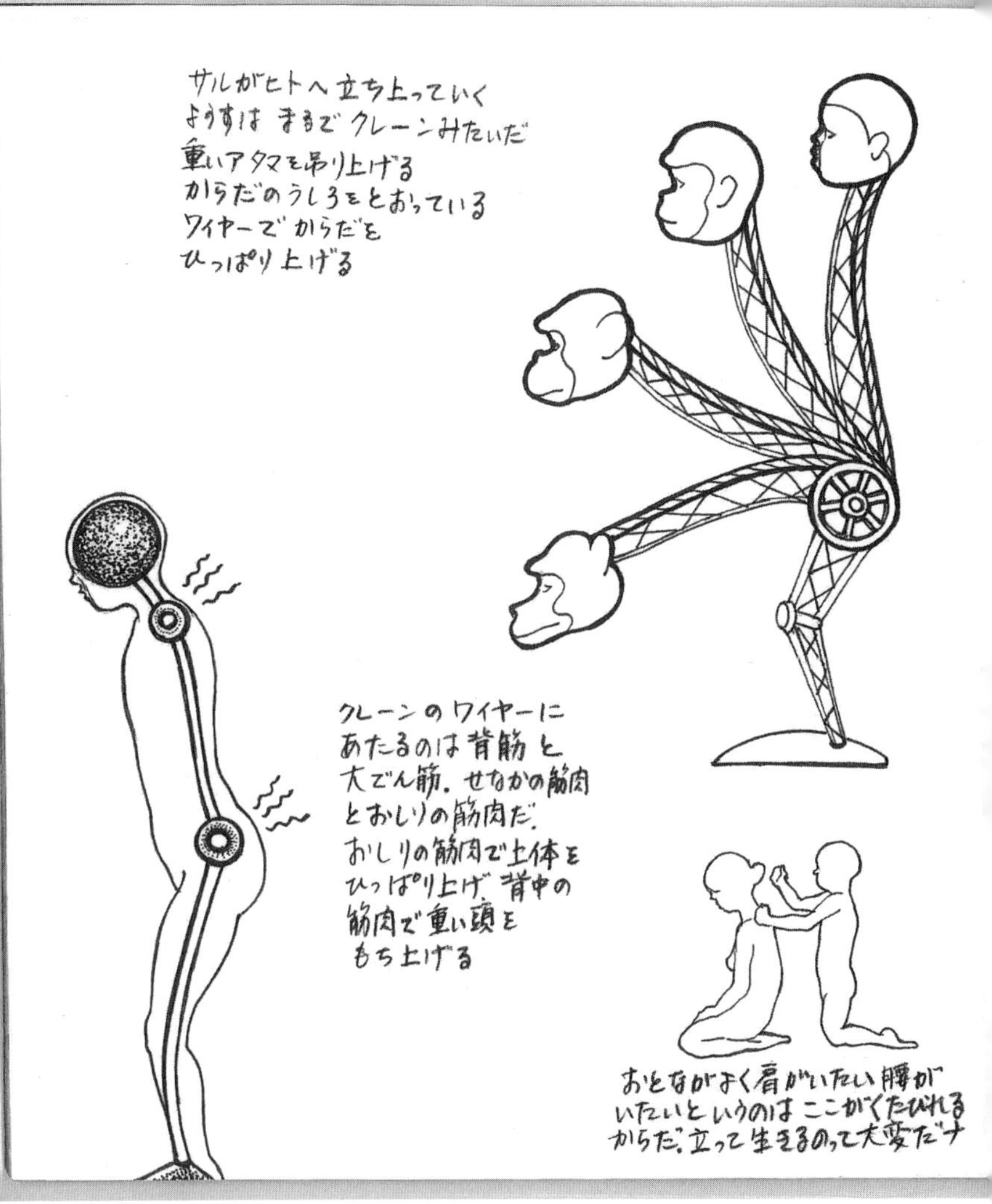
サルがヒトへ立ち上っていく
ようすは まるで クレーンみたいだ
重いアタマを吊り上げる
からだのうしろをとおっている
ワイヤーで からだを
ひっぱり上げる
クレーンの ワイヤーに
あたるのは 背筋 と
大でん筋。せなかの筋肉
とおしりの筋肉だ。
おしりの筋肉で上体を
ひっぱり上げ、背中の
筋肉で重い頭を
もち上げる
おとながよく肩がいたい 腰が
いたいというのは ここがくたびれる
からだ。立って生きるのって大変だナ

見るだろうけれど、そこだけで人間は生きているんじゃないです、とおっしゃった。前半分だけで生きているんではない、まして顔や頭だけで生きているわけではないことが、すとんと腑に落ちました。頭だけじゃないということには気づいても、背中のことまで考えたことはなかったなぁと。確かに背中はふだん無視されている。

竹内　臨床心理学の人とレッスンをしたとき、前は意識、背中は無意識だ、あなた方はそれを無視していると言ったら、なるほどと言われました。

話がだいぶ変わってきましたが、エクスターズというのも広く見てみると、たとえばスーッとこう立つとするでしょ。スーッと立つ力というのは今お話ししたような力ですよね。意識して立つという力とは違うのであって、たとえ意識したとしても、伸びる力は力を入れて立つのとは全然違います。エクスターズにそういうものまで含めたい感じが私はしているわけです。自分のからだの中で、広い形でどういう流れが生きているかを感じると言った方がいいのかもしれません。

三井　とすると、前にヨガの逆立ちは流れだと言われた。そして地球の中心につながる感じだとも。あれもエクスターズの一つの状態ですか。

竹内　私の言った逆立ちは、完全にそうですね。ただ、ヨガの逆立ちでそうなるのは難しい。そうじゃなく目をつむってスッと手を着いてそのままスーッと立っちゃう、頭もぶら下げて。すると、地球の中心に落下していくような感じ。数秒しか保たないけれど、その数秒がピタッときまると、これはすごいです。何遍もありませんでしたけれども、ほんとに永遠という感じです。目をつむるとみんな怖がるんだけれども、目をつむった方がはっきりしているんです。

三井　目を閉じるほうが、頭のてっぺんの感覚は鋭くなるんでしょうね。

竹内　うん。ここ（頭頂）で地球を見てる。それと、目を開いていると床に手が触れるところとかが見えるでしょ。すると、そのこと自体が意識になるわけです。目を閉じていると何も考えない。手を着いたことも感じない。ただ、スーッとまっすぐになっているだけです。

今日はいろいろと話題が広がりますね。

三井　ええ。

竹内　この間拝見したあの本（『舞踊・武術・スポーツする身体を考える』）はほんとに面白かったです。実に精密なことを考えておられて。あれを稲垣先生たちが学問的に組み替えていくというか、どういうふうに設計をしていくのか。お手伝いができるのならば、したいなぁと思っていました。

稲垣　今、面白い本を仕掛けています。『〈スポーツする身体〉を考える』(19)というタイトルで、二校校正が終わったところです。本人は大満足ですが、編集者に言わせると、他人が読んだら「何？　この本」という本なんだそうです。それで、出してもいいものだろうかと弱気になっていたんですが、この間の「斬られに行く」という話のように、身を投げ出してみようかと。そこから新しい議論がはじまれば、それも一つのやり方かなぁと思っています。

---

(19) 稲垣正浩『〈スポーツする身体〉を考える』叢文社、二〇〇五年。

竹内　今はそういう投げ出し方をいくつもやらないとダメなんじゃないでしょうかね。

この間、ある出版社の人が、全部できあがっているのに「これで出せるんだろうか」と言うんです。在日の人が書いた人権の問題を、在日の状況としてではなくて人間全体の権利の問題として、日本の中で考え直すという本なんだけれども。それで、この間の「人間」の話があるでしょ。「人間」というイメージは生活者としての日本人の中にほとんどないことがわかったということを話したら、彼は非常にショックを受けてね。そうなってくると人間の権利と言ってもどう言えばいいんだろうと。ただでさえ難しい本なのに、何という題にしたらいいだろうと真剣に考え込んでました。

似たようなことで、からだのことを考えるというのも大変なんですよね。今まで考えてなかった、考えかけていたけれどもよくは考えてこなかったことを、考えざるをえなくなったという感じがありますので、私も、もう少し考えさせていただきたいと思います。

後日追記——**竹内敏晴**

三井さんの問いを受けて「じか」をどう説明しようかと腐心していろいろことばを重ねましたが、大きな見落し、というより思考の基盤がずれていることに、今になって気づきました。

簡明にいえない「じか」とは体験であって、思想ではなく、また、ある境地でもないということです。だから出来事として語ることはできるが、常在することとしてことばで説明することはできない。また、ひとりで訓練して到達することでもない。他者と出会う一瞬に現れる事実にすぎない。別の機会にそれはふたたび現れ、世界の意味を新しく照らし出す。そのとき自分は新しくなる。こうしてなにかが豊かになりひろがっていくことが、たぶん禅で言う「自受用三十年」とか「聖胎長養三十年」とかいうことでしょう。

かつて私は学者と大学生を前にリンゴをとり出してみせ、これはリンゴではナイ、と言ったことがあります。すでに一般化された範疇によって区分けする慣習を否定してじかに向かいあったとき、一人一人が何を感じ、どう名づけ、どう呼びかけるかを問うたのです。じかに向かう、あ！　そして〈あなた〉〈キレイ〉〈いいにおい〉〈好き〉これらがその人にとってじかに感じたことのことば化、EsがDuになった瞬間といってもいい。

体験は語られ吟味されなければなりません。その意味で話させていただいたことは考える材料になりうると思いますが、明晰な眺望を持てずにお話しし、長い時間みなさまにおつきあいを強いてしまったことは申し訳ない思いです。深くお詫びいたします。（二〇〇五年十月十四日）

〈幕間〉

二〇一〇年七月十六日

竹内敏晴さんとマルティン・ブーバーと禅の思想の関係について

稲垣正浩

……「Ich und Du」と「Ich und Es」の「Du」と「Es」にこだわる理由から入ることにしよう。上田閑照は『十牛図』のなかでは「我」と「汝」と「それ」という訳語を当てて説明をしている。一方、マルティン・ブーバーの『我と汝・対話』(岩波文庫)の訳者・植田重雄は「われ」と「なんじ」と「それ」という訳語を本文では用いている。書名では『我と汝』とした上で、本文では「われ」と「なんじ」とひらがな書きにしている。その断り書きはどこにも見当たらない。しかし、相当に考えての選択には違いないだろう。

たとえば、ドイツ語の「わたし」に相当することばは「Ich」ひとつだけである。しかし、日本語の「わたし」に相当することばはいくつもある。同じように、第二人称はドイツ語では「Du」と「Sie」の二つだけであるのに対して、日本語ではいくとおりもある。したがって、「Ich」を「我」

と訳すと、それに対応する「Du」は「汝」しかない。「Ich」を「おれ」と訳せば、「Du」は「おまえ」になるだろうし、同じように「ぼく」と訳せば「君」、「わし」と訳せば「あんた」、「拙者」と訳せば「おぬし」……という具合に対応することになるのだろう。しかし、植田重雄は「我」（「われ」）と「汝」（「なんじ」）を選んだのである。しかも、この対応は男ことばである。

この本の初訳が一九七九年である。この時代の「我と汝」ですら、なんとなくわたしたちの言語感覚からすれば、相当に時代がかった印象があった。ましてや、こんにちの時代にあっては「我と汝」の関係性は、ごく例外的な、特殊な関係以外にはありえない。今風に訳すとすれば、「ぼくと君」（男）か「わたしとあなた」（両方）、あるいは「うちとあんた」（女）か「おれとおまえ」（男）になるのだろう。ことほどさように「Ich und Du」の訳語はやっかいなのである。

さらに、ドイツ語の「Du」には、日本語では考えられない意味内容が賦与されている。たとえば、「神」への呼びかけは「Du」である。つまり、キリスト教文化圏にあっては、「わたし」と「神」の関係は「Ich und Du」の「契約関係」にある。つまり、「向き合う」関係、しかも、相互的で双方向的で、主体的に真っ正面からの出会い、の最終的なゴールは「わたしと神」なのである。だから、「わたしに対して直接に自らを向けてくる相手が与えられる」のは、文字どおり「恩寵」以外のなにものでもない。しかも、これこそが「本質的行為」ということになる。

このことは、マルティン・ブーバーの『我と汝・対話』を読んでいくとわかる。「なんじ」の最終ゴールは「永遠のなんじ」である。「永遠のなんじ」とは「神」のことである。すなわち、キリスト教文化圏にあっては、「永遠のなんじ」である「神」が、「Ich」にとってはもっとも重要な「Du」であり、もっとも身近な「Du」なのである。このことを、まずは、念頭に置いておくことが肝要である（禅にあっては、「永遠のなんじ」は「絶対無」に対応する……）。

そろそろ整理しておこう。ブーバーが「Ich und Du」と言ったときの「Du」は、「Ich」と真っ正面から向き合う関係の「Du」、それは、すぐとなりにいる「隣人」（「愛する人」）から「永遠のなんじ」（「神」）までの「間」に存在するすべてのもの、が含まれる。それは、自然現象であってもいい。野に咲く草花であってもいい。「Ich」と真っ正面から向き合い、「じか」に触れ合うような関係が成立するものであれば、なんでもいい。「山路きてなにやらゆかしすみれ草」「牡丹散って打ち重なりぬ二三片」。一瞬の「じか」に触れる交信が可能な関係。これが、ブーバーのいう「Ich und Du」の関係であり、「Du」のひろがりである。

つぎに、「Ich und Es」の「Es」である。この「Es」については、ブーバーのテクストの「第一部」に、いまのわたしにとっては強烈な説明が登場する。そのほんの一部分を紹介しておこう。

ブーバーのことばを借りれば、未開の原始人に関する文化人類学の研究成果をみると、「Es」の問題が理解しやすいという。たとえば、こうだ。原始人は、自分の身のまわりの小さな環境世界のなかにどっぷりと浸りこんで、生活している。生まれたときから、ものごころがついたときから、いつも同じ環境世界のなかで生きている。したがって、原始人には「Ich」は存在しない、という。「Ich」と環境世界とはひとつになっていて、両者の間に差異はない。しかし、その慣れ親しんだ環境世界になにか異変が起きたとする。たとえば、大雨が降って、山から土石流が流れてきたとしよう。それまでのジャングルの風景が一変する。新たに風景のなかに加わった無数の石ころが、異様なものにみえる。なんだろうと思ってさわってみる。他者の到来である。すなわち、原始人にとってのオブジェの出現である。この不思議なオブジェとなった石ころをいじっているうちに、これが道具として役に立つということを、なにかの拍子に知った原始人がいたとしよう。固い木の実を叩いて割ったり、すりつぶしたり、なにかの重しにしたり……と。こうなると立派な「事物」の誕生である。この「事物」がブーバーのいう「Es」である。

このあたりのことを読みながら、わたしはバタイユの『宗教の理論』の冒頭の部分を思い出していた。若干、論理の展開の仕方は違うものの、ヒトから人間に移行するときのオブジェや事物のイメージはほとんど同じである。

つづいて、ブーバーのテクスト（第一部）に登場する、幼児の成長過程の話がわたしにはとても説得力があった。胎内にいる赤ん坊は、胎内という環境世界のなかで、つまり、内在性のなかで生きている。誕生と同時に、外気に触れる。赤ん坊にとっては最初の「Du」の登場。そして、母胎とは異なるまったく新たな環境世界と真っ正面から「向き合う」ことになる。はいはいをし、立ち上がり、歩くようになり、やがて、ことばをしゃべりだす。こうして、初めての体験がつぎつぎに起こる。そのつど、幼児は真剣に「Du」と「向き合い」、なんらかの交信をしながら、いくつものハードルをクリアしていく。そうした過程をとおして、幼児にとって「Du」であったものが、つぎつぎに「Es」に転化していく。つまり、真剣に「向き合う」必要がなくなってしまったものたちは、いつのまにか「事物」と化し、役に立つか立たないかという有用性の原理のもとに分類・整理されていく。その「事物」が「Es」だというのである。

じつは、このテーマも延々とつづくのであるが、このあたりにしておこう。あとは、テクストで補っておいていただきたい。

以上が、ブーバーのいう「Ich und Du」と「Ich und Es」に関する大雑把な、わたしなりの理解である。このブーバーの思想・哲学が、禅の思想とどのようにクロスしていくのか。

とりあえず、今日のところはここまで。

（稲垣正浩ブログ「スポーツ・遊び・からだ・人間」より抜粋）

胸から下は下半身

稲垣正浩
中村多仁子

稲垣　……中村さんに単刀直入に伺いますが、体操をやっていた身体が地唄舞の世界に入ったとき、一番困ったことは何ですか。わたしの想像では、地唄舞をしようとしたときに体操競技で培われた身体が邪魔になったのではないか、と思うのです。つまり、西洋的な身体が勝手に反応してしまう……。そこら辺から、まず入りたいと思いますが。

中村　地唄舞の場合は身体が全部伸びきったり、あるいは空間に解放したりという瞬間がないんです。

稲垣　少なくともジャンプはしませんね。

中村　はい。宙返りもしませんし、まっすぐ立って、全部伸びきったように見える場合はありますけれども、身体の中には相当ためておいて、それをもっと逆に大地に自分を凝縮していく、そういう動きが主体なんですね。最初にやったときは、肉体的に腿《もも》のあたりが痙攣しました。

稲垣　えっ、痙攣するんですか？
中村　します。いまでも三日間、稽古を休むと足にかなりの疲労があります。
稲垣　そんなに重心って下がっているもの？
中村　下がりますね。腰を入れてつねに膝と足首が曲がっていますから……。
稲垣　着物を着ていて重心を下げると、腰から膝にかけて太ももの線がでますよね。あれが何とも、色っぽいんですよ。着物であれだけの線を出すには、相当に重心を下げないと出ないんですね。外見より下がってるんだ。
中村　腰を入れてって言うんでしょうか。落とすという表現はよくないと思うんです。日本の身体的技法はすべて腰が命であると思います。
稲垣　まあ、胴体そのものは、鳩胸出っ尻ですよ。
中村　そう見えますね。
稲垣　そして、こうちょっと、重心を下げていく。ほお、かなり腰を曲げるんだ。
中村　体操のときは、私はかなり感覚的にやっていたんですが、上体と下半身は、別々にしないと、細かい動作がでてこないんです。
稲垣　その上体と下半身を別々にするってどういうこと？
中村　そうですね……（立ち上がって）、両腕を横に挙げると、長体軸と左右軸ができますね。

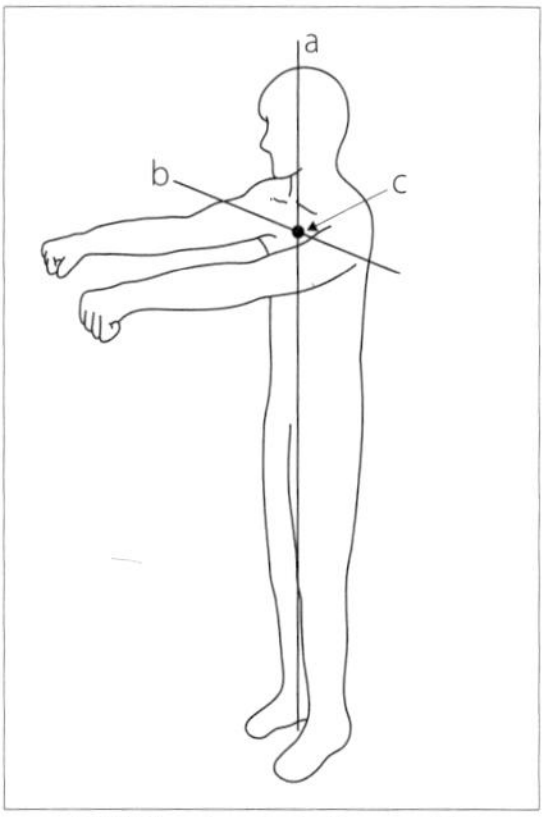

a＝長体軸　b＝左右軸　c＝動きの中心点。これより下を下肢とイメージ。

効率のよい運動伝導のための身体のつながりを考えるとき、長体軸と左右軸の交わるところを中心として、上を上体と考え、その下は下半身だと考えます（**図**）。丹田*は足の部分にあると考えます。丹田で地面を強くとらえる。腰をためる姿勢は、鳩胸出っ尻に見えるかもしれません。

身体でいえば、胸から上が上体、胸から下が足だと。胸の中心は自由に動かすけれども、胸から下の下半身は、上体がいくら動いても動かない。舞の場合は、床にたいしても空間にたいしても平面的な立ち方をしますから、バレーやダンスのように、上体をそらして後ろを振り向く動作はないんですね。舞を習いはじめたころ、よく女先生に「そんなモダンな動きをやっちゃだめ」と叱られました。

（三井悦子・中村多仁子共編『舞踊・武術・スポーツする身体を考える』叢文社、二〇〇五年より抜粋）

注

＊丹田：体内の部位。東洋医学における関元穴に相当し、へその下三寸に位置すると言われる。「気から成る丹を耕す田」という意。

〈幕間〉

「やわら」の志――人と人とが対等であるわざ

竹内敏晴

一　安堵と治安

平和ということばはもともとのやまとことばではなく中国伝来のことばだが、ふだんの暮しに溶けこんでいたとはいい難いようだ。日本語大辞典によれば、おだやかでやわらいでいること、しずかでのどかであること、だが、近代になってpeaceの翻訳語として、戦争のない状態を指す語義が与えられて政治的な意味が強くなったのだろう。

「おだやか」とか「しずか」あるいはこれらをひっくるめて「安らか」と呼んでもよいが、これはすでにある状態を指すことばだ。「安らぐ」と言えばそれに至る働きになるが、これは一人、個人のことだ。他人との間に〈平和〉な状態を作り出す働き、となると「やわらぐ」あるいは「やわらげる」ということばがあてはまるだろうか。

イバン・イリイチが指摘する本来の「パクス」は戦争のない状態のことではなく、農民と修道僧の保護、土地の耕作を保証することだが（イリイチ「平和とは、生活のあり方」『環』第19号所収、藤原書店）、これは、網野善彦氏が『無縁・公界・楽』などという呼び名で取り上げた、日本の古代から中世における、市場や寺社に対する領主たちによる不可侵の保証に似ているのかもしれない。と考え巡らせてゆくと、この「パクス」は、「安堵」と呼んだら近いのではあるまいか。所領を安堵する、という言い方があるからだが、安堵の原義は堵、つまり築いた垣の内に安らぐこと、保証される以前の生活の中身のことだ。イリイチの論旨をこの言い方でまとめれば、「平和」と呼ばれるべきことの内実が、民衆の生活の「安堵」から逸れて、単一の支配者による「治安」にすりかえられて来た、ということになろうか。

強力な支配力の「治安」に対して、庶民が暮しの「安堵」を築くにはどうしたらいいか。幼い頃の忘れられていた記憶の闇から浮び上ってくる一つのことがある。

二　やわら

わたしの父方の祖父は、天神真揚流《てんじんしんよう》という「やわら」の道場主であった。神田錦町河岸に住んだが、わたしが生れる頃は板橋に移って中仙道の宿場町の一角に道場を構えていた。そのがらんとした広さと、庭の一部が菜園になっていたことくらいしか断片的な記憶は残っていない。

祖父が亡くなったのはわたしが小学校に上った年だったが、祖父の顔も声もまったく覚えていない。後にわが家に引き取られて死を迎えた祖母から聞かされた話では、祖父はかなりの腕前だったそうで、大正天皇の御前試合をつとめたことがあったという。柔道を始めた嘉納治五郎は、「やわら」の立技を起倒《きとう》流に、寝技を天神真揚流に学んだ。後者において祖父は嘉納の兄弟子に当ったということだが、柔道について尋ねられると「ジュードー？　あれは体操じゃ！」と吐き捨てるように言ったそうだ。

その、姿も声も記憶にない祖父が、ただ一つ、幼いわたしの全身が震えるような体験として残してくれたことがある。

ある日、祖父はわたしを道場へ呼び出して、師範席の前に立たせた。これから「やわら」の初めを教える、と言う。まず初めは型から入る、と言われた。

師範席に向かって右へ向いて立ち、やや股をひろげ、両手を股間近くにおいて――というのはひょっとすると後の記憶がまぎれこんでいるのかも知れない。股間を蹴られないように両手でかばうように重ねてやや半身に構え、腰を軽く落して、すっすっとどちらへも動けるように身構える、という記憶がおぼろにあるのだが、これをこの時、たぶんまだ五歳のわたしが教えられたとは思えないからだ――まっすぐに立つ。

　すると父の弟に当る大柄な叔父が、壁から大きな木刀を取り下ろして手に下げて、ずかずかとわたしの正面にやって来た。一礼するとぴたりと木刀を正眼に構え、ついですーっと大きく振り上げて、じっとわたしを睨んだ。

　わたしはどきっとした。巨大な魔物が押しかぶさるように迫ってくるように感じた。逃げようとは思わなかったし足も動かなかったが、おびえがからだを走った。祖父がわたしの横について、「向こうが撃ち込んできたら」と言うと叔父が叩きつけるように木刀を振りおろし、しかしわたしの頭上あたりからゆっくりと下げてくると、「左へ開いて」と足に手をかけてさばきを指示し、「相手の腕を取って」と手をもちそえ、そこから先は、逆を取って関節をキメルのだったか、当《あて》身《み》であったか、今となってはもはや定かでない。

　しかしわたしには、肝にこたえて忘れようのない記憶が残った。「やわら」とは、まず、相手が刀をもっていることから始まる――その怖さ――。そして、それを素手で迎えて、かわして、取って押える身ごなしのことなのだ、ということが。「やわら」とは相手を倒す術ではない、鎮めるための身ごなしだ、ということ。これが、顔を覚えていない祖父が残した教えであった。

　わたしは幼い頃耳が悪くよく発熱して床についていたから、からだが弱く、「やわら」の稽古は――家が父の仕事のために離れたこともあって――祖父がたぶん期待したようには、長く続けることはなかった。しかしからだはもう一つ思いがけぬことを記憶していた。

わたしが旧制中学校に入学したのは一九三七年、「日支事変」が始まり、日本の中国侵略と、国内での軍国主義の高揚とが絶頂期を迎えようとする頃であった。柔剣道は正課として全員が学習しなければならなかった。柔道の最初の時間に、わたしは柔道六段まさに大兵肥満の師範に猛烈な勢で怒鳴り上げられる羽目になった。

柔道は相手の袖と襟首を互いに摑んで引いたり押したり足を掛けたりする「乱取り」から始まる。投げられる時に怪我をしないように、まず「受身」を教えられる。手をつき、頭から前へころがり、仰向けに背中から落下する瞬間に右手で畳をばしっと打って衝突をゆるめ、丸めていた背中を伸ばしてまっすぐに畳に横たわる。「イッポン！」と声がかかって相手の業がキマルわけだ。

ところがわたしは、投げられた途端に身を縮め、片手で畳を打ったと思うとぽんと全身ではね上って立ち上ってしまうのだった。指導にかり出された先輩があわてて注意してくれてやり直させるのだが、一人で前に飛びこんで転がっても、先輩に投げられても、どうしてもわたしは身一杯伸ばして畳に打ちつけられ「イッポン！」とならない。ついに師範がじかにやって来て指示したが、わたしのからだは、宙に飛んだ！　と感じた瞬間に反射的に片足を曲げ、背がついた時にはもう立て膝に移っていて、ふわっと立ち上ってしまう。「これだけ言ってもわからんのか！」と大喝されたので道場全体が静まり返ったが、わたしにしてみれば、わかるわからないの問題ではなかった。からだが動いてしまう、のだし、また、全身を伸ばしてばたっと畳にぶつかるなど、怖くてとてもできることではなかった。

「ああ、これは『やわら』なのだ」とわたしは気づいた。いつ教えられたものか全く覚えがないが、たしかに身についてしまった身ごなしであることはまぎれようがなかった。と同時に、柔道と「やわら」はまるで違うものなのだと実感した。柔道は一回一回に勝ち負けを決めるゲームだが、「やわら」は生きて相手に対応する、負けるということのないからだの働きなのだ、と。

嘉納治五郎は柔術とか小具足術とか「やわら」と呼ばれていた流派の体術をとりまとめ新しく組織して「柔道」を始めた。これは「近代化」と呼ばれる明治時代における文化再編成の努力の一環だろう。それは、現在から眺めれば、第一に、「やわら」を生活の実用から切り離してヨーロッパ風のスポーツの枠内に位置づけた、ということであり、第二に、その結果、勝ち負けを基準とするゲームに仕立て直した、ということを意味するだろう。

祖父からわたしへ、からだからからだへと伝えられてきた、いわば志のようなものをことばにしてみれば、「やわら」とは、第一に素手で相手に立ち向かうすべであり、第二には常に勝ち負けと別の次元で相手と向かいあう身構えであった。「やわら」とは武器を持つ相手にから手で向かい、その勢をむしろ利用してかわし、これを倒すのではなく、押えて、これと対等に向かいあって立つこと、言いかえれば、対話の始まりうる地点にまで相手と自分とを導く振舞なのであった。

「やわら」の志は「柔道」化によって、なにがなんでも勝ち抜くぞ、敵対する相手を倒さずにはおかぬぞ、というヨーロッパ思考に呑みこまれ、覆い隠されてしまった、と言ってよいだろう。十字軍に代表されるこの思考への違和感は同時代の内村鑑三や岡倉天心らからもしばしば発せられたことだが、ヨーロッパ風近代化に血眼になっている明治の文化人たちの眼には入らなかったのは当然だったのだろうと思われる。現代においても、たとえばアメリカから流入する心理療法の多くに共通する「勝ち犬負け犬」といったイメージにも氷山の一角は露《あらわ》れていよう。これに抵抗を感じる日本人は少なくない。

だが「勝ち負け」を至上の価値基準とする思考は欧米だけのものでないことは勿論である。日本伝来の武術においても、「やわら」と背中合せの思考はある。

三　剣法、あるいは、人斬り庖丁

日本の古くから伝わる武術の代表と言えば剣法だろう。宮本武蔵の名は吉川英治の小説以来今に至るまで国民的人気だし、新撰組が近頃になって急にカッコイイともてはやされたりもする。少なくとも近世以降日本は剣によって統治され、明治以降軍国主義の興隆につれてますます強化されて来たわけだが、さて剣法とはなんだろうか？　一口で言ってしまえば、人を斬り殺す術である。つまり幼いわたしが素手で向かい合わされた、その当の相手である。活人剣というようなことばがもち出されて、剣法に、いかにも精神的な高い価値があるかのようにもてはやされたりもするのだが、これを単純に見切って言えば、幕藩体制が固まってくると共に、人殺しのための刀は無用になる、刀に封印せよ、もはや斬ってはならんのだと引導を渡すに当って侍の誇りをいささか持ち上げげつつ精神化し無化する、沢庵和尚などの巧妙な手口であるに過ぎまい。江戸の町民は武士の帯刀をいみじくも「人斬り庖丁」と呼んだ。これが権力の源泉であった。

人を斬り殺す術としての剣法は、人間の天性から見れば「みなことごとく妄想虚事の類」だと言い切った剣法者が幕末に近い頃に出た。初め新陰流に学びやがて師をも打ち破る域に達し禅を学んで大悟し兵法を反省したという針谷夕雲である。かれは、元祖上泉伊勢守はじめあらゆる名人上手の術も、要するにけものが弱いものに躍りかかって引き裂くと同じ「畜生心」の発露に過ぎぬと見て、これを「畜生剣法」と呼び、真に人間本然の働きは如何なるものかを工夫探求して、相手を斬りもせず、みずからも斬られもせぬ「相抜け」の法を見出して、これを最上のこととしたという。

かれの弟子の遺した語録などを見てもかれの剣法の自在さが窺われるが、その名人芸を探り取ろうとする剣法者は多くても、かれの「畜生剣法」の反省を受け継ぐものはやがて絶えて再び出なかったようだ。一九四五年の敗戦に当って「剣道」者たちの中にこの反省に立って剣を捨て、あるいは新しい探求に苦しみながら出発しようと決意したものがどれほどいたのであろうか、わたしは知らない。

かつてわたしは参禅を志して、親しい知人に大森曹玄老師を紹介されたことがあったが、辞退した。わたしは老師の著書を読み尊重してはいたけれども、かれが山岡鉄舟に私淑し最後まで剣を捨てないでいることに疑いを持ったのだった（かれの師もまた同じことを語ったと後に聞いた）。剣とは人間にとってなんであるかを根源的に問い、これを捨てぬのならば、この執着は妄念と呼ばるべきだろうとわたしには思われた。人斬り庖丁を構えた仏僧！　釈迦も達磨もこれとは無縁であろう。いかに深い悟りを開いたにしても、所詮それは人間の運命とはかかわりのない、特異な心理的境地の謂に過ぎぬのではあるまいか。

四　素手の町人

剣法と「やわら」とは、剛と柔、表と裏のように武家の統治や家の作法を構成して来たのだろう、とずっとわたしは考えてきた。

だが、気付いてみると、祖父は武術家ではあるが武家の出身ではなかった。祖父の本家は、埼玉県の南の外れの農村であった。江戸時代から植木で有名で、染井吉野桜を作り出した職人の出た村ということだった。それが祖父の父かそのまた父の代頃か、いつ江戸に移ったのかわたしは知らない。だから祖父の「やわら」は、小具足による組打ちを想定したような武士の伝統とは、ひょっとするとなにかが大きく違っていたのかも知れない。人斬り庖丁を腰に差して威張り返って風を切って歩くサムライに対して、素手で向かうしかなかった町人のわざであったのかも知れない。

わたしの母方の血のつながらぬ祖父の語り草の中に残る、江戸の無血開城の物語がある。この祖父は吉原のおいらんの打ち掛けを縫っていた腕のいい仕立職人だったが、日本政府をまるで認めていなかった。「なにが薩長の田舎者が。徳川様を追い出して勝手なことをしてやがって。今に罰が当るから見ているがいい」。このような気っ風は江戸＝東京下町の町民たちに根強くあったものなのだろう。学校で「われら国民四千万は……」などと教え込まれていたわたしなどは、目を白黒したまま聞いているほかなかった。

かれの語り口に後から流入したおぼろげな知識がまじりあった物語ではこうなる――勝海舟は、駿河湾に榎本武揚の率いる軍艦七隻を浮べ、官軍が浜辺を行軍してきたら木っ端微塵に砲撃する支度を整え、駿府に釘付けにして進むも退くもならなくしておいて、一方では新門辰五郎親分と渡りをつけ、万一の時は江戸御府内全部に火を放つ手筈を整え、町民に逃げ支度をさせ、芝浦には三〇〇艘の舟を浮べて江戸城中の人々を安房へ逃す手順をつけ、さて、官軍総参謀の西郷隆盛を、ただひとりで江戸城へ呼びよせる。「敵の大将がだぜ、たった一人手ぶらで城へのこのこやって来るなんてのは、これは降参というわけだあな」。そして祖父はこんな言い方をした。「こうやってやわらを入れられたんじゃ、西郷も、承知つかまつった、と言うほかあるまいよ」。この、わたしには耳慣れない言い廻しはどうやら「ヤキを入れる」の反対に、こわばらないで仲よくやろうやと申し入れるといったようなことらしかった。後で知ったがほかにも「やわらをくれる」という言い方もあったようで、これは泣き落しにかけることらしい。どうやら江戸町民にとって「やわら」とは「入れ」たり「くれ」たりする、生活の具であったようで、これが江戸町民の見た歴史である。武家から見た歴史、まして明治政府の仕立てた歴史とは、およそ逆立ちした光景だろう。

そして、この勝のやり口は、まさに「やわら」の骨法、というのが、別の祖父家の受け取り方であった。その勝が学び知っていたであろう、ナポレオンのモスクワ遠征における、全市火の海としたロシア軍の抵抗と、トルストイが『戦争と平和』の中で賞讃したロシア軍総司令官クトーゾフの後退戦、及びそれに続く追撃戦——部下の将軍たちが功名にはやって、なんとかフランス軍の退路を断ち包囲殲滅せんと試みるのを抑え切って、ひたすら追撃また追撃、ついにフランス軍の自潰とロシア国外への逃走へと追い込んだ——は、たしかに「やわら」の精髄かも知れない、のだ。

五　真に対等であること

勝敗を最上の価値基準とするのは、支配を目ざすものの思考である。ということは、そもそも対等あるいは平等ということを知らぬ思考、ということだ。今日の東洋からみれば、ヨーロッパの平等観念とは仲間うちの妥協による均衡の観念で、到底、真に、生きるもの——人間に限定してもよいが——の対等を感知しているものとは見えない。

手傷を受けたら必ず復讐によって埋め合わせねばならぬとするのは勝ち敗けの論理である。対等とは、たとえ傷を受けても、癒えようのない傷を負うたまま、負い目も負わせ目もなく、まっすぐに見ること、向かいあえること、である。これは、しかし、第二次大戦の後にユダヤ人がドイツ人に対して、朝鮮人が日本人に対して、またほとんど全都市の無差別爆撃の末にヒロシマ、ナガサキを原爆で破滅させられた日本人がアメリカ合衆国人に対して、持たざるを得なかった、人間としての根源的な課題であった。決して武器を持たぬ、報復をせぬ、という決意は、全人類の課題なのだ。

その表現の一つが日本国憲法第二章（第九条）に凝縮している。これは幣原喜重郎によって提議されたと言われているが、爆撃と飢えと敗戦によって打ちのめされた人々の、二度と戦争はゴメンだという切迫した思いに押し出されたものに違いはない。が、日本の庶民にとって、素手で立ち向かう身ごなしの暗黙の長い伝統にあってこそ、あれほど違和感なく受け入れられたのに違いない。

素手で、相手の力をかわし、かえって利用して押え、対等に向かいあうこと。それによって生活を安堵すること。「平和」を生活の中でつくり出してゆく、庶民の目指すところであろうか。

（初出：『環』第19号・二〇〇四年秋、藤原書店。
竹内敏晴『レッスンする人――語り下ろし自伝』藤原書店、二〇一〇年に再録）

第三回

人間が生きるということ

2006.9.30

三井　平成十七（二〇〇五）年七月に最初の集まりを持って以来、竹内さんを囲むこの会も三回目になりました。前回は「じか」ということについていだいぶ突っ込んだお話になってきていたと思います。そして、「じか」な体験のなかにあるとき、動きや動作は「意識の外にある」ということから、「エクスタ－ズ」についてのお話まで来ました。今日も、このあたりから入っていきたいと思うのですが、いかがでしょうか。

竹内　どういう話をしようかと考えながら来ました。前回は日常性のなかでのエクスターゼについて話をしたので、今日はもうちょっと先へ行かなければいけないんだろうなぁと思っています。それで、はじめに稲垣さんからエクスターゼについて、フランス語ならエクスターズでしょうか、スポーツにおけるエクスターズについてうかがえたら有難いなと思うのですが。

稲垣　では、こんなふうな展開になっていくといいなぁという願望もこめて、話の糸口になりそうなことをお話しさせていただきます。

人間の実在と純粋経験

稲垣　最近になって、西田幾多郎が面白くなってきました。そこでわかってきたのは、『善の研究』(1)の冒頭に出てくる「純粋経験」の問題です。純粋経験こそが実在であるという文章から始まっています。人間の実在は純粋経験のところにしかない。この純粋経験が、西田の中で進化していって「自覚」とか「場所の論理」になるわけです。それにともなって「絶対無の場所」とか「知的直観」、それから「行為的直観」へと進化していく。「行為的直観」のところへ来ると、瀧元君がやっている武術と非常に近いところへつながっていく。竹内さんが「じか」と仰るのが、何も構えない、さらけ出された自己、禅で言えば「無の境地」に近いようなものだとすれば、「じか」というのはいろいろな領域、たとえばスポーツの現場でも語れるのではないかと思います。もし、それが西田のいう「実在」に近いものだとすれば、これは非常に面白いテーマになる。今日はモダンダンサーも武術家も、いろんな人がいらっしゃるので、そんな話につながるといいなぁ、と思います。

もうひとつは、ドイツにハンス・レンク(2)という人がいます。もともと哲学と数学を専攻していた人で、ローマ・オリンピックでボート競技の金メダリストになった変わり種です。のちに記号論の分野で名を成してドイツの哲学会の会長になり、今は国際スポーツ哲学会の会長をしています。スポーツ哲学の本を何冊か書いていまして、その中で、ボート競技のためのトレーニング経験やそこで培った能力は一般社会でも通用すると力説しています。しばしば出てくるのが、金メダルを取ったときのゴー

(1)『善の研究』 西田幾多郎（にしだ・きたろう）の主著。西田は、一八七〇—一九四五年。哲学者、京都学派の創始者。

(2) ハンス・レンク 一九三五年—。ドイツの哲学者。カールスルーエ大学名誉教授。ローマ・オリンピックのボート男子エイト金メダリスト。国際スポーツ哲学会会長。

ル直前での身体経験の話で、それは完全にこの世の次元のものではなかったと言う。非常に静かになって、まわりの景色はスローモーションで見えてきた。オールを漕ぐのもゆっくり感じる。疲れは極限に達しているんだけれど、それを超えた何かの力が流れていると感じる。要するに、マラソンランナーのランナーズハイのような、普通ではない状態で起こることを体験していて、アスリートが一所懸命苦労してきたことが社会生活で報われるとしたらその経験だろう、と書いている。

この種の体験はトップアスリートの人たちに聞いてみるとよく出てきます。そういう状況と「エクスターズ」といわれるもの、そして「じか」というものとは非常に近いところにあるのではないかと私は考えています。西谷修[3]さんに言わせると、ジョルジュ・バタイユの「エクスターズ」とそれとは違うよ、と必ず釘をさされます。「でも、近いでしょ」と聞くと、「近いといえば近いけれども、ちょっと違う」と言って線を引かれるんです。

竹内 そこを聞きたかったんです。バタイユが「ちょっと違う」というのはどういうことですか。稲垣さんがどういうふうに思っているのか、聞きたかったところなんです。

バタイユを読んでいると「忘我」ということが芯にありますね。忘我というのは、宗教的なものを抜きにするとしてもそれは神秘体験であって、キリスト教やスーフィズム[4]の人たちの経験と重ね合わせてみても、わりと近い体験が文献に出てきます。そういう忘我と、スポーツでのそれとの関連をどう考えたらいいのでしょうか。意識的に肉体をコントロールしなければ「あるところ」へは行きませんよね。忘我というのはその先に出てくるものだという。その先というのは、コントロールできないけれどもコントロールしているようなところだと思うのですが、バタイユの言う「忘我」はどうなんでしょうか。忘我は、時々に、いろんなふうにして起こりますね。バタイユ的な「忘我」と、具体的にスポーツで考えたときの忘我はどう違うのかな、ということをうかがいたかった。

稲垣さんの本を読んでいると、禅の経験とつながっているとお考えになっている。そうなると、私にはわりと身近になってわかりやすくなる。逆に言うと、バタイユの経験というのは、それとどういうふうに同じなんだろうか、違うんだろうか。私が読んで思うのは、一線がどこかにあってすぐにつながるかどうかは微妙だというところがあります。

それから、「純粋経験」についてですが、「純粋経験」という言葉自体はウィリアム・ジェームズ(5)からとっているわけですね。彼はPure Experienceという言葉を使っているけれども、西田の「純粋経験」とはちょっと違う。同じ「純粋経験」という言葉で言うけれども、日常生活の次元におけるPure Experienceと、禅の経験のように、ある集中の向こうに現れていることとは、少し違うわけです。その違いと重ね合わせて、さっきの「忘我」のことなどもお聞きしたい。

(3) 西谷修(にしたに・おさむ) 一九五〇年—。フランス哲学者、現代思想家。
(4) スーフィズム イスラム教の神秘主義哲学。
(5) ウィリアム・ジェームズ 一八四二—一九一〇年。アメリカの哲学者。意識の流れの理論を提唱し、ジェイムズ・ジョイス『ユリシーズ』など、文学にも影響を与えた。パースやデューイと並ぶプラグマティズムの代表として知られている。弟は作家のヘンリー・ジェームズ。

そして、瀧元さんの書かれたものを読んでも、やはりバタイユのこと、それから鉄舟(6)のことなどが出て来る。その境目のあたりを、今日はうかがいたいなと思っています。宗教経験では「神と合一する」という言い方が一般的だけれども、神なのか悪魔なのかわからない話もあるわけですよね。

神なのか悪魔なのかわからない体験なら、これまで話したことはないけれど、私はしています。ほかにも、光でいっぱいになるという、こっちのほうがバタイユに近いのかなぁと思うけれど、そういう体験もあります。それでバタイユを読んでいると、「はぁ、なるほど」と思うところがあるかと思えば、こういうふうに言われちゃうと違うなぁ、というところもあります。それと、スポーツにおいてはこれが肝心だということと、非常に微妙なところで手を引かなければいけないという感じもある。それをこれからうかがっていかなければならない、と。瀧元さんは今のお話を聞いていてどう思いますか。

エクスターズの諸相

瀧元　院生時代に、稲垣先生とどこが違うのだろうという話をよくしました。修行なりトレーニングなり、そこにはある高みに到達することが目標としてある。つまり、そこへ至りつくための階梯があるわけです。ただ、その先に、どうなるかわからない世界もあります。どうなるかわからない世界、武術を通して至りつくそういう高みにおいては、おそらく呪術的な何かが現れてくるのではないか、と思っています。ところが、バタイユのエクスターズでは、そのような階梯はありません。彼の言うエクスターズは、ある到達点で起こるという事象でもないし、ある目標のその先で現れる事柄をエクスターズととらえるというわけでもない。ここが違うところだと思います。

竹内 うん、違う。

稲垣 そういう階梯はまったくない。

瀧元 だから、こうふうになりたいとか、なってほしいという夢みたいなこともあってはならないわけです。そこで起こったことは、こういうものであったと語れるものでもないでしょう。だとすると、武術的な体験として現れたとしても、それを後になって反芻して、あのときの技はこういうことだったのではないか、次は自分でコントロールできるようになりたい、というようなものとして自分のところに戻ってくる体験ではない。ですから、エクスターズとは、そのように、前提とすることもできない。エクスターズの体験というのは、いったい何だろうとなってしまうのですが、でも、こうして、語れないことだと言ってしまうと、話にならないですよね。

竹内 エクスターズには二つあると思うんです。集中をグーッと深めていってあるところでフッと現れてくるエクスターズと、バタイユのようにいきなり来るものと。

（6）山岡鉄舟（やまおか・てっしゅう）一八三六―八八年。幕末から明治にかけての幕臣、政治家、思想家。剣・禅・書の達人として知られる。

だけどもね、いきなり来るというのもほんとにいきなり来るのかどうか。自分の経験からいうとちょっと違うと思う。いきなりみたいに思えるけれども、あるからだの状態がその前にあると言えそうな気がするんです。私はあまりバタイユは読んでいなくて、読んだのは『内的体験』[7]くらいですが、この本でもそうじゃないかと思う。彼の関心はそちらに向いていないので、読んでいてもあまりわからないけれど——。突然来る、それは確かにそうです。その「突然」が、主観的にはそうでも、あるからだの状態がその前に準備されている、そういうことはあると思う。バタイユはカソリックの修養体験があるし、私には禅の一週間続く「接心」の後、突然光でいっぱいになる「忘我」のときが起こっています。その辺が探りどころかな、と思わないでもない。

稲垣　最近、湯浅博雄さんがバタイユの本[8]を出されています。それを読んでわかるのは、バタイユは非常に熱心なカソリックの信仰を持っていて、一時期、毎週教会へ通っている。そこでも神秘体験をしているわけです。その神秘体験はカソリックという信仰に基づくあるプログラムがあって、それを踏んでいくと必ず神との合一体験があるという前提があって起こるエクスタシーズの体験。これは予測される、むしろ願望してそこへ導いていくエクスタシーズですね。

竹内　はい、わかります。

稲垣　信者としては神との一体化を願うわけですから、一つのゴールであるわけです。まさに喜びとしてはね返ってくる。けれども、しばらく経って、バタイユがパリの街を夜遅く小雨が降る中を傘をさして歩いているとき、突然、初めてのエクスタシーズを体験する。それからしばしばそういうことが起こるようになるわけです。それはプログラムはもちろんない、自分が望んでもいない、何を意味するのかもわからない、何と言いますか、もっと強度のある何かが、バンッと打ちかかってくる。しかも、その体験が何であるかの保証がないから、非常に不安な、宇宙のど真ん中に放り出されるような体験です。バタイユ自身は、カソリックの信仰に基づく神との合一体験よりも、こうしたエクスターズのほうがはるかに怖いし、強烈だと言う。これ以上自分の皮を剝いていこうとしても剝く皮もない、そんな状態だと言っているんです。これは、いわゆるキリスト教の合一体験とは全く違う。一方で、禅などは、門脇佳吉さんの書かれたもの(9)によると――。

竹内 私は、門脇さんとは親しいです。

稲垣 そうでしたね。彼はどちらの体験もお持ちですので信頼しているんですが、彼によれば、禅では、神ではなく自然と合一しようとする。自分を無にして、自然の中に溶け込ませていく。そういうプログラムが、宗教的な修行のプロセスとして組まれている。けれどもバタイユのエクスターズは

(7)『内的体験』 ジョルジュ・バタイユの哲学的エッセイ。一九四三年刊。「無神学大全」の第一部に当たる。主要部をなす第二章「刑苦」は一九四一年から翌年にかけて書かれた。
(8) 湯浅博雄『バタイユ 消尽』講談社学術文庫、二〇〇六年。湯浅には、その他に、バタイユ『宗教の理論』(ちくま学芸文庫)の翻訳もある。
(9) 門脇佳吉『禅仏教とキリスト教神秘主義』岩波書店、一九九一年、『身の形而上学』岩波書店、一九九四年など。

そのどちらとも違うところで起こっている。ここをどう考えるか、ということになります。

竹内　私の経験では、最初のところではっきり違っていると思います。たとえば曼陀羅とかいろんなお経に出てくる荘厳な仏像の図などがありますね。ああいうのは極端に言えば、意思を統一して集中していくと見えるんですよ。あれは見えるものであって、呼んでくることができる。丁寧に読んでいると、カソリックの体験でもこれは同じで、ずーっと集中して、そういうものを思い描いていったあげくに出てきたことなんだな、と。しかし、バタイユのは、はじめからそうじゃない。そういうこととは全然別にバーンッと出てきたと言っている。向こうから現れてくるものと、自分が思い描いていくものとは、はっきりと違う。階梯を経ていったというのは、私は正直言うと、ほんとのエクスターズなのかと信用できないところがある。自分で思い込んでやるということはかなりの程度でできるんだと思います。たとえば門脇さんのものでも片方は神といい、もう片方は自然という。自然というのは何もないようだけれども、自然という概念がすでにあるんです。

稲垣　そうですね。

竹内　禅の方では、それは神と同じであって、だから同じようなステップを踏んでいくと言ってもいいんじゃないかと。私はイグナチオ・デ・ロヨラ[10]の階梯みたいなものはあまりよく勉強していませんからわかりませんけれども、バタイユのようないきなり襲いかかって来るものが、全然手をつけられずに神秘主義の外に置かれたままで来たというのはほんとだと思います。ただ、やっぱりとくに女の人の中には、祈ったりするときにではなく、いきなり襲いかかってこられる、という人がいるのじゃないかな。そのときには本当に滅茶苦茶になる。バタイユが書いているのと非常に似たような体験を書いている人がいますが、それは、集中してある時点で劈《ひら》かれるのとは、はっきり別のものであるということだけは、わかる気がするのです。

稲垣　今のお話で思いつくのは、沖縄の宮古島のユタの話です。若い娘さんがユタの大先輩から「必ず来る」と予言される。でも「私は嫌だ。絶対にあの世界には入らない」と逃げ回る。けれども、結婚もし子どもも何人かできて四十歳くらいになったときに、突然やってくる。それでも嫌だと逃げるけれども、たびたびやってくる。それで、あー逃げ切れないのかと諦める。こういう話が宮古島には多いそうです。沖縄本島の人に聞いてみますと、宮古島の人はそういう傾向が強いと言います。そういうこと無しに一生を送る方もいらっしゃるでしょうが、そういう経験を実際にしていても一切口にしない人もいる。

ともかく、そこで起きていることは何だろうか、と思います。論理では説明しきれない現象が起こっている。バタイユは、そういうものを受けやすい「人種」だったか「人間」だったか、もしくは「感性」だったか、そういうものとして生まれたと言っていますね。

竹内　はぁ、そう言っていますか。そういうのが一番実感に近いですね。

(10) イグナチオ・デ・ロヨラ　一四九一―一五五六年。バスク出身の修道士。イエズス会の創立者、初代総長。『霊操』の著者として知られる。

稲垣　そういう、やってくるものを拒否できないものとは何か、というところがバタイユの思想哲学の原点になっている。それをヘーゲルの「絶対知」と対峙させて「非‐知」とした。バタイユはこの「非‐知」の地平からヨーロッパの形而上学をひっくり返す思想哲学を立ち上げるわけです。

さっきお話に出た、非常に近いけれども違うという境界線のことですが、上田閑照[11]という人がおられます。西田幾多郎のことをたくさん書いている人ですけれども……。

竹内　友人です。

稲垣　そうでしたか。あの人のものを読んでいて、これは一つの概念装置として考えられるかなと思ったのですが……。

竹内　何をお読みになったんですか。

稲垣　『西田幾多郎とは誰か[12]』です。そこで出てきた仮説で面白いと思ったのは、西田幾多郎は二十代の頃から十年ほど参禅をしている。朝から晩まで暇さえあれば座禅をする。その経験を西洋の哲学の言葉で語るのが『善の研究』の課題だったという。東洋と西洋をつなぐことを試みたと。

そう思って読んでいくと、西洋の形而上学は、まず「私」があって「私」からすべてのものを発信していく。マルティン・ブーバーの話で言えば、Ich-Du と Ich-Es という二つの関係性があるが、いつも Ich からはじまる。ところが、西田の座禅の経験から出てくる哲学的な思考では、Ich を最初に消していく。Ich を無の状態にしていく。無の状態にしてから、そこから立ち上がってくる関係性をとりあげていく。つまり Ich を消してしまったところで起こる経験が「純粋経験」だと、彼は言っている。上田閑照さんの本には、西洋の形而上学はIchからはじまって他者との関係性を求める。西田はIchを消して、無の状態から求める。ベクトルが逆である。その二つが突き当たったところ、両方が交叉したところで西洋の形而上学でもない、東洋の禅の世界だけでもない、相互乗り入れができそうな場の哲学が語れないか、これを追究したのが西田の哲学だという説明がしてあった。これを概念装置として置くとわかりやすいと思い、印象深く感じたわけです。

竹内　Ichを消していくというけれども、バタイユの場合には消していくのではなくて、消えてしまうわけでしょう。

稲垣　そうですね、なくなっちゃう。

竹内　飛んでしまうわけですね。消していくというのと、飛んじゃうのとはだいぶ違います。どういうところでそういうことが起こるんでしょうかね。それはいくら話を詰めても仕方のないことなのかもしれませんけれども……。

---

(11) 上田閑照(うえだ・しずてる)　一九二六年—。哲学者、専攻はドイツ哲学、宗教哲学。東西神秘主義研究、ハイデガーの研究、京都学派の研究などで知られる。

(12) 上田閑照『西田幾多郎とは誰か』岩波現代文庫、二〇〇二年。

「乗っ取られること」（憑依）と、「出ていくこと」（脱自）

三井　加藤さんにうかがいますが、即興で踊るとき、始めはやはり何か考えながら動いていくんですか。それとも、あるときぱぁっと飛んでいくというような感覚で動いたりするものなのか。

加藤　私の場合は……と思いながらこれまでのお話を聞いていました。最近の私のからだの変化なんですが、突然踊り始めるからだがある。気づかないうちに、突然、踊り始めている。私が私として成り立たない自分がいる、そのような「からだ」です。踊っていることにすら気づかなくて、友達に「ちょっと、今はやめて」と抑えられることがあります。道の真ん中を歩きながら踊り始めることも何度かありました。こういうことは今までにもあったかもしれませんが、気づいていなかったんです。

ここから考えると、先ほどのお話ともつながると思いますが、私のそれは「憑依」とは違うと思うんです。これはみなさんに投げかけたいところなのですが、「憑依」については私もよくわかっていないので上手く言えませんが、それは誰かや何かが入ってくる、私が何か別の状態になるということだろうと思います。私の場合は引っ張られるのです。何かに引っ張られる瞬間があるんです。

でもそれは竹内さんが言われたように、事前の準備段階があるのではなくて、いきなりグイッと引っ張られ、それが動きになるという感じ。ですが、意識は飛んでしまうのです。それを時系列でみると、動いていたり、意識が飛んでいたり、何か変なことをしていたり、と。そうして、引っ張られた先に

「劈かれる」。この「劈かれる」という言葉がかなりぴったり合うと思っていますが、「劈かれる」ところに辿り着くんです。意識でここまで来たというのではなくてです。そうしているうちに「あれ?」と気がつくと、終わっています。こんなふうにして起こる出来事なんです。

竹内 終わっちゃうというのはどういうときに終わるんですか。プッと終わるのではないの?

加藤 うーん、どうでしょうねぇ……でもあれは、持続されたら困っちゃいますよね（笑）。

竹内 止まらなくなっちゃうことはないんですか。

加藤 止まらなくなります。もう、全然止まらなくなって。でも、終わるときっていうのも、引っ張られる感じかなぁ。そのときもものすごい力で強引に引っ張られるような、私の場合には外国人が現れたり、何かにぶつかって「痛い!」とか。……セックスのときと同じで、エクスタシーまでいって、スーッと落ちていくような感覚に似ている。そういう、行き着いたり、ドーンと何かに当たったりすると、「あれ?」と気づくことがあります……。

稲垣 外へ出て行っちゃうわけね。

加藤 出て行っちゃいますね。

稲垣 彼女が言ったことで面白いと思うのは、「憑依」は外から飛び込んできて乗っ取られる、それに対して、「恍惚」「エクスターズ」のほうは自分から外に出ていく。ハイデガーはわざわざ Ex を Ek と書いたんですね。Ex は外へ出て行くことなのにそれを使わないで Ek と書いて stase と付けた。哲学事典では「脱自」「脱存」と訳されていますけれども、いずれにしても外へ出て行って自分が自分でなくなる状態、これが「エクスターゼ」の基本だと思います。でも、それではバタイユのエクスターズが説明しきれない。自分で出て行っちゃうのか、何かに乗っ取られてしまうのか。「憑依」と「恍惚」の違いが、向こうから入ってきて乗っ取られてしまうものと外へ出ていくものとの違いだとすれば、バタイユのエクスターズはどっちなんでしょう。開きっぱなし、閉じざる状態というのか……。

竹内　乗っ取られると思うか引っ張られると思うかは、その人の感じ方だと思います。大事なのは、何が違うのかということです。それと、やって来るといっても、乗っ取られることと必ずしも同じではない。やって来たんだったら通り過ぎても行くでしょう。やって来て留《とど》まっているということとは違うように思います。でも、これはいろんな証言を集めてみないとわからないな。

瀧元　竹内さんの講演録を収めた『からだ論への扉をひらく』[13]の中の中村多仁子さんのお話[14]に、意識としては非常に明晰だけれどもどうにもならない、という体験が書かれていましたね。加藤さんのお話のなかの、「止められてハッと気づく」というのはそれではないですよね。自分の意識はきちんとしていて「私どうしちゃったんだろう?」という状態で踊ってしまっているのと、踊っていることさえ気づいていないというのとは違います。入ってきているんだけれども「どうしようもない」というときがあると私は思います。それに対して、「忘我」であり、私がなくなっている状態、それこそユタの話では、「いやだ」と抵抗する私もありながら入って来られているということですね。その辺のところをもう一度確認したいのですが、加藤さんはどうなの?

加藤　パフォーマンスではないときには、意識がないということもあります。最近はそういうことが多くなってきているので、すごく危ないような気がしているんです。

稲垣　危ないですよ。ついこの間も、三内丸山の遺跡を二人で歩いていたら、彼女は気づいていないと思いますが踊っていました。ゆっくり歩いているのですが、歩きが歩きではなくて踊りになっている。彼女は「私、この頃変ですから止めてください」と盛んに言うんだけれど、言ってる最中に実はもう踊っている。それくらいなら人に迷惑をかけないだろうと止めずにいました。だから、境界領域を行ったり来たりしながら私と喋っているんです。不思議な人だなぁと思ってましたけど、三内丸山のような場所は、私だって普通じゃなくなるから、「場」が持つ力もあるかもしれないよね。

加藤　「場」もあります。音楽の場合もあります。突然引っ張られるきっかけとなる何かはもちろんあると思います。この間は地下鉄でそうなりました。引っ張られる感じがしたので、まずいと思ったのですが、もう止められないんです。引っ張られはじめて踊りはじめ、そのうちに物にぶつかって、それであっと気づいた。意識が先行しないんです。パフォーマンスで踊っているときには、場合によっては気持ちよく、明晰な中でそうなる場合もあります。でも、今は少し違ってきている。

竹内　それはまわりに誰かいなくても、ですか？

加藤　誰もいなくても、なっています。

（13）三井悦子『からだ論への扉をひらく』叢文社、二〇〇六年。

（14）本章注（13）の第2部シンポジウム「〈スポーツ〉によって劈かれる身体——新たな身体論への序章」にある中村氏の発言を指している。

押さえつける力と噴き出す力

竹内　いまの話と多少関係するかもしれませんが、別の次元の話をしますと、お能で面をつけますでしょ、そのときには……もともとはどうだったんだろう。ある研究会で『至花道』[15]を読んでいったときに、面をつけて声を出していくそのときには、目を閉じて耳を澄ませて笛を聞いて、笛の音と自分の声を合わせて、さて声を発する……、という書き方をしているんですね。声の発し方の最初ですが、そのときに「目を閉じて」と書いてある。今は能面をつけるときに目は閉じないんです。この目を閉じるというのはどういうことだと思いますか、と梅若の人に聞いたら、非常に驚いてました。そこに気づいてないわけです、伝書を読んでいても。自分たちが今までやってきたことを裏打ちすることしか書いていないと思っている。だから、目を閉じることを読み落としているわけです。目を閉じたらどうなるのかということをわかっていない。

そのときに門脇さんは、彼は禅の人ですから、目を閉じたらいけないと言う。梅若の人は、これはシンボリカルなことかと思ってましたと言ったけれど、世阿弥がそんなシンボリカルなことを書くわけもない。非常に具体的なことを書いていますから。これは何だろう。

世阿弥が能を完成したときに——完成したということになっていますけれども——、それまで観阿弥などがやっていたことを止めてしまうこともあったわけです。一番はっきりしているのは「鬼」です。鬼というのはただ恐ろしいばかりで、狂っているから幽玄なるものがない、と言ってやめてしまう。それは作りかえられて「修羅能」になるわけですけれど。

鬼をなぜやめてしまったのかというところに、私は非常に興味があります。恐ろしいばかりでというのは、何が恐ろしいのか。鬼の面をみて恐ろしいわけはないはずで、たぶん鬼の面をつけて動きはじめたら狂ったようになるんだろうと思う。見ている連中が逃げ出すような恐ろしいことがしばしばあったに違いない、と思うわけです。そうすると、さすがに都のお公家さんたちの前ではできない。それでやめてしまった、と単純に言えばこういうことではないかと思われるんです。面をつけたときにはそういうのがやってくる。これは憑依といえば憑依でしょう。でも、ほんとうの憑依となるかどうかわからない。出ていっちゃうのかもしれないわけだから。

だけれども、面をつけるとはどういうことかと言うと、笛を聞いて声を出していくと何が起こるかわからない、ということです。だからこそ型をきちっと習って、どういうことがあっても歌はこのように歌うように、と決められていて、足の運びも全部決まっている。それ以外には動いてはいけないという訓練を小さいときから十年、二十年としていくわけです。それは、中から何が飛び出しても「こう動く」というからだを用意していくことです。だからこそ能というものが成り立つ。中から何が飛

(15)『至花道』世阿弥著。能楽論書。応永二十七年(一四二〇年)成立。二曲三体・皮肉骨などの問題を通じて、能の本質や構造を説いたもの。

び出してくるかわからない衝動がある一方で、内がどう弾んでこようが「こう動く」という型を、そういう訓練でもって自分のからだに動かないものとして作ってしまう。こういうせめぎ合いの中で能というものの凄まじい力が出てきたんだろう、と私は思うんです。

今は、中から噴き出してくるもの一切なしに、形だけでやっているわけだから、「能」というものとは全然違うんじゃないかと思う。だって、それだったら役者のからだが生きてくる要素がないもの、型で動いているだけで。傍証みたいなことになりますが、狂言にもやっぱり型というものがあって、極端に言うと狂言には型しかない。しかし、そうやって型だけでやっているんだったら狂言でも何でもない。狂言が狂言になるのは何かと言うと、その型の中で演じている人にその人なりの、近代的にいったら個性といってもいいけど、何かが現れてきてはじめて狂言は狂言になるわけです。それ以前には型しかない。だから表現でも何でもない。劇でもなくて、ただ型でしかない。中から噴き出してきたものを型が猛烈な力で固めてしまうというひしめき合いの中で、能というものの美しさなり、すごさなりが本当は出てきたんだろう、というのが私の仮説なんです。

これをその研究会で喋ったら、学者たちがひどく驚きました。そういう考え方はしたことがない、と。した覚えがないということは、ここでバタイユに戻るわけですけれども、からだがそういうふうに動くということを思考の中から外しちゃっているわけです。それを持ち込んでこなければわからないことがたくさんあると思うんです。

そのときに型を身につけたからだがどのように動いているかというと、たぶん意識が鮮明というのではないと思う。乗っ取られていると出て行っちゃっているとも言える、白熱した状態だろう。中村多仁子さんの動きが踊りになるためには、舞台なら舞台で一つのパフォーマンスをするというときに、どういうブレーキかはわからないけれども、やはり強烈なブレーキが一方でかかっているのだろうと思うのです。

稲垣 今の話を受けて言うと、実はこの夏に、私には初めての経験がありました。女性の面打ち師の柏木裕美(16)さんが、安曇野のホテルの一室を借りて能面ギャラリーというものをやったのです。ご縁があってぜひ見に来いというので行ってみた。それほど広くはない部屋に六十ほど、彼女が打った面が並んでいる。私はガラスの箱に大事に飾ってある能面は見たことがあるけれど、こういうのははじめてでした。テーブルの上にポンと置いてあって、手に取ってくれてもいいですと言う。紐を付けるところを持ってさえくれれば、どうぞ持ってつけてみてください、と。

部屋に入った瞬間、圧倒されてしまった。「何だ、これは!」と一瞬息を呑みました。友達と五人でその部屋に入ったのですが、一〇分くらいみんな無言で、あっちへ行ったりこっちへ行ったりして見ている。そうしていると、よかったら顔につけてみてくださいと言うからつけてみた。せっかくだから写真を撮りませんかというので撮ってもらった。そして、どうせつけるんだから能の動きを真似

(16) 柏木裕美(かしわぎ・ゆみ) 一九五〇年―。伝統面、創作面(鑑真、小面変化他)、モデル面(オバマ前大統領他)の制作、能面塾など多面的に活動する能面アーティスト。

てみてくださいと言う。みんなそれぞれに翁をつけたり、小面、般若をつけたりして動き出すと、みごとにその動きをする。今までそんな動きをしたことがない人たちが、面を手で持ったままでも、そうやって動き出す。小面なんて被ると、七十歳に近い男たちがほんとに可愛らしい仕草をするんですね。一通り面を替えてみたのですが、替えるたびにからだも変わる。そういう動きをしてしまう。さきほど「目を閉じる」というお話がありましたが、能面はほんとに目の穴が小さいですから、視野は狭くなります。柏木さんが言うには、能楽があんなに静かに動くのは見えないからです、と。舞台の上での自分の位置が気になってしまう。それをさらに目を閉じると……。

竹内　いや、その頃の面も穴が小さかったかどうかはわかりません。たとえば、ひょっとこの面があるでしょ。ひょっとこの面の目なんて正面を見ていませんからね。それぞれに勝手な方向を向いている。だから、昔はもっと自由だったろうと思います。小さくなってきたのはいつくらいからなのか、どなたか研究しておられたらいいなと思いますけども。

稲垣　そうですね。春日大社にある舞楽の面は、目だけでなく面自体が大きい。ともあれ、面がからだの一部になってしまうような、私自身の感覚ではそう感じました。万媚《まんび》の面、なんで万媚かというと、万ほどの媚態を表現するからだそうですが、その万媚の面を柏木さんにつけてもらった。万媚の面には二種類あって、一つは色気が満々と出ていて、もう一つはちょっと違う。不思議な色気があるなぁ、と思ってこちらを柏木さんにつけてもらい、少し動いてもらったら、非常に面白い動き方をしてくれたのです。面がその人自身になっているのです。

竹内　面にその人がなっていた、と言った方がいいですよね。

稲垣　そうですね。面にその人がなっていた。そうしたら、ご本人が「じつはこの面は私そのものです」と言うんです。作っている途中、自分にどんどん似てきてしまうので、「似るな！」といって作ったけれども、似てしまった。だから、「これは私そのものです」と言っていました。「どうして面と私とが一つに見えるのですか？」と逆に聞かれて、これは説明のしようがなかった。

竹内　そうでしょうね。

稲垣　一緒にお酒を飲んだときのようなお茶目な雰囲気もそのままポンッと出てきていて、能面を通してそういう仕草をされると、普段よりもはるかに色っぽい。これがまた不思議で、いったい能面とは何だろうと思った。日常の素顔、これが自分だと思っているその自分が、能面をつけた瞬間に全然違うものになりえてしまう。その経験がこの夏には非常に大きかったです。我々の身体というのは、ある意味でものすごい可能性を持っている。その無限の可能性をほとんど使わないで一生を終えてしまうのだなぁ、と。スポーツ選手とかダンサー、武道家などは、無限の可能性のあるその身体を時間をかけて一所懸命に作り上げて、その世界を広げていくわけですね。

面で「世界」が変わる

竹内　面をつけると世界との関係が変わるんです。面をつけたとたんにからだが変わっても不思議はないんです。これは面という品物である、それを顔につけた、というだけの人は、思考の方が先行していて、感じるということがカバーされ、シャットアウトされている。面をつけたときにどう感じるかと気づかせるワンステップがないと、そううまくはいかない。だから、さっき言ったように、それは集まられた皆さんの雰囲気が大変よかったんでしょう。

三井 気づかせるワンステップというのはどういうことですか。「感じましょう」といって感じられるものではないですよね。

竹内 判断するということに意識の全部が働いていると、感じるというところへは行かない。感じるためには判断するという思考をいっぺん外さないとダメなわけでしょう。それを実践的にいえば、「集中」ということになる。しかし、本来から言えば、「概念こわし」「思い込みこわし」「解放」ということでしょう。中には、いくら人に触っても、触ったという感じがしない、触っていることはわかるけれども、触った感じがしないという人がいます。ステップを踏まないと何かに触っていると感じない人がいるんですね。私の背中に手のひらをあててごらんと言って、手が暖かくなってきて、息を合わせてごらんとやっているうちに突然気がつく。ああ、あったかい。これが「からだ」だと。いったん気がつくとそこからは、次々にものに触って「床がある！　机だ！　茶碗だ！」となる。その感じるということが始まるまで、何かが抜け落ちていくステップが必要だったわけですね。

稲垣 どうしてそういう人が出てくるんですかね。

竹内 それはさっきから、稲垣さんの方がおっしゃっていたことですよ。理屈でいえば「脱身体化」

ということになるんでしょうか。「じか」というのは、「絶対知」と「非-知」との対だというのと同じで、今の社会のこういう「からだ」があるから、片方で「じか」ということを言わざるを得ないところがあります。今の若い人たちは自分がどう感じるかではなくて、相手が自分をどう評価するかというところへ頭がいってしまっていて、自分が感じるというところへなかなかいかない。これはいったい何でしょう。日本特有のところもあるんでしょうけれども、世界的な傾向ですかね。

からだによる「現象学的還元」

稲垣　ちょっと角度を変えた質問をします。『竹内レッスン──ライブ・アット大阪』(17)の中に、「呼びかけのレッスン」で声を聞く以前にからだがお互いに共振しているという話が出てきます。それを竹内さんが見届けて、次の段階に入っていく。あれは、他の人が見ていても気づくものなのか、あるいは一般化できるというか、周りの人にも見えるものなのでしょうか。

竹内　お返事の仕方が難しいのですが、見えているんだけれども自覚していない。言われて気がつく。言われても気がつかない人もいますが、言われたら見えてくるということはあります。からだは見ているんだけれども、意識化されていないという言い方が近いと思うんですけれども。

(17) 竹内敏晴『竹内レッスン──ライブ・アット大阪』春風社、二〇〇六年。

もう少し説明します。「呼びかけのレッスン」では、後ろからある人に呼びかけられる。そこで「あっ、私に言われた」と思ったら振り返るというのが一般的な形です。これは、本当に言葉が触れてきたことの第二次現象ですね。呼びかけられたと気づいたから振り返ったというのは、すでに二次的なのであって、オッと、呼びかけられたと意識する以前に応えているというか、振り返ってしまっているというのが、「じか」ということです。もっと言うと、ここに声が来た、肩に触れたとか、手に触れたとなると第三次くらいですね。そういうふうにステップがあるわけですけれども、それは実際に自分で体験してみればわかる。言葉をかけるだけじゃなく、言われてみたら「あぁーっ」と気がつく。でも、見ているときには、そのことに気がついていないことが多いんじゃないかな。

稲垣　私は、そこのところを不思議に思ったのです。呼びかけられた聞き手が相当聞く耳を持っていないと気づかないんじゃないか、あるいは、Ich が強いとどんな声にでも「はい」と応えてしまうのではないかという気がするんですね。なので、今のは通りすぎたよ、今のは手前で止まってしまった、と言えること自体がすごいと思っていた。

竹内　いや、それはすごくはないです。みなさんできますよ。これからやってみましょうか。最初は、何のこと？　という感じから始まると思います。だけどちょっと耳を澄ましてくると、あれ？　となってきます。ただし、それをどういう言葉で言うかというと、すごくやっかいです。だから、私はこれをやめられないのです。今まであった言葉では通用しないですから。たとえば、声は来たけど、この辺だ、とか、この辺で散らばった、と身ぶりを交えながら言う人がいる。そういうふうに聞き分けられる。これは日常的な習慣の思い込みをカッコに入れて、「じか」に感じてみようとすることだから、私は半ば冗談に「からだによる現象学的還元」と呼ぶ。しかし、それを言葉にするのが難しい。だから、言葉にする場合にそれを意識する、自覚するというステップがあるように思います。ただ、Ichが強いというか、自分にかかわってほしいと待ち構えている人が、誰に向かっている声でも全部自分に言われたと思いこみたがる、というケースはあります。

稲垣　それじゃ、やっていると毎回違うわけですね。

竹内　そうです、毎回、違います。やろうか、ここで。その方が早いと思うなぁ。

（部屋の片隅に呼びかけ役が一人立ち、対角線上の隅に五人が背を向けて楽な姿勢で椅子に座る。――役割を交代しながら、それぞれ実際に呼びかけたり、聞いてみたりする。ひとしきり経過して……）

……………

竹内　待てよ、何の話からこれをやったんでしたっけ。

三井　呼びかけられた人が、聞き取るにはすごい能力が必要なのか、レッスンを見ている人にもわかるのか、という疑問からです。

竹内　かなりわかるというか、見ているうちに「声」が見えてきますよね。この辺だという感じになるでしょう。そのうちに「声」の軌跡が見えてきますよ。

林　「落ちる」と言ったらいいのか、「声」が届かないときの感じはわかりました。

竹内　「こっち来て」と言うと、まっすぐでしょ。

（声の調子を変えて）

「こっち来て」、と言うと落ちますよね。

林　ええ。「声」が届かないというのと、落ちるのとの違いがなんとなく……。

竹内　届かないというのには、落ちるのもあれば散らばるのもある。元へ戻ってしまうのもありますし、いろいろあります。

林　エリアというか、単純に聞こえる範囲に届いていないというのではないんですね。ここで落ちたら聞こえないということも含まれているのかな……。

竹内　聞こえないということはない。聞こえているんだけれども「届いて」はいない。

三井　声が私のところにきているのか違う人のところへいったのか、ということだけではなくて、声やことばの中に遠慮とか迷いとかがあるということも、集中して聞いているとよくわかりますね。

竹内　迷いなんかがある場合は、迷っているからこっちへ行っちゃったとか、迷っているからこうなったというふうに具体的に聞こえてくるわけです。心理的に感じるというよりも、声そのものの動きとしてそのように聞こえる。

三井　近づいてきたけれど、ここでこう曲がって行っちゃった、という感じもありますね。

竹内　肩へ当たってからあっちへ行っちゃった、とかね。

加藤　この言葉を、と思って発したはずなのに、音になって発した瞬間に自信が失われていく感覚がありました。

間身体的な響き合い

竹内　それはもう一つの別の問題です。あの人に言おうと思うことは内的なリアリティでしょ。ところが声に出るということは内的なリアリティではない。だから上手く喋れない人が言葉を出せたときに、自分の喋っている言葉が嘘に聞こえるという人がいる。それは当然なんです。声に出るということは、内的なリアリティではなくて、相手と自分との間にリアリティが成り立つかどうかという問題だから。現象学的に言えば「間身体性」の問題で、自分ひとりのリアリティの問題ではない。

最近も、このようなことで上手く言葉にできないで苦労している人に出会いました。日常生活ではなんとか喋って仕事もしているんだけれども、朗読をしようとすると、「クッ、ッ、ク」と言ったまま、なかなか出てこない。黙って聞いていると、最初に出るまで十五分から二十分くらいかかる。で、出てきてそのまま行くときもあるし、また止まってしまうこともある。そういうときには息を吐け、と言うんです。この間、ある文章を四十分くらいかかってお終いまで読み終わった、普通に読めば二、三分くらいで読めるんだけれど。その日の帰りに「ああいうふうに読んだけれど、自分には嘘に聞こえる」と言う。私は「あなたの中の内的なリアリティは非常に強い。声に出したときに嘘に聞こえるというのは当然だ」と言った。

——だから、相手の人と本当に話をしようと思うなら、嘘に耐えなければならない。自分にとっては嘘だと思われることが、相手との関わりの中でリアリティのあることになっていくかどうかを見極められるかどうか。中から出て行くだけではダメで、自分の言葉が相手に届いていることが聞き分けられなければならない。そこに聞き分けるということの難しさがある。

聞いている自分の声のほとんどは骨伝導です。外に出て自分の耳に入って来る音はほんの少ししかない。外の人が聞いているのは外に出ていく声です。それを自分は聞くことがほとんどできない。できないけれども相手に届いているかということを感じ取る、ある「間身体的」な響き合いというものがある。そこがわからないと嘘は超えられない。そこまでは嘘に耐えなければならない。——

そういう話をしたんです。彼はその後の発表会で必死になってとにかく喋った。終わった後で「どうですか?」と聞かれたけど、私は何も言えない。喋れたけれど「よかったね」とも言えない。つまり、彼は嘘をついて喋っている感じで必死で喋ったに違いないからね。だから「よかったね」とは言えないが、喋れたということはよかったと言うほかない、というようなことなんです。

「ホント」という感じは何なのか。私は踊りだって同じだと思うんですよ。無我夢中になって踊ることと、お客に対してどういうフォルムで踊り、お客さんとの間でどういう響き合いがあるかという手応えを持って踊ることとは、違う。それが問題です。さっきからのバタイユの問題とも絡むけど、声とことばの側から言うとそう思います。

三井　内的なものが、自分の中では非常に大きなリアリティがあるんだけれども、それを言葉にしたときに、違うな、嘘だなと感じてしまうギャップのようなものは、私も自分の感覚の中であります。でも、中にあるものが、本当に自分にとってリアリティのあるものなのかどうかは私にはよくわからない。外に出てきたものにハッとさせられることもよくあります。そういう意味で、外に出てきて初めてリアリティを持ち始めるというか、生きて動いていく、関係を持ち始めるという意味で、リアリティというものはそういうものとしてあるんだと……。

竹内　外に出てきてはじめて「あぁ、俺はこういうふうに考えていたのか」とわかることもありますね。それはかなり喋れる人の場合です。私は、そういうふうになるのはレッスンのときだけで、普段はまず無い。レッスンの場では、常にと言っていいくらいそうですが。それが可能になるからだの生き方というか弾み方というのがあるんだと思います。

三井　そのからだの弾み方というのは、今日のお話の初めに出てきたような、ある状態が現れるからだの準備ができているということですか。それとも突然弾み出し、突然現れるのでしょうか。

竹内　第一に、ある集中の次元が成り立っていること。第二に、相手によって動き出す「間身体性」の働き。これがスパークする瞬間は無意識です。厳密に言えばわからないけれども、一種のエクスターゼでしょう。レッスンしていると、ある次元でそういう言葉が出てきます。私の実感から今まで使ってきた言葉で言えば「集中」ですが、自分ではその言葉がどこから出てくるかはわからない。

加藤　竹内さんがさっき言われた、言葉が出ない、言葉が嘘になるというのは、私の場合は嘘とは思わないです。私が踊るのも、言葉だとダメだからなんです。ダメというかできないんです。

三井　説明がつかないことを踊るっていうことですか。

加藤　いろんなことを考えて言葉として発するというのは、覚えた記号や選択肢を組み合わせて言葉にしているんだけれど、「それは違う」という瞬間にしか出会わない。誰かとやりとりをしながらこの作業をして言葉を紡いでいかなければならないときには、その連続でしかない。言葉にして出さないとしょうがないから出すけれども、これがすべてではないし、私の中にもっと伝えたいことがたくさんあるんだけれど、という感覚を持ちながら話していることがものすごくあるし、発する言葉自体に違和感をもつことがすごく多い。ダイレクトに言いたいことがポンと出るとき、たとえばさっきの「呼びかけのレッスン」のように、瀧元さんに「ご飯食べに行こう」と言いたかったにもかかわらず、ストレートに出てきたその言葉が自分に戻って揺らいでしまうというか、何か急にその率直な感情が重たくなるんです。何だか逃げたくなるような感覚に襲われるということがすごくあります。

竹内　あのね、今そうして手や顔も動いて喋っているじゃないですか。それ全体が喋るということなんだ。あなたが言っているのは、声になって言葉になることで百パーセントということ。喋っているからだ全体で百パーセントの表現であるということとは意識がずれている感じがしますね。

三井　喋るということは、ことばと声だけじゃなく、あの、とか、えーと、とか、そのときの身ぶりとか、全部合わせて……ということですね。

加藤　喋ろうと思っているときにはもう必死なので、それに動きが先行して……。

竹内　言葉が不十分でも動きや身ぶりで「なんとかみんなわかって」というふうになっているわけ

だ。喋るときに難しいのはそのことなんです。顔が語り、手が語り、全身が語っているんだけど、言葉にしようとすると、たくさんあるうちの一つの旋律で出さなければならない。これが難しくて、それはあるエクスターゼにならないと出てこない。あなたの場合には、やはり言葉ではなく、踊りにおいて十全になるということだろうと思う。

「戻ってくる」こと

竹谷　私の場合は、無言で海に潜っているわけですけれども、トレーニングとしてプールの底に重りをつけて潜っているときに、二通りの感じがあるんです。あ、これだったらもう少し長く潜っていられると感じる場合と、入ったときに長く持たないかもしれないと考えて苦しんだりする場合と。長く潜っていられるときには快感になるんですね。あるとき大丈夫かなぁと考えた後に、十秒から二十秒間くらい何も考えないでいて、その後フッとまた大丈夫かなぁと考える。意識は明晰なんですけれども、ジャック・マイヨールの言葉を使うと「水に溶ける」という、完全に水の一部になっているようような状態です。けれども、陸上の状態を捨てずに異物として水の中に入っているときには苦しくなって早く上がりたくなるし、上がると息が苦しくて、ゼェゼェ、ハァハァとなる。上手くいったときには得《え》も言われぬ快感というか、そういう気持ちになったりします。

竹内　ちょっと質問したい。そのいい気持ちで、いい気持ちが行き過ぎてしまって、そのまま戻ってこないというふうにして溺れてしまう人はいないんですか。

竹谷　何年か前に、一七〇メートルまで潜って、帰り際に亡くなった女性がいます。まわりの人たちは、静かに息ができなくなっていって途中で失神したんだろうと言ってました。

竹内　たぶん人間の肉体の限界を超えてなお快感があって、さらに限界を超えちゃうことはあり得るなぁ、と今のお話をうかがっていて思います。

竹谷　記録を達成して帰ってきた人たちなどは、上手くいった場合は、それを言葉にできないと聞いたことがあります。もどかしい状態ではなくて、上手くいったときです。いつもそうなるとは限らない。だからこそ、トレーニングをしてそういう状態に持っていけるからだを作る。バタイユのいうように「突然来る」というのではなくて、しっかりと準備をしてということだろうと思います。私もプールの底で三分くらいは居られるのですが、ただじっとしているのはどうも。浅い海なんかで苦しくならない程度に自由にいられたらいいなぁとは思っているのですが。

稲垣　そのまま恍惚にはならないの。

竹谷　やはり苦しくなってくるので、そろそろ上がった方がいいなと思って見切りをつけています。それをしなかったら、途中でそのまま逝ってしまうでしょうね。

稲垣　私は、学生の頃に息こらえを長くしたいと思って、朝、目が覚めたときに毎日やっていたんです。そうすると朝起きたときだと三分は止めていられる。しかも、どんどん気持ちよくなっていく。半年くらい続けていくとほぼ確実に快感を感じるようになる。もっと行くと意識がなくなるなぁとフッと感じて、慌ててやめる。競技会みたいなものでやったら、逝っちゃうんじゃないかと思いました し、そういう恐怖心があった。それで、三分こらえられるようになったおかげで、ある成果が出た。潜水七五メートルという記録を出したりね。不思議な孤独感と同時に快感が来る。もうちょっとするとフッと向こうへ行っちゃうんじゃないかということはないですか。

竹谷　一回だけ、このままいてもいいなぁと思ったことがありました。

竹内　深い集中に入ると世界が変わりますね。それはどんな世界にでもありますね。ヨーロッパ中世の魔法のドアじゃないけれども、このドアを開けていったならば自分の力ではもう帰って来られない。そういうドアがあるというのはわかります。

加藤　竹内さんのお能のお話で、鬼の面をつけたときに噴き出そうとするものと、それを猛烈な力で抑えようとする型とのせめぎ合いの中で生まれる美しさや凄さがあるということに納得しました。今の竹谷さんのお話の、潜ってそのような状態にいるのと鬼の面をつけたときとでは違うかもしれませんが、ともに命がかかる、命がけのところへ来る、そのときに戻ってこられるからだを作るということでは似ていると思うんです。

三井　戻れるかどうかという境い目には何があるのでしょう、何が戻ってこさせるの。

加藤　竹谷さんだったら毎日のトレーニングかもしれない……。

三井　身体の感覚ですか。からだがここから先は危ないって信号を出すんですか。

竹谷　私の場合、潜りはじめたとたんに「あ、これは早く上らなあかんな」とわかるというか、からだ全体がそういう反応をしはじめる。その信号をキャッチして、上がろうか、というふうにね。

林　上まで戻ってくる時間を計算しなければならないんじゃないですか。苦しくなったらそこで終わりだから。それはわかるんですか。

竹谷　トップの人は戻る時間を考えているだろうけど、私なんてせいぜい二五メートルくらいですから。それでも苦しいときには水面ははるか彼方に感じられるんですが、生きて還ることだけに集中して潜っています。周りが水という環境と、息を止めているということ、それから潜れば潜るほどに水圧がかかってくるというように、いろんな条件が重なってくるわけですが、かえってその方がからだは反応するのかなとも思います。普通に、この場だったら呼吸はできるわけですし、喋れますし、いい条件があり過ぎて、かえってわかりにくいのかなぁと。

瀧元　わかりにくいというのは感受性が鈍るということですか。

竹谷　感受性もあるだろうけど、直観力が鈍るという方がいいかもしれない。

加藤　さきほどの何が戻ってこさせるのかという質問ですが、スポーツではトレーニングを積んでまずエクスターズまで到達するようなからだを作っているのではないかと私は考えています。極限の状態に入っていくようなところで最高のパフォーマンスが生まれてくる。それができると、その状態から戻ってこなくていいくらいの気持ちのいい感覚を覚える。そうなってくると、とことんまでも行きかねないわけですよね。だから、それ以上にトレーニングして、尋常でなくなっても戻ってこられるからだを作っているように私には思えるのです。

お能などで型を極めるというのも、その感覚が途方もない出来事を引き起こすからではないでしょうか。どのような形であろうと、からだの極限だけではなく、そこから引き起こる出来事もまた極限に至ることがあると思うんです。たとえば、鬼の面をつけたときの衝動が、人を殴ったり殺したりすることもあるのではないか。そのような狂気が発動したときに、それを止めるものが必要になってくる。そう考えると、たとえ意識が戻ってこなくても、肉体がそれに反発し抵抗できるようなからだを作っている、そう感じます。

竹内　私は、その前に、立ち会う人の問題があると思う。立ち会う人はそれが見える人でないといけない。立ち会っている人がストップをかけなければいけない。その先であなたのおっしゃることも起こるかもしれないけれど。具体的に言えば立ち会う人の能力だと思います。立ち会う人について、こいつの判断は信じられないということになったら、やっている方はものすごく慌てるよね。

三井　立ち会う人とおっしゃるのは、どういう場面を想像したらいいいんですか。

竹内　それは、さっきの潜っているときにもいるんでしょう。

竹谷　いますね。

竹内　そういう危険な場にあるときには、ある集中に入っていくとすれば、その場に立ち会って、支えている人が必ずいるはずです。いないところでやるのは大変危険ですし、逆に言うと、そういう立会人がいないと、本当の意味でまっすぐに入っていけないということがあると思いますね。

稲垣　この間、テレビで素潜りの日本選手権を放映していました。そこにもまわりで見ている人がいて、選手の動きが鈍くなってきたら強制的に引っぱり上げていた。上がってきたときにも意識があるか無いかを判断して、しっかりしていないと失格になる。だから、自分でこの辺が限界という判断のできるフェアな競技会だなぁと思って見ていました。立ち会う人がいないと危ないわけです。

竹内 なるほど。あるワークショップで私がやっているのを見たある人が、あそこまで行ってみたいと思って無理したら、その場から精神病院に運び込まれたことがあった。そういうことも起こるんです。それは、場を支えていた人の力が足りなかったためで、裁判沙汰にまでなって大変でした。

稲垣 イグナチオ・デ・ロヨラの『霊操』(18)を読んでいてもちゃんと立会人がいますね。

竹内 極限まで行こうとする修行には絶対必要です。

松本 前にヨガの集中行で、アーサナのポーズを一時間くらいきちっとやり、そのあと呼吸を一時間くらいやって、ちょっと休憩を挟んでから瞑想に入りました。からだと気持ちの準備を十分にやっておいて瞑想に入ったんです。そこにはもちろん老師がいて、テーマが与えられます。徐々に現在から過去にさかのぼっていくというテーマでした。小学生から幼稚園まで行ってまた戻ってきてくださいとなったときに、ある人が戻ってこられなくなってしまいました。たぶん過去に何かあったようで、ふだんは意識にはのぼっていないけれど、集中が深かったためでしょうか、あるところでグッとつかまえられてしまって戻ってこられなくなってしまった。集中を深くして瞑想をおこなうときには、行をきちんとやってきている人が傍にいることが必要だと思いました。いないところで深いところに入っていくと普通に戻るのが難しくなるんじゃないか、という恐さをそこでは知りました。

竹内　レッスンを見知った人が自分もやってみようとすることがあるけど、それは危険ですよね。前に言った中性の面をつける「火になって燃える」のレッスンでも、パァーッと燃えはじめるとどうにも止まらなくなる。私は、面を取ってみたらいいんじゃないかと思って何とか戻れたけれど、わかっている人がいれば、あるところでバンッと背中をたたくだけで止まる。

竹谷　そのときには冷静なんですか。自分を見ているもう一人の自分みたいなものは。

竹内　それは断続的です。自分では意識しているつもりで、ポイントはよく覚えているけれど、後で考えてみるとかなりの時間が飛んでいる。あるときなどは、喋っているつもりだし聞いている人もいたんだけれども、録音に入っていないということがありました。「ここから先に俺はこう喋ったはずだ」と思って、いくら巻き戻してもそこがないんです。まわりの人にも聞いてみたけど「確かにそういうことを喋っていた」と言う。まぁ、それは偶然かもしれないけれど、そういうこともあるんですよ。これは私は体験したからわかるけれど、神秘的な体験などでは、そういう例はあるようです。そういうことも含めて、立ち会っている人がよほどしっかりしていないと危ないです。どこへ行っちゃうかほんとにわからないですから。

（18）『霊操』　イグナチオ・デ・ロヨラ（前掲本章注（10）参照）によって始められたイエズス会の霊性修行、またその方法を記した著作。門脇佳吉訳、岩波文庫、一九九五年。

自他の境界を越えて「からだ」が弾み始める

竹内　少し話がずれましたけれども、エクスターゼに入るような形でやっていると、理性的な自分の境界を越えて、あるところまで行ったときに、からだが本当の意味で生き始めるんじゃないか、ということですね、大雑把に言うと。

今、稲垣さんを中心に皆さんが一所懸命考えられているのは、反面からいうと、それと反対の「管理」がどれくらい強くなってきて、どれだけからだが閉じこめられているかという問題だろうと思います。こんなふうにからだが閉じこめられているから、こういうことが必要なんだ、と対比しながら考える必要があると思います。

この頃、子どもを殺す人が多い。あれは何だろう。そういう意味では、あるところでバッと外れちゃっていると言える。いったい何がそうさせるのか。そういうふうにしなければ自分が生きていけないというふうに、何が親のからだを追い込んでいるのか、と思います。そして「管理」というものがどうそれと関係しているのか。イバン・イリイチ[19]風に言うと「脱身体化」。それが、彼が『脱病院化社会』とか『脱学校の社会』などを書いていた一九七〇年代と違って、今どのくらいひどいことになって、どういう形になってきているのか。だからこそ、こういうふうにエクスターゼという問題が持ち出されなければならないのではないか。これまではこの問題についてどう焦点を合わせたらいいかわからなかったけれども、お話をうかがっていてそんなことを考えました。

三井　その点について、前に竹内さんと話したときに、私が、今の私たちには何かからだに関する大切なものが失われてきているんじゃないかと言いましたら、竹内さんは、いや、失われているとは思わない、あるんだけれども覆われてしまっている、そういうことじゃないかと仰ったことがあります。からだが追い込まれている状況から抜け出すには、覆っているものをはずすとか、覆われているところから外に出るということになるのじゃないか、そして覆っている何やらやっかいなものをひっぺがして外へ出るチャンスは、日常にもあるというお話でした。

竹内　そうです。今日はかなりその先の話まで行ったけれども、日常性の中にもエクスタ一ゼがあるという言い方をしました。それを通して「からだ」というものが生きる瞬間を、低い次元から深い次元まで、生きる瞬間としてまとめることができるかもしれないと思ったんです。

エクスタ一ゼは、一体性ということでもあるし、自と他の間の境界がなくなるという言い方もできる。自他の境界がなくなるという感覚は、非常にプリミティブな段階から、深いところまである。自他の境界がなくなるという体験が今は非常に少ないんじゃないか。私のレッスンでは、二人が前後に坐って背中に手をあてて息を合わせるということからはじめます。もちろん上手くいく人もいれば上

(19)　イバン・イリイチ　一九二六―二〇〇二年。ウィーン生まれの詩人であり、哲学者、歴史家。主な作品に、『生きる思想』『生きる意味』『生きる希望』（藤原書店）。

手くいかない場合もある。上手くいくとかいかないとかいう言い方は正確ではありませんが。

イバン・イリイチの言っていることによれば、あの人はイエズス会の神父さんだったから、コンスピラチオという言葉、スピラチオは精神、息ですね。つまり息を共にするということ。古くは神父さんたちは鼻と鼻をくっつけて挨拶をしたそうなので、息と息が混じり合う。そのことで、共同のつながりというものを確認し作り出していったそうです。

私はそれを読んだときに思いました。鼻と鼻はくっつけなくとも背中に手をあてて息を合わせる。これを実践の中で意味があると気づいてやってきたわけですが、言葉としてははっきり意味を表現しきれなかった。しかし、ある共同の場を作り出していくために、じかに一人対一人が一体化するし、それだけではなく、何人かが同時に同じ場でそれぞれ息を合わせている。だから、息を合わせるという行為において、ひとつの「場」が生まれるという意味での共同体が成立する。一対一の組があってそれぞれ別なんだけれども、ある場の中で生きる。そういうことがからだの管理に対して、それとは違う息づかいを取り戻す出発点になるのかなぁ、と考えているわけです。

河本　そこは一番聞きたいところです。

林　私もです。「場」に生きるということを実感したのは前回のこの会でした。竹内さんと私とはちょうど今日と同じくらいの距離に座っていたのですが、あのとき、この上なくいい気持ちになったんです。そのときのテープ起こしの文を何回か読んでいくと、竹内さんが私の変化に気がつかれたことがわかる場面を見つけました。その場面を読むと、「こんなに楽なからだがあるんだ」という思いがしたとわかりました。それまでは自分では気づいていなかったんですが、かなりからだを硬くしていたようです。このような感覚は人と人の間にだけ起こることではなく、文章を読んだときにも同じような感覚がやってくることがあると思います。このような感覚を持つことができるよう、私からも発信していかなければならないなと思っています。

子どものことばとからだについて、竹内さんはどこかで「死にかけている子どもたち」と書かれていたと思いますが、まさに問題をそのものずばり言い当てておられると思いました。それで、「共生態」についてもっと深く聞きたいなという思いに駆られています。

今、お話しした二回目の囲む会のあの感覚については、稲垣先生から言説化したらとアドバイスをいただいているんですが、言葉にするのはなかなか難しい。しかし、あのときのからだの状態が「じか」という感覚を表しているのだろうとは思っています。エクスターズの極まで行く、あるレベルを超えるとか超えないということではなくて、日常のなかにいくらでもあり得る、からだが場に溶けるような感覚です。このような感覚を、学生と接するときに生かせたらと思っています。

共生態——共に生きて弾む場

竹内 実感から言うと、稲垣さんがバタイユを引いて言われる「開けっ放し」、子どもと向かい合ったときに言葉としていちばん近いのは、あの「開けっ放し」という感じです。林竹二さんは「手ぶら」

と言っておられます。ハイデガーの場合は、日常生活の中でエクスタースし、行ってまた戻ってというようにエクスターズは起こると考える、と稲垣さんは書いておられたが、私は必ずしもそういうふうに読んでいなかった。エクスターズのある体験をした場合には「世界」が変わるんですね。そのときに相手の人と向かい合うと言ったらいいか、相手と自分は向かい合っているのだけれど、別のものではなく、別のものじゃないんだけれど、向かい合っている。そういう意味で言えば、「ひとつの場である」あるいは「ひとつの場を作り出しているふたつのもの」なんですね。それを私は「共生態」と呼びます。「場」そのものが生きていると言ってもいい。そういう意味で、子どもと向かい合うというのは、私流に言えば、その場が生きて弾むということになるでしょうか。自分が子どもに働きかけるというより、そういう感じに近いです。私が子どもと向かい合う場合は……。

なんだかみんな黙っちゃったね。

三井　聞き入ってしまいました……、林さんの願いや思いは、弾む場のなかに自分がいたい、授業でそういう場を提供したい、ということですか。

林　「監督者」という言葉がありました。『教師のためのからだとことば考』[20]だったと思いますが、竹内さんが、最も自分のからだに目を向けられないのが教師であると指摘されているのを読んだとき、それは、教師ばかりでなく、共同体の中で様々なことを子どもたちに伝えていく役割を持つ大人全体に広がっていると思いました。大人のからだが「死に体」という状況になってしまっていることに危機感を持ちます。だから、もっとからだに注目しようよ、と発信していかなければいけないのではと思っています。

竹内　「子どものことを理解して」という言い方がよくされますが、そういうふうには私はほとんど思わない。理解できる範囲なんてたいしたことはない。子どもの前に自分が「さら」で立つということ。自分は鏡みたいなもので、「さら」で立って、じかに付き合うということの中で、ギクシャクしたり、あっ、そうなんだと思ったりして、またじたばたするっていうことしか、私のイメージの中にはない。子どもを理解するという言い方が、ある意味では傲慢なような気がする。子どもっていうから理解できるように思うけれど、それは他人と言ってもいい、……他者です。理解なんかできるものではない。ただ、からだを感じとることはできる。からだがどういう方向を向いてどう動こうとしているか、どう縮まろうとしているのか、逃げようとしているのか、来ようとしているのか、というように、からだを見取ることはできる。そして、それとどう向かい合うかということだけが私にできることのような気がします。理解して、それに合わせようとするということではなく。

林　理解するというより、ありのままを受け入れることのできるからだになりたいという思いです。私が私であるためのからだ、生きていくためのからだ、というものをもっと感じられるようにしていかなければいけないなと思うんです。

竹内　「ありのままに受け取る」ということですけれど、それは「現象学的還元」であって、方法

（20）竹内敏晴『教師のためのからだとことば考』ちくま学芸文庫、一九九九年。

的な自覚がなくてはできない。二日前に東京で、認知症の人たちを介護する人のためのレッスンをしたんです。全国から、短くて三年から五年、長いと二十年くらい介護にかかわっている人が集まってくる。何日か訓練をしてその最終くらいに私のレッスンがある。この場合、相手をちゃんと抱きとれるか、もうひとつはちゃんと話しかけられるかということを眼目として考えます。

介護の場合は長年やっている人が多いので大丈夫だろうと思って、時間も短いし、途中は飛ばすことがあるんだけれど、息を合わせるレッスンをやってみて驚いた。前に座っている人の肩に後ろの人が手のひらをぴったりあてて、息を合わせる。そして前の人の肩に手をかけて、自分の胸に抱きとるということをやる。前の人は先にからだを揺すられてゆるんだ水袋のようなものになっているし、後ろの人がちゃんと受け取ればずしりと重さがかかってくるはず。その安らぎみたいなものを相手に感じてもらうというのをやろうとしたんだけれども、びっくりしたのは、長年やっている人でも抱きとれないんだ。こわばって、肘を固めてしまって、しっくり抱きとることができない。

はなはだしいのは、相手と自分の間に距離をおいて突っ張るように支えるだけで、自分の胸で抱きとることができない。抱きとっても、自分のからだがガチガチで、相手がゆったりと安心できない。というようなことが分かってきて、こりゃあかんと急遽レッスンを切り替えたんです。

そういうことがあって、私からみたら一番基本的で単純なものができていないのであれば、他の何をやったって意味がない。そう感じました。そこから言えば、子どもをちゃんと抱きとれるかどうか、抱きとったときにほんとに相手が安心していられるかどうかということがひとつの目途になってくる。

そのためには逆に、自分が相手にからだを任せて安心したという体験がないとダメなのであって、一番最初はそこですね。そうしてはじめて安らぎみたいなものが生まれてくる。

それをやるための第一段階というか、たとえばからだに手を触れること自体が、今の若い人にはもう拒否感がある。だから、一番はじめに息を合わせるということがどこまでできるかということ、息を合わせることによって相手のからだと自分のからだが、まだ意識的にではあるけれども同調する。まわりも一緒にやっているということにおいて、ある安らぎを共有する。そういう場――とりあえず「場」と言いますが――を作り出していく。それが「つながり合う」ことの出発点になるか、と。

竹谷　その安らぎというのは、人間のいちばんベーシックな快感というか、一番ほっとできるところに近いものですか。

竹内　そうですね、快感といってもいいんですけれど。

竹谷　抱かれているのが気持ちがいいというのは、非常に基本的な感覚ですね。

竹内　気持ちがいいと言ってもいいけれども、私は、気持ちがいいなーというのは、あまり信用しない。気持ちがいいなーと自分に思い込ませる、そういうところへ自分を持って行きたい人がたくさんいるから。気持ちがいいなーというところに行くんじゃなく、ただ安らいでいる。それを言葉にすると結果として「気持ちがいい」のだけれども、「気持ちがいいこと」をやりたいわけではない。ただ安らいでいる、ということ。だから、私は「安らぐ」という言い方をするわけです。

竹谷　それは気持ちがいいということが目的ではないということですね。

三井　抱きとめられるということを実際にレッスンでしてみた感覚でいえば、快感とはちょっと違います。快感というと、何かいい気持ちが「ある」感じですが、「ある」のを感じるというのではない。ただ自分がぼよよ~んとした物体になっている感じというのかな。

竹内　そうそう、そういう感じだね。

第四回

関係性について

2007.12.25

第4回の「囲む会」は、メンバーが参加したバスク国際セミナーの報告（バスクは第3回で話題になった『霊操』のイグナチオ・デ・ロヨラの生地でもある）を、さまざまな写真をスクリーンに映しながら和やかに始まった。写真はメンバーにプレゼントされたバスク土産のベレー帽を被る竹内敏晴。

異文化の受容にはつねに変形と混淆がある

竹谷 演劇のことでお伺いしたいことがあります。外国の戯曲やドラマを上演するときに、それを解釈して、どうしたら「じか」に触れられるのかということを、私はアラバール(1)を調べていて感じたんですが、その点はどうお考えですか。

竹内 うーん、どういうことかなぁ。たとえば、シェイクスピアみたいになると、なんと言いますか、テキストに限らず、当時の時代背景などの研究が大変進んでいるからいろいろあって、自分たちが最初に読んだときにはこんなふうに思い込んでいたけれども、実はこうだったとか、そういうことがたくさん出てくる。だけど、スペインで生まれたアラバールなどの前衛的なものになると、そういうことを丹念に調べてもあまり意味がないっていうところにぶつかるところがあって、そうすると、こっちが深いところでいったい何に感動しているかという出会いの勘どころみたいなものですね、とくにアラバールについて言うと、書いてある通りにそのままやろうと思っても、日本人にはできっこないというところにぶつかっちゃうんですね。そうすると、そこから先はこっちがそれに対抗して、自分の火花を散らすしかないということになる。だから、変形するということになります。

(1) フェルナンド・アラバール　一九三二年―。スペイン出身の劇作家。

三井　変形というのはどういうことですか。

竹内　たとえば、彼の『戦場のピクニック』という芝居は、スペイン内戦の最前線にピクニックに出かけていく話なんだけども、もとはと言えば、最前線に民主主義戦線の労働者たちが鉄砲を持って実際に出かけていっていて、そこへおかみさんたちがお昼の弁当を持ってやってきて、旦那を手伝って弾を運んだり、また帰って子どもの世話をするみたいなことがあるわけです。そういう現実があってできた芝居なわけで、日本でやろうとしたらば、それに拮抗するなんだかすごくシュールなことを考えなければなりません。空想の中でしか成り立たないわけです。そうすると、我々はあるところまで行っても、その先は太刀打ちできない。太刀打ちするとすれば何であるかということなんだけれども、向こうを正確に受け取っているというだけでは足りない。自分が、何に感動して何をお客さんにぶつけたいのかというところで、変形するしかない、とこうなるわけです。

　アラバールの場合は、私は二回か三回やっていますが、いつも最後の最後で、そういうことに迫られるみたいな感じがありますね。そうじゃなかったら、舞台に立てないというか、舞台そのものが成り立たない。向こうに義理を立てていると訳がわからなくなる、というようなことです。

　ガルシア・ロルカ[2]なんかもそうです。ロルカの戯曲を私は二つ演出していますけど、あれは読んでいて面白い。『ベルナルダ・アルバの家』なんてとくに。アルバは白でしょ。真っ白ですよね。真っ白な石造りのお邸の中に閉じこもっている女主人のお婆さんが強権的な人でね。それに、閉じこめられた姉妹が、女ばっかり五人いるのかな。一番上が四十くらいで、一番下が十九くらい。その閉じこめられた

バスク大学の Romaratezabala 教授（国際セミナーにて）

中での、女のドラマです。これはロルカが写真的リアリズムだというようなことを序言に書いているくらいで、ロルカの目から見たら、まざまざと現実そのものなんでしょう。それは私らが読んでもわかるんだけど、これをね、日本人がやるとダメなんだ。女同士が集まって、やり切れなさをぶつけあっては、そのやり切れなさをほかの人がぶち壊していく、そういう燃えたぎる渦巻きみたいなものが出てこない。なんかこう、ひどくスカスカな、のんびりした生活になっちゃう。ちょこちょこっと意地悪はするけれどもね（笑）。どうしようもない壁に閉じこめられて一歩も外に出て行けない、男ってものも一切いない、そんな中でぐわっと膨れあがる官能的な悶えが出てこない。悲しみといえばセンチメンタルになるし、怒りといえば始めからアキラメが混じっているみたいで……。さっき見せていただいた写真に出てきた、ああいう女の人じゃないとダメなんだなっていう感じがするんだな（笑）。

（2）ガルシア・ロルカ　一八九八―一九三六年。スペインの詩人、劇作家。

そういうものを何とか醸し出したいと思って、はじめは一所懸命苦労するわけです。そうすると妙に身振りだけエロティックになったりして、何かこう、根源的にやりきれないものが爆発してこない。そうすると、それはどこに視点を当てて、どういうふうにやれば可能かと悩むことになる。たぶん、宗教的な超越性と向き合わなくては成り立たないもので、日本の現世的快楽主義とは次元が違う。日本でロルカの芝居をやると、ほとんどの芝居がそうなるんじゃないかなぁ。

稲垣　文化の基盤というか、ベースが違うんでしょうね。

竹内　ベースが違うので、仕方がないから違うベースで紹介いたしますということはできる、やろうと思えば。評論はそれでいい（笑）。しかし、舞台はそんなことをしてもしょうがないわけですからね。だから日本の女で、日本の女のやり切れなさはどういうところから出てくるんだっていう、それをきっかけにして、なんとか爆発させないとしょうがない。でも、そういうシーンはなかなかうまくいかない。やり切れなさが煮詰まって、最後の最後でバーンと鉄砲がぶっ放されるわけですが、そこまでくると何とかなるけれども、途中のところはとても難しい。

「個」という概念も翻訳である

稲垣　お話をうかがって、酒井直樹と西谷修の対談、『〈世界史〉の解体』（岩波書店、一九九九年）という本を思い出しました。そこではテーマが三つほど設定されていますが、その一つに「翻訳」が取り上げられています。どこまで行っても翻訳は翻訳でしかない、と。

だから、あらかじめ翻訳という前提で考えるしかない。よく似たものは置き換えることができるけれども、ヨーロッパのものを日本語に置き換えるのは、言語体系も違うし、文化の基盤も違う。本質的には全く違うものだと思わなければいけない、と。

竹内 そうですね。

稲垣 ということを二人が語り合っている。『戦場のピクニック』も、あのスペイン内乱時の、人民戦線の活動がある中で市民が立ち上がっている。そして、一方で普段のとおり店を開いて、兵士が逃げてくれれば裏口から入れて知らん顔をする、そうやってフランコに向かいあって戦ったわけで。

竹内 それで負けた。だから、それをただまともにやったならば、悲劇にしかならない。そこをひっくり返して喜劇にする。そういう形で『戦場のピクニック』というものになるんでしょう。コメディになるわけです。ただ、日本にはそういう内戦とか内乱がないから。

稲垣 内乱もですが、個が確立していないですから。

竹内 まあ、そういう言い方でもいいけれど。ただ、私はこの頃ね、「個が確立していない」という言い方はもう使いたくなくなってきている。数年来、封印しているんです。

三井 と、いうのはどういうことですか？

竹内 言おうとすると長くなる。さっきの、翻訳は翻訳にしか過ぎないという話と同じで、「個」という言葉だって翻訳ですからね。「個人」っていう言葉も、日本の中から出てきた言葉じゃないですから。

これは、翻訳という問題とどう向かい合うかということにつながるから、必要だったら後で喋ります。

稲垣　「個」って何だ、という話ですね。

竹内　そうなんです。昔のニーチェの『ツァラトゥストラはかく語りき』の中では、「肉体の軽侮者」と訳されたでしょう。あれ、原語は Leib でしょ。Leib を「肉体」と訳すか、「からだ」と訳すか、「身体」と訳すかで、全然違ってきます。

松本　翻訳の問題について少し。たとえば、東洋で生まれたものが西洋という全く違う文化に入っていくときにも翻訳されます。向こうの人たちが受け入れやすいような形に……。これも変形というのでしょうか。一方では、ヨーロッパから入ってきたものを、自分たちがこれはヨーロッパのものなんだ、とどこまで思えるか。あるいは、どうしても超えられない部分、自分には、置き換えてしか入ってこないもの、そういう風に変形しないと入ってこれないものがあるんじゃないか、そこが気になるところです。

竹内　長い時間的スパンでみると、変形しなければ自分のものにならないというふうに、私はこの頃は思っています。しかし、短いスパンでそうなんだと考えちゃったら、これは致命的で、何にも学ばないことと同じ。だから、簡単には言えないです。と言うのは、たとえば仏教の話で言うと、仏教がインドから中国に入るでしょ。最初に入ったときには、ちんぷんかんぷんでわからない。それで、これは老子の教えと同じだということになる、非常に単純に言うと。老子の教えというのは中国のどこかの民族の民間伝承の中にあった中国の一つの基本的な流れだと思うんですが、それと同一化する。

それで七百年から千年くらいもの間、何とか細々と生き延びる。それから唐の時代になって、禅が入って来る。禅宗というもの自体、インドにはありませんね。

稲垣　ないですね。

竹内　そして、この部分だけがバーッと実践的に広がって、唐の時代に全盛期を迎える。それまで約千年。それで、禅というものが中国の仏教の、ひょっとすると全部か、あるいはある大事な部分を代表するものになって、それが日本に入ってくる。日本人はそれを一所懸命、正確に受け継ごうとする。日本には中国の文字と思想を一所懸命消化するという歴史があったから、比較的落差が小さくて入ってきたけれど、さてそこからが問題で、日本で禅宗というのは民衆的になりませんよね。

稲垣　ならないですね。

竹内　はい、日本ではなり切らない。武士階級のある部分が取り入れただけで、民衆的にはならない。それから、他の、それまでに入ってきたものもあって、鎌倉時代になってやっと日本的仏教というかな、日蓮宗と南無阿弥陀仏が出て来る……というように、長いスパンで見ると、消化していくためにはその途上でそういう変形をしているということなんです。だけれども、だから自分たちの現在の日常的な感覚でこれを取り入れればいいんだと言ってしまったら、もう何にも成り立たない。結局は、百年も経たないうちに全部消えてしまうだろうと思います。何かそこのところで、自分の方が作りかえられていくというプロセスがあって、何かが生まれてくるわけでしょう。

禅宗は中国じゃないと成り立たないが、昔からの中国の伝統的な思考の上に成り立ったとは誰も言えないと思う。そこには飛躍というか転倒があった。大雑把に言えば、そのように思います。

稲垣　翻訳のその翻訳のそのまた翻訳が続いている印象があるんですよね。禅宗にしても、一番単純に説明されているのは、インドから達磨が中国へ行った。そして、お寺を開いているんだけれども、道教の思想が非常に強いものだから、道教を信じている人たちにどうやって仏教をわからせるかということを模索する中で、禅の思想、要するに、道教と仏教の混血が生れていく。

竹内　簡単に言うと、そうですね。

稲垣　もちろん飛躍がありますけれども、そういうふうにして、できあがった。それを翻訳というか何というか、文化の混淆とも言えると思いますが。

竹内　実践ですからね。

稲垣　両方とも実践ですね、それらが混ざっていく。そしてまた両方とも真剣だから、もう一つそこに飛躍が生まれて、禅というものが生まれてきたんでしょうね。

竹内　達磨から六祖、六祖で禅がほぼまとまるわけですけれど、それまでに何百年もかかっている。

稲垣　臨済にしてもそうです。ずいぶん長い年月がかかっています。曹洞禅も、道元が中国に行って、教えをうけて帰ってくる。そして「正法眼蔵」、私こそが正しい仏教の教えを伝承してきたと言う。正しい仏教の教え、これが「正法」の意味ですね。それで、道元も鎌倉などへ出かけていって一所懸命教えを広める。日本はいわゆる鎌倉新仏教のあたりで、日本的な仏教というと叱られるかもしれないけれども、ようやく自分たちなりにあるひとつの到達点に達したというか、日蓮にしろ、法然、親鸞にしろ、そういう形でそのころに出てくるわけです。今、カルチュラルスタディーズということが言われるようになって、文化変容と簡単に言うけれども、あんなに簡単に言ってしまっていいんだろうかと思います。そうじゃなくて、その背景には一人ひとりの人間の、それこそ生死の問題にまで追い込まれるようなものがあって、そこで新しい何かが生まれてくるのじゃないか。

それこそ今おっしゃったように、泡ブクのように何かの文化変容が生まれただけでは、あっという間に消え去ってしまう。そんなものは、文化とも言えないものでしかないんじゃないか。しっかりと根をはった、のちにも長く影響を与えられるものになるときの変化の仕方というのは、葛藤や何か、いろいろあって、相当のエネルギーによって始まるものでなくてはおかしい。

内村・新渡戸の日本的なキリスト教

竹内 今のお話を伺っていて、話をもっと近くの時代へ持ってきたいと思いました。内村鑑三[3]という人がいます。彼は明治のときに、クラークに学んで、人格とか、そういうもの一切ひっくるめて影響を受けた。それで自分たちの仲間でグループを作って、キリスト教の信仰に入る。

（3）内村鑑三（うちむら・かんぞう）　一八六一―一九三〇年。キリスト教思想家、文学者。福音主義と時事社会批判に基づく日本独自のいわゆる無教会主義を唱えた。

そして「不敬事件(4)」と同じような苦労が熊本や横浜でもあってアメリカへ行く。アメリカで、彼はすごい差別にあいます。自分がクリスチャンだということも、極端に言えば認めてもらえない。そうと直接には書いていないけれど、それぐらいの目に遭う。その中で彼はキリストに出会う体験をする。で、話したいのはその後のことです。彼の信仰というのは結局、カーライル(5)とか、そういう人たちの信仰とは違うのであって、自分が一番近いのは、法然、親鸞だと彼は言う。つまり、信仰の内容としてはキリストを受容するわけだから仏教とはまるで違うが、その受け取り方が、法然や親鸞の仏の受け取り方に近いと言います。そういうふうに、自分の信仰はヨーロッパ的なものではないと言っている。そういう人は何人かいると思うんです。

稲垣 親鸞の教えは一神教に近い、キリスト教と近いということは言われていますね。

竹内 ええ。あれは何が入るんでしたかね。中国語で言うと何教と言いましたっけ。その影響を受けているという説がありますね。

河本 景教(6)です。

竹内 もちろん親鸞や法然が、直接その影響を受けているのではなくて、そのもとの……。

河本 名前を唱える称名信仰。ヨーロッパでは消えてしまったと聞いたことがあります。

竹内 そのようないろいろな混じり方をしているということですね。で、内村鑑三を例にしたのはなぜかということですが、お師匠さんから言われた通りにやっている人は、みんなそれを正統だと思っている。道元もそうでしょ。これが正統だと思っている。けれども内村鑑三は、もっとはっきりと、自分は受け取り方がヨーロッパ人と違うと自覚しているわけです。そして独立、無教会主義を立てるわけです。これは、かなり日本的なキリスト教だと思いますね。理論的には、ほとんど独特なものはなくて、ヨーロッパ的なものと際立って違っていないと思いますけども。

稲垣　あの時代の人は、いまの我々と違って非常に大変だったと思います。新渡戸稲造[7]にしても自分はクリスチャンのつもりで向こうに行って、内村と同様、やはりまともに相手にしてもらえない。喋ることが面白いので、いろんなところに呼ばれてはいたけれど。

竹内　あの人は弁が立つから。

稲垣　それで、やっているうちに、じゃあ、その日本的なものってなんだと聞かれて、答えに窮してしまい、ちょっと待て、考えてみる、ということで書いたのが、『武士道』[8]ですよね。そこへ戻って、そこから出直さないと日本というものを主張できないし、自分というものも主張できなかった。そこ

(4) 一八九〇(明治二十三)年に発布された「教育勅語」に対する最初の不敬事件。
(5) トマス・カーライル　一七九五―一八八一年。英国の評論家、歴史家。内村鑑三に多大な影響を与えた。
(6) 景教　司教ネストリウスが唱えたキリスト教の一派の中国名。
(7) 新渡戸稲造(にとべ・いなぞう)　一八六二―一九三三年。教育者・思想家。農業経済学・農学の研究も行う。国際連盟事務次長も務めた。
(8)『武士道』　新渡戸稲造著。アメリカで療養中の一九〇〇年、*Bushido: The Soul of Japan* として英語で執筆された。

に戻って、もう一回キリスト教を考えるというふうに遍歴していきます。

竹内 そこが面白い。『武士道』を書いてしまったのが新渡戸と内村の違いなんだな。

稲垣 そうですね。

竹内 内村は法然、親鸞の信仰、仏の受け取り方。一方、新渡戸は武士道。武士道となると侍です。今度、武道が学校教育で復活するじゃないですか。あれ、私は、どこかでちゃんと反対論を書きたいと思っているんです。準備をしてる時間がないという感じなんだけども、私は江戸の職人の孫ですから、侍に対して反感があるわけです。前にも言って繰り返しになるかもしれないけれど「侍の武士道なんて、何を言っちょるんだ」っていう感じがあるんだな(笑)。

侍は刀を差しているわけでしょ。何のために差しているかって言えば、侍というのは支配者ですから、支配者同士がケンカするために差しているわけではないんだ。それだったら、蔵に入れておきゃいいんでね。では、いつも腰に差しているのはどういうわけかというと、向かい合っている身分が下の町人とか農民、彼らに対する威圧です。要するに、あの刀は下の身分のものを斬るためにある。けっしてお互い同士でケンカするためにあるわけじゃない、町人の目から見れば。だから町人は刀と言わない、あれは「人斬り包丁」だと言います。

稲垣 「人斬り包丁」ですか。

竹内 「人斬り包丁」って言うんです。だから、剣道を高級なものみたいに言うけど、それは侍の勝手であって、町人から見れば「人斬り包丁」の振り回し方をやってる。だから、侍同士では向こうが刀を抜いたら、こっちも抜かなきゃいけないけれど、町人や農民はどうするか。逃げるんですよ。逃げるしかない。それで農民出身の田中正造は怒っているんです。ケンカの仕方といっても、侍は斬らなきゃいけないだろうけど、こっちは斬られないことが技術というわけだ。俺はいかにうまく逃げたかと自慢している。そういう違いがあるんですね。

私には、武道なんかはやめちまえという感じがかなりあるんです。要するに伝統、伝統っていうけれど、侍の伝統にすぎない。国民全体ということで言えば、侍の伝統を薩長政府が陸軍に持ち込んで、陸軍の連中が中学校に――これは昔で言う中学校です――指導者養成のコースを持ち込んだというだけの話であって、伝統なんて言ったって何十年くらいしかありゃしない。

稲垣　今の剣道にしてもね、流派剣道が統一されて警視庁剣道になったり、あるいは師範学校の剣道になったりして、全国に広がっていった。あれは、大日本武徳会が明治二十年代に京都にできて、その頃のいろんな流派の元祖を集めてきて武徳の養成団体の組織化を進めようとしたんだけども、結局、身分の高いどこどこ藩の殿様で、剣が立つ人の声が一番大きくて、それを中心に統一されてしまう。剣道でいうと、高野佐三郎(9)のような剣術家がいて、師範学校で教えるようになっていく。で、その剣術が剣道の「道」をつけたようなわけで……、この話は、どうもあらぬ方向に捩《よじ》れていってしま

(9) 高野佐三郎(たかの・ささぶろう) 一八六二―一九五〇年。剣道家、警視庁武術世話掛・東京高等師範学校教授などを歴任。昭和初期剣道界の第一人者。

いそうだからこの辺にしておきます。

武道における勝敗とは

三井　武道が教科に復活するということですが、瀧元さん、実情はどうなんですか。

瀧元　中教審が、平成二十四年度からダンスと武道を中学校の体育で必修化するという答申を出しました（その後、実際に同年度より必修化された――編集部注）。

竹内　その武道というものの範囲はどのくらいなんですか。

瀧元　柔道、剣道、相撲が明記され、地域の実情によって薙刀や弓道なども認められるようです。

竹内　合気道などは入ってこないわけですね。

瀧元　そうです。ただ、地域の実態に応じて教えられるようですけれど。

竹内　と言うと、合気道は武道に入るんですか。文科省的な観点から言うとどうなんでしょう。私は合気道の人に聞いてみたいと思っていた。そこは非常に面白いところだと思うんですよ。

瀧元　武道学会や日本武道館だと、合気道ももちろん入っています。

竹内　もう一つ質問すると、合気道は勝敗や勝負にはどのくらいこだわるんですか。

瀧元　合気道は優劣を競わないです。しかし、分派したグループで、実践や競技試合をするところも出てきました。「合気道S.A.」はその代表格でしょう。

竹内　「S.A.」って何ですか。

瀧元　Shoot Aikido の略称で「S.A.」です。ですから結局、今はどちらかというと競技系の合気道と、植芝盛平[10]の創始したものを伝承している合気道とに分かれています。

竹内　本来から言うと、植芝翁が始めた方、それは勝敗ということとは違うわけでしょう？

瀧元　植芝は、勝敗や試合にこだわらず徹底的に批判しています。攻撃性も否定していますから。

竹内　そうなると、それは武道じゃないよね。一般的な意味でいう武道には入らない。だったら私は賛成だ（笑）。「柔」について言いますと、これは殴りかかられたときにどういう風に動き、相手の逆をとるかっていうのが一番の基本なんだ。今で言う背負い投げは、昔で言うと岩石落としって言うんじゃないかな。崩しておいて、こう横に投げる。投げるというよりは相手を崩して転がすわけですから。

稲垣　自分も一緒に転がっていっちゃう。

竹内　昔の中学には、剣道、柔道が正課であるんです。やらされるんですね、柔道も。しょうがないから柔道をする。そうすると一番最初に、受け身ってやつを習うでしょう。とにかくこう投げられたならば、手足をこう伸ばして、片手で畳を叩いて一本っていうふうになる。私もやった。上級生がヤアーって投げる、ところが私は、パーンて畳を叩いたら、パーンと立っちゃう。上級生がびっくり

（10）植芝盛平（うえしば・もりへい）　一八八三―一九六九年。武道家。合気道の創始者。

して、「なんだお前は」って言うんです。「なんだお前は」って言われても、からだがそう動いちゃうんだからしょうがない。また投げる、また立っちゃう。これはいかん、というんで、師範が柔道六段だったかな、その先生がやってきて、「じゃあ、わしがやる」と、パーンて投げられたらまた立っちゃう。「そう動くんじゃないってことが、どうしてわからないんだ」と言われても、わかっているんです、わかるんだけども、からだがそうなっちゃうからしょうがない。どうしてそうなるのかなと思ったら、子どものころに習っているんですね、そういうことを。

稲垣　むしろそのパーンと立つ方が正解じゃないですか。

竹内　そうなんですよね。パーンって投げられて、畳の上に寝たままでいたんじゃ斬られちゃうもの。そんな「柔」はないわけです。投げられるのは自ら投げられるんであって、つまり意志的に投げられなきゃいけない。ポーンと立つために投げられるのであって、負けて投げられたらその場で殺されてしまうんです。そういう意味で、「一本」になったら柔にならない。私は、自動車にはねられたことがあるけれども、そのときも似たようなもんでした。

稲垣　立ってました？

竹内　さすがに立ってはいないけど(笑)。歩道を歩いていたら、自動車がパーンと後ろからぶつかってきた。しかもエンジンをふかしていなかった。子どもがブレーキをはずしちゃって、坂道を上からバーッとまっすぐ突っ込んできて……。

稲垣　サイドブレーキが外れて、走り出しちゃったんですね。

竹内　母親が買い物に行っている間にね。道を歩いていたら後ろからまっすぐにぶつかられた。そういうときも、パッときた瞬間にわかりますよ。これは自動車にぶつかった、と（笑）。ところが、ぶつかった感じというのが、鉄がぶつかった感じが全くない。堅めの、なんていうかマットレスみたいなものが、バァーンとぶつかって、からだがしなって宙に舞っている。コンマ何秒かの間に「これは自動車に跳ばされた」とわかった。どうやったか、自分でしっかり覚えているんだ。こっちに逃げなくちゃならないということだけはわかっていてね、空中で必死に左へ身をひねる。立てなかったけど、四つん這いに着地した。後で救急病院に連れて行かれて、いろいろ調べるんだけどもどこにも怪我がない。ただ、右膝にすり傷ができてただけでね。

でもね、こうやって跳ばされたら、からだにどれだけ打撃があるかっていうことは検査しただけではわからないでしょう。十日か、二週間くらい経たないと後遺症がはっきりしてこない。うかうかしてると危ないと思ったから、その日のうちに名古屋から東京に戻っちゃった。それで二週間じっとしていた。そんなふうに跳ばされた。力が抜けていると自分では思っていたんだけれど、三日目の朝に起きたとき、ハァーーっと息を抜いて、それで力が抜けたことがわかった。それまでは、やはり気がつかずに、どうなっているんだろうなと思って構えていたみたいです。結局なんでもなかったけども。

三井　小さいときに習っていた受け身が出たってことですね。意識しないで。

竹内　ただ、ハッと思った瞬間に力を抜くといっても全部力を抜いちゃったら、グニャグニャになるから、全部を抜くわけじゃないんです。話を戻しますと、柔というのは私の中ではそういうものであって、それを競技にしてスポーツにしたのが嘉納治五郎なわけです。だからあれは近代化したということになっているけれど、柔を勝負の世界に持っていって、全部組み替えてしまったというのが私の批判です。あれは柔ではない。全然別の近代スポーツとしての柔道。近代化ということから言えば進歩なんだろうけど、本来から言うと堕落であるというようなことです。だから、いま日本がこだわる一本勝ちではなく、世界での採点が点数制になっていくのは論理的必然なんです。

稲垣 私が子どもの頃にちょっと教えてもらった柔道は、受け身で立ち上がる柔道でした。

竹内 ああそうですか。

稲垣 ポーンとそのまま立つというのを教わりました。高校のクラスマッチで、誰か出ろって言われて、じゃあやるって言って出た。いきなり投げられたんだけれど、ボーンと立った。だから、俺はまだ負けてないって言ったんだけれども、それは通らなかった。それでもまたやらせてくれて、一本取った。私は寝技が得意で、こいつには立ち技では勝てないと思って寝技に持ち込んだ。袈裟固めに固めてもらって、それをひっくり返す。そうすると簡単に袈裟固めになるんです。

竹内 逆にね。

稲垣 ええ。体操をやっていましたから、からだが柔らかい。それで、袈裟に固めている相手の頭に自分の足を持ってきて、ひょいとひっくり返すとそのまま今度は相手が袈裟に固まっちゃう。それで連勝して、変な奴って言われました。「足をかけたら反則だ」というやつがいて、「どこに書いてある」って怒った(笑)。というわけで、受け身は立ち上がるもんだと思っていました。

竹内　私は立ち上がるもんだとも思ってもいなかったけど、立っちゃんたんだ、これが。
稲垣　そりゃ、天才です。
竹内　だから先生にいくら問い詰められてもわからないわけだ、何でそうなるのかっていうのは。だけど後で考えてみると、そういうことだったらしいとわかったんです。

「道」に「対等の礼」はあるか

奈良　この前、高校生を引率して柔道の試合に行ってきました。そしたら、審判がネクタイをしているんです。審判長が開会式の挨拶で「柔道はこれから正式に学校体育に入ろうとしています。これは柔道が持つ『礼に始まり礼に終わる』が評価されたからです」と言っていました。おそらく日本の「道」ってもの、剣道も「道」ですし、野球も「野球道」ですし、相撲も「相撲道」。こうした「道」の部分が今、学校体育に欠けている。相手を敬うとか、マナーを守るとか。剣道でも審判はネクタイをして、剣道の「道」、柔道の「道」でマナーを学ばせよう、という感じがします。こういうことに対して、私はあまり反対ではない。人間同士のつながりを求めていますし。
竹内　だったら、武道じゃなくてもいいわけだよね。
奈良　もちろん、そうですね。今は、学校体育にそうした点がなさ過ぎるんです。そこにちょっと危機を感じている人たちが「道」の部分を入れなあかんと。学校教育には「道」が必要やと。

竹内　「どう」だろうか、な。

奈良　これは参りました（笑）。

竹内　申し訳ない、茶化すみたいで。申し訳ないけど、私はほんとうにどうだろうかなって思うんです。戦前から見ているると、建前としてはその通りに受け取ってもいいいんだけども、本当はどうだろうかなというのがどうしてもついて回ります。

稲垣　私が思うのは、子どもの育ち方というのかな、今では、それがまるで変わってしまっている。今日、名古屋駅で松本先生とバッタリ会いましてね、二人で喋ったのですが、友達を作れない大学生が増えているので、その学生たちに、どうやってキャンパスで友達を作って仲良く暮らせるようにするか、そういうカリキュラムを考えないといけないらしい。

竹内　今の「道」を考えるというのと連関しているでしょう、それは。

稲垣　ええ。そういう現実があって、そういう子どもたちが増えてきているから、もっとつながりを作るために、今までのような近代スポーツを体育で教材にして、やれバレーボールだ、なんだと勝った負けたを教えていたんではどうもいかんと思いますが。

竹内　その方向は、だんだん広がるね。

稲垣　それで、考え方として「道」というところに持っていこうとしているんです。

奈良　「道」の世界というのは、西田幾多郎の世界じゃないですけど、すごく貧弱な、たとえばわびしい、さびしいという世界が、侘び、寂びに高められて華道になったり、茶道になったり、底辺から高められた上の部分だけを掬い取ろうとする。そういうのはおかしい考えであって、極道の「道」で言えば、暴力が仁義の世界になったりする。

稲垣　極道が出てきましたか。

竹内　任侠道ですね。

奈良　「道」の世界というのは、そもそも矛盾している世界ですけども、上の方だけを取って高められていると思うんです。今、お話しになっていることは、もっとこっちの末の部分を見て……。

竹内　そこのところが大事であって、いいところだけ説いてもだめなんだと思う。どういうふうにそのことを説明するか、それが大事ですよね。

奈良　そうだと思います。だから、指導者が……。

竹内　そこが一番大事なんじゃないかな。

奈良　道の世界というのは、極道の世界だっておそらく、指導者がわかってやっている分にはうまくいくと思うんです。下ばっかり見ていると……。

竹内　それはあべこべだと思う。下を見ないで、上ばっかり見ている指導者が多すぎると私は言ってるんです。もともとは下の方なんだ、と。だから上の綺麗な部分だけ言ってたんじゃだめだよ、そこだけ見ていちゃだめだよ、と言いたいんだ私は。

稲垣　下から始まるわけですからね。

竹内　そうです。下から始まるんで、上の方へいきなり行こうとしてもだめなんだよ。

奈良　それはわかります。

稲垣　もう一つ怖いことがある。我々には、武道というものをある程度評価したいという気持ちがある。しかし、文科省のああいう答申をする人たちには、隠れた意図があるんじゃないか、ということが怖いわけです。表面は非常に綺麗に説明し、今の子どもたちを健全に育成するにはこういうこういうことが必要です、と言う。誰も反対しない。けれど、ただ良いことだけっていうのは、どのようにも使えてしまう可能性がある。その辺りのどこかに楔を打たないで、無批判・無意識に、ダーッと突っ走ってしまうと、怖い方向へ行ってしまう。方向を間違うと、あるときとんでもないところへいってしまう危険性もあるなって、私はそういう危惧を持っている。

竹内　そういうときに気になるのはね、「礼」という問題があるでしょう。礼というのは上下関係を作っていくってことです。対等の礼があるならいい。それなら人間関係の一番基本的なことですが、日本の伝統の中では、礼はつねに上下関係の中にある。だからそれが一番気になります。道というのは、人と人との対等な関係をイメージしているのか、それとも上下関係で秩序を作っていくということをイメージしてるのか。その問題は表に出てこないけど、一番気になるところです。

「ムカつく」親、「うざい」子ども

竹内　さっきの翻訳の話なんですけど、実は今年の秋ずーっと考え込んでいたことがあります。いろいろなことが重なっているので一遍には言えないのですが、その一つは、人と人との関係、さっきの話で言うと青年たちがうまく友達を作れないっていう話ですね。

昨日もワークショップで、ある父親が娘のことが気になっているという状況で、数人でエチュードをやりました。説明すると、高校二年生になる娘さんがあまり学校へ行かない。行けるときにも弁当を持っていかない。弁当を持って行っても食べられない、というようなことで、どうも様子がおかしい。学校にあまり行かなくなっていくうちに、ある日、学校を辞めたいと言う。自分は美容師だったか何かに興味があって、十月からそっちの学校に行きたいという、そういう話です。

それで、そのときにその親父さんがどういうふうに反応したかっていう状況を実際にやってみたんです。当人は妹の役をやってね。他の人が当人をやって。そしたら、見ていて唖然としたんだ。お母さん役が、娘に悩みがあるらしいからお父さん聞いてください、私はどう言ったらいいかわからない、みたいなことを言っている。そうして、娘さん役は、自分は将来こういうことをしたいから、この十月から学校を辞めて専門学校に入りたいという話をするわけです。そうしたら親父さんが考えて、自分が思うとおりにやるのが人間一番いい、そうしたらいい、と。すると、娘はもう言うことがないわけだ。それで、「自分は学校に行っても言葉が足りなかったり、やることが足りなかったりして、全部自分が悪いんだから、学校を辞めることも心配しないで」って言う。そして「お前がそう思うなら心配しないよ」なんて話している。その繰り返しなんです、ずーっと。

それで終わってね、見てた連中が一斉に何が何だかわからないって言うわけです。ほんとうに親父さんは何も心配じゃないの？　という話になる。親父さんは、自分が青年になろうとする頃に、一番したいと思うことをお袋さんに反対されて、押えつけられた。違う道があるからこの道に行けって言われてそうした。だから子どもには自分が思うことをやらせるのが一番いいと思い込んでいて、そうするって言うんです。ほんとうに心配はないのかって、いろいろと言っても、なかなか話が通じないわけです。そのうち、見ているこっちの方が、なんて言うか、だんだん考え込み始めた。娘さんはそれをしたいかどうか、本当はどうなんだろうと。あんたは娘さんが結論を喋ったのを受け止めただけだ。娘さんが何を悩んで、どうして学校に行けなくなって、どうしてそういう結論を出したかっていうそのプロセスを、どれだけわかっているのかという質問になってきたわけですね。

つまり親父さんには親父さんなりの体験があって言っているんだけども、あなたが言っていることは全部きれい事じゃないか、ほんとうに娘が、何を考え、何を苦しんでいるのかっていうことに対して、何にもじかに触れていないじゃないかという話になってきた。これが昨日やってきたレッスンの一つです。それで、どうも、今の話に出てきた友達ができないっていうことの、これは一つの例だという気がするんですね。

前にお話ししたけども、一九八〇年ころに中学生だった人はいますか、瀧元さん、あなたはどう？

瀧元　ちょうどそれくらいです。

竹内　そうですか。ちょうどそれくらいの人たちが「ムカつく」という言葉を言い出した世代なんですね。それで、この年代の人たちが、今、子どもを持っている。その子どもたちは、もう「ムカつく」という言葉は使わない。「うざい」って言い出しているでしょう。「ムカつく」というのは私に言わせると他人が言ってることを受け入れるでもなく、跳ね返すのでもない。要するに、他者との間に壁を作って、自分だけむかついているという中途半端な人。「うざい」というのは、それをさらに超えているわけで、何でもとにかく自分に感覚的に受け入れられるもの以外は、全部「はじく」ということです。他者との間に壁を作るんじゃなく、他者それ自体がいない。他者らしきものの影が現われてくると、全部はじいちゃう。だから、自分の感覚に近いものだけがすべてです。自分だけで世界を作っている。それで他者をはじくというふうに今、なっているように思うのです。

そうすると、「ムカつく親」と「はじく子ども」とは対話ができるだろうかという問題になるわけです。これは成り立たない。さっきの話に戻すと、その親父さんはムカつく世代よりちょっと上だと思うけれど、それはそれで、自分がこれがいいことだと思う観念の中にいて、相手にじかに触れていない。ということは、他者が成り立っていない。自分と違うものと取っ組み合ったときに、じたばたしながら相手がわかってくるというプロセスを全く排除している形です。だから、あの親父さんはムカつく世代とパターンとしては同じ。いい関係を作っているつもりで、他者との間に壁をつくっている。それが一つの問題。でも「うざい」まで来るとね、こりゃ、そんなこと言っても始まらないってなってくる。いまは、「うざい」という世代が大学に進学しつつあるんじゃないですか。

稲垣　少しずつ入ってきていますね。

竹内　とするとね、これは要するに、自分の中でどういうことを感じているか、怒りを感じているか、などということが言語表現になっていないわけです。たとえば「腹が立つ」というのは「腹」が「立つ」というふうに、対象物があって、それがどう変化するかが言葉になっている。これが「ムカつく」になると、自分で何かを感じていると言っているだけであって、言語表現としては非常に不十分だ。それが、「うざい」になってくると、もう自分の中で何を感じているかでもない。異質と感じるものをみなはじいている。自分の中で、怒りを感じているとか、喜びを感じているとか、そういう言語表現自体が消えている。それを突破するにはどうしたらいいかっていうことを考えてレッスンをやってきていますが、ここ二、三年で変わってきているかなと感じます。

どう変わっているかというと、たとえば、ある体験をする。今の親父さんの話でもそうですけど、アーッと気がつくことがある。気がつくことがあったら、そこからその人はその体験を基に変わりはじめていくだろう、少しずつでもね。今までそういうことを期待して私はレッスンをしてきたんだけれども、近頃はそうじゃなくて、あっそうか、で終わってしまう。アーッと言ってそこから変わるんじゃなくて、あっそうかって理解して、「いい気づきがありました」とノートに取って、ファイルして書棚にしまっておく、という感じなのです。つまり、知識は積み重なっていくけれど、自分のからだの存在の仕方自体は変わっていかない。そうすると、レッスンの仕方を変えなければいけない、と私は思ったわけです。これが夏の終わりから最近までのことで、ずーっと考えながら自分のレッスンを少しずつ切り変えてきた。まだ、よくわかってはいないんですけれど、たしかに変わってきています。

日本人の人間関係に「あなたと私」は存在するか

竹内 ということがあって、ここから翻訳の話に戻るんですけれど、そのときに考えたのはこんなことです。私は、自分のことばが劈《ひら》かれたときに、人と人との関係を考える中で非常に参考になったのがマルティン・ブーバーです。ブーバーの Ich-Du と Ich-Es という二つの根源語という考え方ですね。私はそれを、自分の体験をはっきりとわかりやすく表現してくれる言葉だと思ったわけです。相手と一つになって感じる Ich-Du の関係。しかし社会牛活のなかでは Ich-Es であって、対象として相手を見て、対象物として扱って、それとの関係を何とかするという具合になる。ところが私は言語障害者でしたから Ich-Es の方がうまくいかないんです。言葉の「物を対象化する」という特性は、言語発達と明確に関係があって、ほとんど一つだと言ってもいい。それで言葉が不十分な人間は Ich-Es がそんなに簡単に成り立たない。しかし、社会生活の中ではそのことが決定的に必要であって、それがなければ社会生活が成り立たない。だから Ich-Du と Ich-Es という二つの世界をどうやったら統合できるか、あるいはどうやったら行ったり来たりできるかというふうに考えていたわけです。

ところが、Ich-Du という関係、これは私の中では、根源的な体験として「ことばが劈かれるとき」に伴う体験があったんだけども、そうではなく、一般的なレッスンとしてやる場合にはどうなのかといろいろやってみる。そうしているうちに、妙なことに気がついた。日本語は、Ich-Du という構造を持っていないのじゃないかと気がついたんです。

たとえば、皆さん、笑うかもしれないけど、「大きな栗の木の下で」という歌があるでしょう。

（「〽大きな栗の木の下で～」と歌いながら）

この「栗の木の下で」っていうのはおかしいと思いませんか。栗の木の下で歌おう、遊ぼうって人がいるかねって聞くと、誰もそんなことを思ったことがない。秋だったらイガ栗が危なくってしょうがないし、春だったら花が臭い。栗の木の下で遊ぶなんて絶対にあり得ない。それなのに、何で何十年も不思議に思わないで歌っているんだろう、そのことがだいたいおかしいと思うけども。

三井　翻訳の問題ですね、これは。

竹内　翻訳の問題なんだね。調べたら栗じゃないらしい。もとは栗じゃなくてマロニエらしい。

一同　そうなんだぁ。

竹内　それを栗と訳したのは戦後、他にもあるんです。まあ、その話はいいとして、問題は後半だ。

（歌いながら）

「〽あなたと私～、仲良く遊びましょう　大きなマロニエの木の下で～」って、こうなるんですが、「〽あなたと私～」あの振り付けを覚えていますか？　覚えてらっしゃるならやってみて。

「〽あなたと私～、仲良く遊びましょう～」

（あなたを指さし、自分を指さし、そして自分の胸に右手左手を交差させて置く仕草をする）

「その振りで、仲良く遊びましょうって感じになる？」って聞くと、みんな変な顔してね、「ならない」と言う。自分の中に閉じこもっているっていう感じしかしないと言うんだ。だから、こういう振り付けをやっているってことがそもそも変なんだ、っていうこともレッスンで言う。

しかし、よくよく考えてみると、問題は「あなたと私」です。こういう言い方は日本語にはないんですよ。「仲良く遊びましょう」って言うのなら、いきなり、「仲良く遊びましょう」になる。せいぜい、「あなたと遊びましょう」はあるけれども、「あなたと私」なんて言ったら、『OK牧場の決闘』みたいなもので、途端に対決になっちゃう。「あなたと私」って言うと、あなたを対象化し、自分を対象化してその間に関係を作ろうとして、あとは決闘、ピストルしかない（笑）。だからね、Ich-Duを「我-汝」って訳すでしょう。こう訳すってことが、日本語としては違うんだよね。

稲垣　そうですね。

竹内　全然違うでしょう。では一番近いのは何か、しょうがないから、括弧で括って平仮名で「われ」と「なんじ」とする。遊びましょうという私たちの体験に「あなたと」ということはあるけれども、「あなたと私」はない、ということです。

「あなた」という言い方ね、皆さんなさいますか。私は、「あなた」って言うんです。なぜかと言うと、私は言葉に障害があったものだから、二十歳を過ぎて、改めて自分を何と呼び相手を何と呼んだらいいかと、自分で決めなくちゃならなかった。自分で喋るそのときに考えたんです。子どもの頃からいくらか入っているのは「君」「僕」です。しかし、君と僕というのは上下関係でしょう。この話をするとまた長くなりますけども、「君」「僕」っていうのを誰が始めたかご存知ですか。これには起源がある。高杉晋作です。

稲垣 あっ、そうですか。

竹内 「君」「僕」という言い方は、徳川幕府の中期以後に、漢学者か儒学者たちが手紙を書くときに、「何々君は〜」とか、「僕は〜」という使い方を多少していたらしい。それで幕末、高杉晋作が奇兵隊を作るでしょう。あの奇兵隊というのはそもそも名前が奇妙ですが、「正兵」に対する「奇兵」ですね。「隊」は、正規の軍隊でないことの表現。正規の軍隊は、その頃は「組」です、「新撰組」のように。「奇兵隊」というのは、したがって、正規の軍隊ではないと、名前で言ってるわけです。そうすると、農民だの商人だの足軽みたいな下級武士だのがごちゃごちゃ入る。これはそのままでいたら平等関係が作れない、小隊が作れないわけです。「拙者はっ」と名乗る下級武士に、平民が「へえ」とか言ってたんじゃどうしようもない。どういう呼び名を採用しようかと考えて、「君」「僕」を採用した。そうすると、向こうが水呑百姓でこっちが下級武士であっても、「君」と言ってへりくだらなきゃならない。で、こっちは「僕」。始めはずいぶん抵抗感があったと思いますが、そうやって言葉で平等の感覚をとにかくも作っていったわけですよね。高杉晋作は天才だと思います。

三井 なるほど、そうなんですか。とすると、「私–あなた」の対等な関係とはずいぶん違うものが、日本人の「私とあなた」の言い方の元にはあるわけですね。

稲垣 「僕」は下僕ですからね。

竹内 ええ、そうです、「しもべ」ですからね。それに「ぼく」っていう音がよくないでしょ。

三井　濁っているっていうことですか。

竹内　きれいな音じゃないんだ。「きみ」はまだいいけれど、「ぼく」は非常に言いにくい。それで、私は二十歳を過ぎて喋り始めたときに、仕方がないから「私」と言うことにした。子どもの頃からの「ぼく」が残ってはいるんですけどね、選んで言うとしたら、「私」「あなた」と言うし、子どもに対しても「あなた」って言います。「オイ」とか、名前を言うとかはしない。「あなた、ちょっと来て」という具合。それで、みんなとレッスンしてみたら、「あなた」という人はほとんどいないんだ。

三井　そうですね。

竹内　相手を呼ぶのにどう呼ぶんだろう。三井さんはどう呼びますか。

三井　私は「あなた」と呼ぶことが多いんですけど、『あなた』って言わないで」って嫌がられることがあります。どうしてでしょうね。夫婦の間で妻が夫に「あなた」と言うことが多いので、「あなた」と呼ばれると特別な関係を意味しているように思うんでしょうか。

竹内　ああ、なるほどね。

稲垣　男性が、女性が？

三井　男性側です。僕はあなたの夫じゃないです……というふうに。

稲垣　私なんか「あなた」と呼ばれたら嬉しいけど。

竹内　レッスンで聞いてみると、みんな全部個人名で呼ぶのね。

奈良　大阪では子どものとき、自分のことも「自分」だったし、相手のことも「自分」って言いましたよ。私も自分で、相手も自分。「自分、それしたやんか」っていう具合に。よく考えてみたら、立場を入れ替えている。大人になると「ご自分は?」とも言う。「ご自分はいかがですか?」って。

竹内 「自分」という言葉は、日本では軍隊用語でしょう。「てめえはっ」ていうと、手前といいながら相手のことですね。私は専門家ではないのであまりよくわからないけれど、自分を指すことばが相手に移っていくのは、これは日本語の特徴らしいですね。

奈良 「神よ、あなたは」っていいますね、神様も「あなた」ですよね。

竹内 そうです。「あなた」って言葉は、本来そういう場合に使うものですよ。「山のあなた」っていうのは「向こう」のことでしょ。「そなた」で「あなた」より近くなって、「こなた」になると自分だよね。だから「あなた」っていうのは、ほんとうは遠くにいて敬うべきものだったわけだ。

そう言われて思い出すのは、子どものとき、浅草では「あたい」それから「てめえ」というのがありました。二十歳までは「あたい」なんです、女の子も男の子も。それが軍隊に入って帰ってくると、「自分は」になってる。軍隊で「自分は」という言葉を覚えてくるんです。

稲垣 翻訳の話に戻すと、たぶん日本語ほど、Ich の言い換えの多い国はないんじゃないか、という話になりますね。Du に相当するものが無茶苦茶たくさんある。で、これは簡単に言うならば、階級とかいろんな身分関係の問題で……。

竹内 上下関係が全部透けている表現というか、構造化されている。

稲垣 関係性が細分化されて、「私」と「あなた」の呼び方がどんどん細かくなっていく。けれども、ドイツ語はIchとDuしかないんですよね。IchはIchしかないし、Duは、Duとちょっと丁寧にいえばSieとなる。この二つしかない。

竹内　Duの方は、語感があんまりよくわからないけど、ブーバーに言わせると大事なものですね。

稲垣　Duは親称ですから、関係が近いんですよね。

竹内　「あなた」って呼びかけよう、「あなた」と言おうとするとね、「あなた」と呼ぶ関係に入ろうとする動きがあるのを感じます。ある親しさみたいなものが動き始めるときに「あなた」って言うと、ぱーっと遠くなる。「あなた」と名付けた途端に、遠くになっちゃうんですよね。

三井　そういう感覚、ありますね。日本語の「あなた」が遠いということを意味していることと関係しているかどうかはわかりませんが、身近な人を「あなた」と呼んだとたんに、なんだか、遠い他人のような気がするし、そう呼ばれたら、あれ、と思ってしまったりするというふうに。

竹内　うーん、その感覚はたぶん共通してると思う。だから、あなたという関係に入りたいことを強いてブーバー式に言えばIch-Duになろうとするわけですが、なろうとしてDuって言うとすると、対象に代名詞という名前をつけて呼ぶことになるから、相手との間に距離をとることになります。だから、日本人が、ブーバーが言うIch-Duを理解しようとすると、自他が分離する以前のことを考える。しかし、ブーバーが言っているのはそうじゃない。離れている者の間にも、Ich-Duが——じかに一つになると言ってもよいと思うのですが——そういう体験が成り立つんだということをブーバーは言っている。それを日本語に訳して、ちゃんと解決しようとしていくと、いつもそういう問題にぶつかってきた。ということに、実は今年の夏に気がついた。
そうすると、他者にほんとうに触れていこう、他者とほんとうに関係を作るという努力をしようとするときに、何が手がかりになって、ほんとうに手が出せるかというレッスンのやり方、組み立て方を、その手前のところからあらためて成り立たせなくちゃいけないという問題にぶつかって、ああでもないこうでもないと、今やっているという状況です。今ね、そこにぶつかっている。
稲垣　今の若者には Ich-Es が増えちゃった。そういう人がどんどんどんどん増えている。
竹内　Ich-Es が増えた。一般的にはそうだよね。
稲垣　それが、Ich-Sie にもならない。まして、Ich-Du には決してならない。私の距離感覚では、Ich-Du があって、そのさきに Ich-Sie があって、そのまた向こうに Ich-Es がある。だから、そういうレッスンの中で、日本語で Es はどういう風に呼ぶんだろう。相手を呼ぶときに、Es の場合は。
竹内　だからね、それはないんですよ。
稲垣　呼びようがないんですよね。
竹内　ないんです。強いて言うとすると、「あいつ」ってことになる。
三井　「あの人たちは」と言うと、まったく理解不能な別の次元の人たち、という意味を含んでいるようですものね。

周りに人がいることを認識しない Ich の世界

奈良 近頃、車内で化粧をしてる子を見ます。化粧はトイレでしろよって思いますが、私が前に座っているのに、この子の世界には私なんて見えないんでしょうね。

三井 そういうことですね。自分の世界に他者はいないという状況。

竹内 いないんです。そうなんですよ。だからそういう関係が成り立っているっていうことをまず認識することが大事なんだ。それで、何でそうなったのか、これからはどういうことになるかな、となる。文科省なんかはどういうふうに考えているんですかね。

稲垣 もうお手上げでしょう。

竹内 そういうふうにはあんまり考えていないのかもしれないし。

奈良 化粧に関していえば、車内で化粧をするということは、国によってはハウマッチの世界になっちゃう、男性から見たら。

三井 娼婦ってことですね。

竹内 声をかけられても文句は言わないっていうサイン、になるわけだな。

奈良 でも日本じゃ、違う。化粧している人は、周りの人をただ見ていないだけという感じです。

竹内 他者という世界がないってことですね。自分の世界で全部になっているから、そうなる。

奈良　それで、こっちが注意したら、「うざい」になってしまうんですね。

松本　このあいだ、ゼミの授業で教室に行ったら、女子学生の一人が鞄から鏡を出して化粧をしていたんです。私が座って出欠をとって、ノートを出してもまだそうしているから、それはいけない、授業が始まっているでしょ、それは外国ではこういう意味になるんだよと言うと、学生が「先生、それ、セクハラ」って言う。

竹内　セクハラって言ったんですか。

松本　はい。それはちょっと違うだろって言ったんですけど、結局、それでは、新しい関係が作れない。「セクハラだ」と言うことで、叱られることに対してシャットアウトしてしまうので。

竹内　「うざい」なんですよ、結局は。

松本　ええ。「セクハラだ」と言うのは「うざい」ということの表現ですね。「そんなことを言うと、あんたなんか私たちの世界からはねつけますよ」という手段として、「セクハラ」という言葉を使う。

三井　そう言った彼女にとって、教師はEsという存在というか、もう見えない人なんでしょうね。それで、ごくごく親しいDuだと思っている友達しか自分の領域に入れない。けれども、実はそれはほんとうのDuではない。

竹内　DuじゃなくてIch、全部Ichなんだよ。

三井　そうですか、それはIchなんですか。

竹内　強いて言えば、Wir（私たち）だろうけれど、Ich、Ich、全部Ichなんだ。Ichでないものは「反」。

それで、こういう関係をどうやって突破するかっていうことが大きな問題だろうと、私は考え込んでいるわけです。

三井 Ichで一杯ということに関連して、さきほどの親子のエチュード、お父さんが子どもの言ってることを、あっそうかと聞いてあげる話を思い出しました。子どもが自分はこうしたいと説明する、親は子どもが言うことを、うん、そうか、それで、と聞く。ここからはちょっと先ほどの話とは違うんだけれど、親の方が、私はそうは考えない、こういうふうに考える、と子どもに言うとする。それでも子どもは、いやそうは思わない、自分はこうだと言う。そこで、あれこれやりとりをして、親が私の考えはこうだけれども、あなたが考えていることは了解しましょうと、結果がそういう状況になるとします。そういう形でも、それはそれで親が子どもを「理解する」ということだろうと実は思っていたんです。しかし、そういう形では、本当に理解したことにはならないと気がついた。

竹内 はい。

三井 これまでいろんなレッスンを受けてきたのに、わからなかったんです。さっきの話で言うと、理解するのはたしかにIchなんだけれど、誰かを理解するということについてはIchがあることが邪魔になるというか、Ichをなくさないと、つまり、こちらが「からっぽ」にならないと本当の理解というものは成立しない。

竹内 それはね、いま私は「はい」って言ったけれども、あなたのその質問を、どこか別の場所でしたとしても、「はい」という返事はあまり返ってこないと思う。なんでそれが理解したことにならないのかっていうことを、よほどあなたが説明しないとわからないだろうと思うな。

三井　とは、どういうことですか？

理解ということ

竹内　スタニスラフスキー流に言うとアンダーカレントと言うんだけれど、この言葉が今のこの状況の中で、なんでそういう風に出てくるか、このアンダーカレントがわからないと、言葉を理解したことにならないわけだ。で、うわべっていうか、そこのところだけでやりとりしても、ほんとうのコミュニケーションは成り立たないんです。それで、あなたの言うことはわかるよっていう話ですが、問題は、あなたの言ってることが何かということです。いま喋っている言葉があなたの言ってることなのか。

三井　違うと思います。

竹内　芝居の方から言うと、喋ってることがあなたの言うことじゃない。あなたの言うことはもっと下のところに隠れている。

三井　そうです。

竹内　本当とは何なのか。まあ、わかりやすく言えば、嫌い嫌いも好きのうち、みたいなもんだ。

三井　は？　どういうことですか。私が言いたいのは、アンダーカレントの部分を理解したとしても、自分の考えを持ちながら相手の考えを受け止めるのでは、理解したとは言えないんだなぁということなんです。相手がその考えに至ったプロセスを聞いてわかったとしても、こちらに別の考えがあったのでは理解したことにはならないと……。

竹内 いや、つまり、その過程をどう理解するかという問題にかかるわけです。たとえばさっきの話で、この学校やめて、今度はこういう道を選びたいと言ったとするでしょ。本当はね、学校をやめたいのか、こっちの道を選びたいのかは、子どもの中でもはっきりしていないんだよ。もし、本当はやめたくないんだけれど、やめるということにしたら逃げられるからとにかくやめる、っていうことだったら、やりたいことを見つけたというのは、その口実に過ぎないわけだ。口実なのか、ほんとうにその人が自分の中からそういうことをやりたいと思っているのかを見極めるのは、当人自体だってはっきりしてないんだから、こっちがぶつかっていって、それは嘘だろうとか、何とかだろうとか言って、取っ組み合いをする以外に方法はない。相手のことを信用したって、相手自体が、そう明確に自分が言いたいことを言っているのかどうか、わかってないんだから。

だから逃げ出したいならね、逃げ出すってことがいいんなら、逃げ出すことに焦点を当てて、決めればいい。ところが、自分はこっちをやりたいからと言ったら、途端に嘘になるわけです。

稲垣 「じか」というポイントを軸に、竹内さんを囲んで考えてきたわけだけれど、今日のお話を「じか」ということから言うと、今の若者がどんどん閉じる方向、「うざい」というところに行っちゃって、全部が Ich になっちゃった。「じか」ということが、ますます遠くなっている。そういうふうに「じか」

という経験が希薄化していくと、どこかでポンと肩を叩かれて、「擬似じか体験」みたいなことをすると、ころっと行ってしまうような、逆にそういうことになりかねないと私は感じる。かつて某宗教団体が、理系の学生さんの肩を叩いたようにね。

それで、私は「じか」ということの周辺で渦巻いている問題というのは、翻訳やら、文化の問題やらいろいろな話が出てきたけれども、その根っこにあるのは宗教の問題だと思っている。これは、世界宗教的なキリスト教とか仏教とかいう大文字の宗教だけじゃなくて、もっと小文字化された、個々人の非常に単純というか純粋な信仰心みたいなもの、あるいは土着信仰みたいなものを考えてもいい。そういう、困ったときに寄りかかったり、すがるものについて、表街道、すなわち学校教育の現場では一切語られなくなっている。どこかではこういうものが、細々と生きているような気がするけれど、しかし表向きは語られてないから、非常に免疫が弱い。宗教性に関する免疫力がない。だから「なんとか教菌」みたいなものに肩を叩かれると、すぐに伝染してしまう。

ここにいる我々の年代は、子どものときからどれだけ自覚的であったかどうかはわからないけれども、大なり小なりいろいろな、「じか」に触れるような経験をしてきていると思う。たとえば私の田舎で言えば、祭りのような年中行事、その祭りでは一カ月、毎晩のように、地元の有力者の家に集まって稽古をする。そこでそれを教えてくれる大人からいろいろ言われながら、そんな程度ではお前は出せないよ、なんて言われて、また一所懸命やる。そういった行事や村のしきたりにおいても、親と触れ、年齢の違う人と触れ、いわゆる他者経験っていうものがあった。けれど今、そういうものが家庭の中でもなくなって、社会の力、社会の教育力っていうものもなくなってきている。逆にメディアの影響が、子どもの成長にとって非常に強烈な刺激になっている。生身の人間が「じか」にふれあう機会がなくなってきている。あるいは壊滅状態にあるといってもいいと思います。

いまこそ「からだそだて」を

三井　林さんは、竹内さんの本をずいぶん以前から読んでおられて、最近の授業では、竹内敏晴さんに手紙を書こう、というテーマの課題を出したという話を伺いましたが。

林　一番古い日付を見ると二〇〇一年くらいになりますが、毎年一回か二回、私にとってはバイブルとも言える『ことばが劈《ひら》かれるとき』を講義の教材として必ず使っています。この授業は、スポーツ、イコール体育だと思っている学生、からだのことに無頓着だと感じられる学生が多いと感じたので、からだについて少し考えてほしいという思いで、今まで当たり前と思っていたスポーツや体育やからだについて、一度徹底的に考えてみませんかという趣旨でやっています。

最初にスポーツは健康にいいとか、からだにいいとか、ストレスの発散になるとか、いわゆる一般的にスポーツの効能としてあげられている思い込みをはずすことから入っていきます。それで、自分が受けてきた体育について、今年は、中学校に限定して、中学校の体育にあなたは何点つけますかという質問を百人くらいにしました。そうすると、概ね満足しているんです。満足していない点を挙げてもらうと、自分は先天的に運動能力がないから、運動の能力そのもので採点される体育は嫌いだというのがほとんどで、採点方法に何かしら工夫があれば、または種目を選択できるなどの工夫があれば自分はもっと高い点をつけた、と言う。しかし、私はからだそのものについてはほとんど触れられずに来てるなという印象を持ちました。理由の中に、からだについての記述がほとんど見られなかったからで、体育の中で「からだ」というものが意識されることがないのだと思いました。それで、竹内さんの『ことばが劈かれるとき』を紹介したわけです。

その中で、体育を、体育課程、社会課程、技術課程という三領域で構成される「からだそだて」とし、「からだそだて」が全教科の基礎であると位置付けていることを取り上げました。体育はスポーツをするだけではない、もっと広い領域を含むもので、からだと向き合う教育だということを学生に感じてほしかったので、この部分をピックアップしました。その中の技術課程に「書き言葉の作文」ということが出てきます。そこでは抽象的な文章を書くことはできるが、誰かに宛てた文章を書くことがないと指摘されています。そこで竹内さんに宛てた手紙を書くことを行なったわけです。

それで、竹内さんについて一応説明したあとで、「では、これを一回読んだ印象で、『竹内敏晴様』で始める手紙を書いてください」という課題を出しました。その際、来週お会いするので、竹内さんにお見せするかもしれないということを伝えました。二十分くらいだったんですけど、

（B6の用紙に書いてある学生の手紙を見せながら）

こういう感じで書いてくれています。「ケンカの仕方」に関心を持った学生が多かったようで、た

とえば、「正しいケンカの仕方を教えてもらったことがないし、人と争わないように教育されてきた。その結果、人間関係が非常にうまくできていたという印象は持つが、本当は人との関係を構築できていなかったのかもしれない」などと書いています。また、竹内さんの言う体育は体育ではないと感じたという学生もいました。「じかにものを作る、いかに人間関係を作るかなどは、大切だと思うが、それが体育だと言われると、自分が受けてきた体育と大きな隔たりがあり、同感するが受け入れにくい」という意見や、「体育をこのような内容で教えてもらっていたら、今の自分とは違う自分があったかもしれない」という意見もありました。

竹内　その代表的な手紙というのを一つ読んで聞かせていただけませんか。

林　はい。では、技術家庭科の先生になろうとしている学生の手紙を紹介します。『ことばが劈かれるとき』の「からだそだて」に「仮説を立てて進める」という項目がありますが、その点に興味を持ったのではないかと思います。

「自分は工学系なので、起こりうる事象を理論で導き、実験を行い、結果を出すことを今後していかなくてはいけないので、『仮説を立て実験し、検証する』を、今後の自分のあり方を考えるため、特に重点的に読みました。物理も物の理を耳で聞き、頭で想像するだけでなく、実際に目で見て観察し、自分なりの結論に達することで初めて身につくと自分は考えており、本文にあるように、理科、今回は物理には、正確な観察が不可欠であるということにとても共感しました。そして仮説を立て、実験し、検証するだけでなく、導き出した結果をどのように今後利用するかが必要だと思いました。」

もうひとつ紹介します。

「今回この文を読んで、一番印象に残ったのは、ケンカの仕方の部分です。自分が幼かった頃を考えると、周りの大人たちはケンカをさせないようにしていたと思います。特に母が顕著で、私が父と小さな頃から頻繁に言い争っていたのを、すぐに止め、それが、お互いの気持ちを分かり合うことや、自分の悪い部分を理解して改善する機会を奪ったように思います。それがなければもう少し私と父との関係もましなものではなかったかと思うと、他の部分は尊敬している母だけに悔しく思います。個人的には『からだそだて』というよりも、人格形成を含めた『ひとそだて』と考えれば、理解することができました。私の中のからだに関する固定観念からなのか、からだという言葉に少しひっかかりました。」

この学生たちは、毎回面白いなと感じることを書いてくれます。授業の最後の二十分くらいで書いてもらい、出来上がった学生から提出してもらいますが、私が読み終わるまで帰らないんです。

竹内 なるほどね。私は、レッスンのあとの感想というのは受け取っているんだけど、本を読んで討論した結果というのは拝見したことがないので、あとで是非、拝見させていただきたい。

問いかけ、選んでいくことの中に、生きていくことがある

竹内 本を読んでレッスンを受ける人は、たいてい私のことを怖い人だと思っているらしいんです。人を見た途端にパッと分析して、なんか批評されるんじゃないかって身構えて来る人が、昔はずいぶ

ん多かった。この頃はそうでもないんですが。

稲垣　怖いですよ。いや、一所懸命読めば読むほど、怖いですね。一番重かったのが木田元さんと対談なさった『待つしかない、か。』です。あれは堪《こた》えましたね。

竹内　どういったところが堪えましたか。わからないんです、私には。

稲垣　木田元さんとの話を読んでいてわかるのは、ものすごい勉強をされて今の「竹内レッスン」が成立しているってことです。その理論的な裏付けになる思想や哲学の話が、相手が木田元先生だからということもあったとは思いますが、ぽんぽん出てきます。実際にこうしてお会いしていると安心するんですけども、活字って冷たいメディアですし、音が聞こえてこないですから。そうすると、ここまで一所懸命に考えられているのに、喋るときにはやさしく話されるんだあと思って、あまりわかったようなことは言えないなと、そういう意味での怖さです、私の場合は。

三井　タイトルが『待つしかない、か。』となっています。しかし、レッスンでも書かれたものを読んでも、竹内さんは待ってはいない人だと思いますが、そんなことはないですか。

竹内　あの題名は編集者から出てきて討論して決めたんです。たとえば、さっきの話じゃないですが、他者がどんどん消えていく、これをどうしたらいいんだろうというときに、私は待ってはいない。よくわからないと思いながらも行動します。だけど、それで事態が動くか動かないかっていうことは、個人がどう働きかけるかということだけで成り立つことでもない。

自分がこういう状況の中にいれば、これだけのことは、とにかくしなきゃいけない。いけないっていうより、そうすることが自分が生きることだ。それを、実感するというか、成り立たせるためにレッスンをするってことなんだけれども、それがほんとに成り立つか成り立たないかっていうことを、たとえば日本の状況とか世界の状況とか、グローバリゼーションとか、資本主義がどうのとか、そういうことまで含めれば、さっき言ったみたいに、日本語の「私-あなた」の中ではどうも成り立ちそうもないけど、それではいったいどんなふうに成り立っていくかということを見据えるというかな、腹を決めようというようなことがあります。なので、「待つしかない、か」なんだ。

三井　そういうことですか。『待つしかない、か。』というタイトルの、「しかない」と「か」のあいだに読点がありますでしょう。だから、この状況で待てというのか、いやただ待ってはいられないというふうに、私は勝手に反語だと思っていました。

実は、竹内さんの『生きることのレッスン――内発するからだ、目覚めるいのち』[11]が出たとき、これで一区切りがついたと締めくくってあることが私には不満だと申し上げたことがあります。単純に、これからももっとたくさん書いていただきたいと言いたかったのですが、そのとき竹内さんは、あれはそこが一区切りということであって、また新しい問題が見えてきたとおっしゃった。それをうかがって嬉しかった。

というのは、私の疑問というか腑に落ちていなかった部分を補ってもらえたような気がしたからです。レッスンの中で感じるものや発見があっても、その場を離れたら、もうすっかり現実の、色んなものをいっぱい着込んだ世界に戻っていく自分に対して、私自身はちょっと不満だったんですね。レッスンの場とそれを経験した後の場、つまり日常生活ですが、それが同じになることは無理だとしても、一旦脱いだ余分なものは着ないで日常に立ちたい。だから、レッスンと現実とをどうやったらうまくつなげていけるのか、統合できるのかなっていうようなことを、いつも思っていたんです。それはレッスンの問題としてではなくて、その後の自分自身の問題としてです。

『生きることのレッスン』の最後の部分では、これと重なることを竹内さんが書いておられた。レッスンに参加して、世間的な意味で「元気になる」という地点に落ち着いてほしくはないと。それを読んだときすごく嬉しく思いました。このレッスンという区切られた場所、この結界の中だけで、レッスンが完結しているっていう錯覚に陥っちゃいけないと思ったんです。

竹内　本そのものから言うと、あれはまだ後に書いたものがあるんです。だけどそこまで書いちゃうと問題が広がるからここで切ろう、っていう編集者の意図があって、最後に切ったということがある。だから、ある意味で完結してるっていう感じはあるかもしれないですね。しかし、統合するというのはうまい言葉だけれども、私はあんまりそうは思わない。統合するっていうふうに考えたら、絶対に Ich-Es の方に絡め取られてしまうと私は思っている。Ich-Es の世界の中で、なんていうのか、ある意味で灯がともった、火花が散ったからだで立ったというときに、その Ich-Es の世界がどう見えてくるかということにおいて、一人一人が生きていくっていうことです、私に言わせると。そこには

(11) 竹内敏晴『生きることのレッスン——内発するからだ、目覚めるいのち』トランスビュー、二〇〇七年。

ギャップがあるに決まっている。だから、統合というよりはむしろ問いかけであって、一人の人間としてその瞬間その瞬間に選んでいく中に、いかに人が生きていくかということがある。そういうのが私の感じ方です。統合したうまい生き方が見つかって、それを生きるっていうふうには私は全然考えない。

三井　それはそうですね。レッスンで灯がともったからだで、また Ich-Es の世界の中に入っていかざるを得ない。そのときに、Ich-Es の方にあまりに簡単に絡め取られてしまう自分っていったい何だ、という苛立ちでしょうか。レッスンという結界でからだでつかんだことが、どうして現実の生活ではうまく出てこないんだというもどかしさというか。

主客未分の状態のままDuを呼び出す——われ、なにしとんねん

瀧元　お話を伺いながら思いついたことがあるので、確認をしておきたいのですが。

竹内　ついに発言したね（笑）。

瀧元　Ich-Es の方に絡め取られてしまうということにも関連しますが、さきほどの「うざい」という言葉を使う子どもたち、若い子たちの、Ich の世界という話を聞いて、なるほど、そういうことがあるんだなぁ、と納得していました。ただ、今日のお話の中で、それは Ich-Es の世界ではないとも思いました。要は、他人のことも「われ」や「自分」と言う。そして、自分のことも「自分」と言うというのは、Ich の世界じゃない、と。

竹内　それがIchの世界だとは私も言わない。

瀧元　それで、こういう風に理解したらどうなのかなって思ったので確認させてください。さきほど例としてあげられていた「われ何しとんねん」という、喧嘩の場面での言葉のことです。たぶんそこでは、自分に何かモヤモヤとしたものが確実にあって、「自分の中に何かがあるのに、その感覚が反映できてなくて、いったい何なんだ」という思いをそこにぶつけているのかなと思ったんです。そこで自分を確認しているっていうのかな。「私はこうだと思っているのに何で違うの？」という気持ちが「われ何しとんねん」という言葉になる感じなのかなと思ったんですね。

三井　はあ。これは、またすごい解釈ですね。

瀧元　だから、自己確認でもあるし、相手の確認でもある。「あなたはどう思っているの」を「われ何しとんねん」というふうに言い換えているとすると、それはちょっと面白いんじゃないかなと思いました。結局そういうふうに言うことで、むしろ逆に、「あなたと私」が現れてくる。

竹内　そうです。そうです。

瀧元　だから、その前の段階で、竹内さんが言われていたように、日本の言葉としてはIch-Duがまさしくないんだなあと思いました。全部Ichの世界じゃないかというのも腑に落ちました。それで「われ」とか「自分」とかと一緒にしているのと、Ichの世界とは違うということに、納得がいったつもりなんです。それが一つ確認したかったことです。

次に、このごろの学生のメールを見ていると、ものすごく短いんです。あれは、言葉をもらってその言葉に反応しているというより、それこそIchの世界で、その短い言葉を自分の中でどう膨らますかということだと思うんです。だから、自分がその言葉から何かを発想し、あの子はこういうことを言っているに違いないと想像して自己完結している。自分の中でいい解釈ができる言葉さえ来れば、満足なんだろうと思う。向こうの送り手がどういう言葉を書いているかではなくて。

竹内 あっ、そうか。

瀧元 その言葉から自分は何を連想するか、という状況にあると思うんです。メールの出し方をみていても、言葉が短いだけでなく、名前も書いていません。自分の名前も書かないですし、あて先の名前も書かない。結局自分の言葉だけをぽんっと書いて、それで終わりなんです。それに対する返信で、私の方からは「〇〇君こんにちは。今の件なんだけど、……それではまた。瀧元」と書きます。だけれども、また一文だけ送り返してくるんですね。それも単語だけが返ってきて、「それをどう理解しろと言うの」と言いたくなります。そういうことからIchの世界というのは、結局、自己完結だと竹内さんが言われるのが、なるほどとわかりました。

竹内 Ichの世界というのは、ちょっと正確じゃないですけどね。今の瀧元さんの発言は、さっきの討論に欠けていた部分を補ってくれると思う。つまり、Ich-Duの場合、Duが現れてくるのは、呼びかけて初めて現れてくるのであって、呼びかけなければ現れてこないということです。それ以前は、自他未分の世界なんだな、ほんとは。だから「私–あなた」っていうより前に未分なわけで、自他未分だということは、言い換えれば、自分だけっていうことです。というその中で、他者がすっきり現れるのは、呼びかけられるか呼びかけるかして、そこに人が現れてくる、ということなんだ。だからさっきの、われ、何だっけ。

瀧元　「われ何しとんねん」。

竹内　そうそう、「われ何しとんねん」という言葉は、はっきりと他者を呼び出しているんですね。

瀧元　そうなんです。わからない。わからないから確認したい。「何しとんねん」と。

竹内　だから、そういうふうに自分の中でわからないとなったときに、そこに自分が生まれるし、相手に対して「われ」って言いかけたときに、「我《われ》」ではなくて「汝」が、「あなた」が現れるということですね。だから、その呼びかける言葉がどうやったら成り立つかということ、レッスンではそこのところがポイントで、今、呼びかけのレッスンを作り直しているところなんです。

瀧元　そのときに「われ」って言ってしまうのが面白いと思ったんですね。

三井　「お前」でもないし、「あなた」でもない、一人称で言うところがポイントですね。

瀧元　「お前、何してんねん」と言うのではありません。「お前」と言えるということは相手をはっきり対象化していて、何で「お前」がそんなことするの、と、私の中で「お前」はこういうことするやつじゃない、「お前」はこういうことするやつじゃなかったじゃないかということがある。だけど、「われ何しとんねん」というのはちょっと違いますね。

竹内　それがとっても面白い指摘だと思うのは、主客未分のまんまで他を呼び出しているわけですよね。だから、まさにそれは主客未分から分化していくプロセスだろう。そこが面白いと思います。

メールの話とつながると思うので話しますが、千葉で精神科関係の人たちとのレッスンを五年ほど続けているんです。このあいだ、その中の若い心理療法士、精神科の最初の予備面接っていうのかな、それを担当している人たちだと思うんだけど、その中のある女性と、どこかの大学の心理学科の男子学生とが、「出会いのレッスン」をやった。最初にぱぁっと男のほうが出てきたんだが、その女性じゃない初めの相手とは成り立ちそうになかったので、ちょっとストップって言ってね。ちょっと考えるところがあるから、みんなを見て、この人なら話ができるって人を選んでくれって言った。私には予感があったんだね。まさにその若い女の子を選んだわけだ。それで二人でこう、始めた。そしたら、ペラペラ今度はよく喋るんだな。何の話かっていうとね、夕べテレビで見た、なんだったけかな、私はよく知らない歌手の話とかをやってるんだ。

三井　「出会いのレッスン」の場でですか。

竹内　そうです。若い人に時々ある。それでね、それは過去の話でしょう、「今」の話をしてくれって言った。そしたら、男性が考え込んで喋らなくなっちゃった。そしたら女の人が怒り出して、自分は大事なことだと思って相手に話しかけていたのに、なんで止めるんだと言う。止めたわけではない、「今」の話をしてくれと言ったんだと。つまり、大事な話だっていうのは、当人にとってはそうだろうけど、要は昨日見たテレビか何かの話で、男性も興味を示したからっていうだけなんだ。

それで、男性の方に、話を一所懸命合わせているけど、あんたくたびれませんかって聞いたら、ちょっと黙って、くたびれますって（笑）。片や、女性はこれはうまくいってると思って一所懸命喋っているんだけども、男の方はね、どうやって話をつなごうか、新しい話題を見つけてこようか、と常に今喋っていることのもう一つ先のことを考えているから、すごくくたびれるって。けれども、女性の方はそのことがわからなかったみたいです。

まあその後もいろいろあるんですけども、つまり、今、相手がどう現われてくるかってことを、これは臨床心理の専門家だったから、ちょっと絶望的な感じがするんだけども、今、相手がどうなのかっていう問いかけとか、どういう感じかなどということが全部シャットアウトされているわけです。相手とコミュニケートするということと、話題をつないでいくこととがイコールになっている。先ほどの話にあったメールというのは、私には具体的には全然わからないけれど、今、話を聞いていたら、確かにあなたが言うとおりで、自分が気に入る投影がうまくできれば、それと決着するっていうだけの話だろうと思うんです。話題というのがそういうふうになっている。だから、メールというのに「今」はないですね。「今」というのが成り立ちようがないんだ、これは。だから、そこを丁寧に考えてみるとどうなるのかな。ここから先は、まだ考えてないですけども。

三井　メールでは、読む方は過去に書かれたものを読んでいる、そういう意味でも「今」は存在しようがない、ということでしょうか。

竹内　まぁ、とりあえず今、そういう風に考えて喋っている。

三井　書く者にも「今」は存在しないですね。私ではなく書かれたものが向こうへ行くんで。

竹内　あるのは文字だけだものね。

三井　それで、相手にどう届いているかわからない不安っていうのはあります。

竹内　ただ、そういう、言葉だけでも、その言葉を超えてほんとうの声が聞こえてくることがあり得るわけで、それはまあ、最上の形で言えば詩ですね。詩というものはそうでなければ詩にならないと私は思っている。だから詩に匹敵するような何かが出て来ることがないとは言えないと思っています。今日は、皆さんの質問に答えろっていう話だったんで、準備しないでいいなと思ってきたら、そうじゃなくて、なんか、近頃考えていることを喋らされました（笑）。

稲垣　今日一番驚いたのは、この秋からずっと考えていることがあるとおっしゃったことです。凄いと思いました。私だけじゃないんだ、とも思った。何かとんでもない地殻変動みたいなものが、今、着々と進んでいます。それで、どんなジャンルにしろ、一所懸命何かに取り組んでいる人は、そうううす感じている。あぁ、これじゃいかん、と。けれど、大多数の人はほとんど何にも感じないまま流されている。二十年前くらいには「新人類が現われた」って言ってた。それからしばらくたつと、「新々人類」。いまや、宇宙人みたいな、Ich しかない……。

竹内　それがね、そうなってきたんならまだいいけども、「新々人類」だと思っていたら、ほんとは「旧々人類」じゃないのっていうことになりそうなので怖いんです。さっき Ich と言ったけども、結局、Ich それ自体が Es なのかもしれませんよ。

稲垣　なるほど。あれは誰の書いた文章だったかな、電車のなかで、女子高生がしゃがみ込んでお喋りするのが流行り始めた頃に、彼女たちは周りのお客さんを、森の中の木ぐらいにしか思っていない、だからしゃがみ込んで、自分がどういうあられもない格好して座ってるかにも気がつかないで喋っている。周りのものを人間とは思っていない、森の木と同じだと言った。そういうふうに考えると、周りにいる人間はEsになっちゃっている。Esだらけになってる。

竹内 周りが全部人でなくなればね、他者じゃなくなる。

稲垣 他者がいなくなっちゃう。だから、さっきの話で言えば、「てめえ」や「自分」と言うのと同じで、周りがEsになっちゃえば自分もEsになってしまうってことですね。

竹内 自然っていうことが大事だと、よく言われている。それは大事だけれども、日本で自然と言われるものは、本当の自然じゃないと思うんです。だから、自然に戻っていくってことは、実は旧なんだ。旧へ戻っていく。だから新人類じゃなくて旧人類なんじゃないかという、そこが怖いという気がするんです。つまりここでパッとね、何かこう、すぅっと「新大日本帝国」ができてきちゃうんじゃないか、そういう変な感じを持たないではない。そういう意味の怖さです。

稲垣 ヒットラーが現われてきたときの、あの第三帝国みたいな雰囲気もちょっとあるし。

船井 最近読んだ本で誰かが、それと同じような文脈で、「野蛮化」だったか「野獣化」だったか、そういうことを言っていました。たしか茂木健一郎[12]の『欲望する脳』だったと思います。

(12) 茂木健一郎（もぎ・けんいちろう） 一九六二年―。脳科学者、ソニーコンピュータサイエンス研究所上級研究員。

稲垣　野蛮化、ですか。

船井　はい。最近の風潮という文脈で。結局、「わたくし」が「公」になってしまっていて、「わたくし」と「公」の境目がない。「わたくし」が広がっていくということで、つまり、他者の目を全く気にせず自分の欲望を表現する人が増える。それを実行できるのはサバンナであればライオンです。サバンナの強者は、ほしいままに「わたくし」できるわけですね。人間界で言えば、電車の中で周りの目に頓着無く平然と化粧する若い女性や、大きな声で携帯電話の向こうの取引先に語りかける中年のサラリーマンなどは、さしずめジャッカルかブチハイエナでしょう。となると、やはり人間なんだからもう少しちゃんとしようよ、という誰もが納得しそうな声がどこからか上がってくる。

そうすると品格が問題になる。つまり、品格が売れるわけですね。すると今度は倫理の問題が出てきて、次に国家が出てくる。倫理が国家の問題と直結する。

稲垣　軍国主義……。憲法を変えるって言ってるしね。

船井　そういう意味で野蛮化、野獣化っていうのは当たっているのかなと。

稲垣　私は野蛮化という言い方にはちょっと抵抗があります。野蛮化っていうとね、何か文明があってね、上から下を見下ろしているような、そういう感じがする。むしろ、感覚が麻痺してるっていうか、一人一人は感覚を持っているはずなのに、その感覚をフルに使わないで、ほんの一部しか使わないところに来て、感覚が狭まっちゃってるんじゃないか。たとえば侍は、どこから敵が来るかわからなかったし、忍者は感覚を開いていないと危なくてしょうがなかった。ところが、今は安全になってる。子どもの育つ環境は、昔と比べたらすごく安全です。危険を察知する必要がない。だから、持ち合わせている感覚がどんどん狭まっている。あるいは退化してると言ったらいいのか、全然鈍感になっていますよ。野蛮というより、生き物として退化してるんじゃないかっていうのが私のイメージですね。野蛮という言い方の背景には文明対野蛮の構図があるわけで、何かヨーロッパ中心主義的な価値観みたいなものがある。そうやって近代化を押し進めてきたわけだけど、野蛮というのは、ある意味で野性に近いような意味があるでしょう。

船井 そうですね、たぶん。

稲垣 だったら今は野性なんてどこにもないですよ。今の若者には、野性がどんどん欠けていっちゃって、もっと野性を燃やせと言いたいくらい。

どこから立ち上がって人間になるのか

竹内 それだと、やっぱり「からだそだて」をやらなきゃいけないというところに話が戻っていくみたいだけれども、もう一つ大切なのは「呼びかけ」ですね。呼びかける力っていうのを今、私は考えている。対話ということと結びついていることが大事だと思う。呼びかけるっていうのは「呼び出す」だけだからね。呼びかけてどうするっていうと、相手の喋っていることの根拠を問うっていうか、そういうことになっていくのかな。一つの論議というのか行動力というのか、まだそこから先はうまく言えないけれど、私は頭だけでは考えられないので、レッスンして考えていこうと思っている。まだこれからですけど、やっと「呼びかけと対話」ということが、他者っていうことの取り組みとして、私の中で違った形で一つになりそうな気がしている。

三井 呼びかけたいという気持ちが、あるかないかっていうと、みんなある。ないはずはないと私は思っています。ただ、それを持っているっていうことに気づいていないと思うんです。

竹内 かもしれない。気がつかないっていうことが、今、厚い壁になっているんですよね。ブーバーもほぼ似たようなことを言っているんです。気がついていない、と。たとえば赤ん坊は、はじめから外界へ手を伸ばして働きかけようとしている。本来そういう力を持っているというのが彼の考え方です。ただ、本来はそうだろうけども、今は壁が厚くなって、それができなくなっていることとの戦いみたいなところにきている。たぶん、自分を守らなければいけない何かが大き過ぎるんでしょうね、壁を厚く固くしなければいけないってことは。

稲垣 今、若者や子どもたちが劈かれていたら、時代に押しつぶされちゃうのかもしれない。一時「バリアを張る」という言葉があったけれども、自分である程度遮断して、どこかでカプセルの中に逃げ込んでいないと、情報の洪水っていったらいいか、それがどんどん流れこんでくる。だから防衛本能的に、幼いときに本人が自覚する前に、そういう身の守り方ができてしまっているのかもしれない。それで、そのまま大きくなる。今の社会を生きていくにはその方が生きやすい選択だろうという気がしますね。そうでない我々の世代は、えっ、どうしちゃったのって、理解が届かない。あまりの落差にその溝が埋められなくて、私なんかはちょっと焦ってる。

竹内 私は、稲垣さんより十歳ほど年上でしょ。稲垣さんは、戦後民主主義の中で育ってきた人でしょう。だから人間ってものに対するイメージが、自覚的にかどうかはわからないけれど、私らから見ると、まず初めに形としてあるんですよ。それが壊れてきているという感じが、たぶんしていらっしゃるんだと思う。だけど、私らに言わせると、はじめっから壊れているからね。そしていまだに、同じことが繰り返されている。そのどんづまりが今ここにある。大変だと思うけども、敗戦のときと今と、大変さがそんなに変わっているとは思わない。私の実感では。

三井 同じ問題が繰り返されている、続いているということですか？

竹内 人間になることの根底みたいなものがガタガタになっている。どこから立ち上がって人間になるのかという意味では、様相は変わっているけれども、根本的には同じだと思う。

稲垣 言われてみれば、なるほどそうですね。私は小学校三年で敗戦でしたから、三年生までのあの大変さっていうか、メチャメチャさっていうか、隊列行進で学校へ通ってました。一年生のときから、上級生が「敵機襲来！」って言ったらバッと地べたに伏せて、十秒間呼吸を止めろって言われて口を押える。そういう訓練をしていた。今考えたらバカみたいなことやってるわけです。

竹内 ほんとにバカみたいなことやってたんだよね。なんの効果もない（笑）。

稲垣 延々とやったんですよ、私の世代も。それで、小学校六年生がそのリーダーです。その馬鹿馬鹿しさを考えるけれど、いつの時代もそういうおかしなことはありえる。

竹内　それがひっくり返って、こんどは「民主主義」を、同じようにやらされるわけで。だからね、ほんとの根底ということで言うと、そういう民主主義の何十年かが存在したとしても、私は、民主主義はただの制度だけで実質がほとんどないというふうに認識している。人間というものに対しての感覚が、戦前の日本人の感覚とは違ってきているとは思います。でも、何かが起こっているんだけども、その根底でほんとうに確かなことを問うているのかというと、同じようなガタガタがいつまでも続いて歩いてきているという感じが強い。今の若い人たちはそこに入ってしまっている。そしていったいいつ、彼らのからだが反乱を起こすのだろうかって思います。

からだの反乱

稲垣　いや、もう起こしているんじゃないかっていう気がする。
竹内　そうかもしれない。
三井　「うざい」という言葉。飲み込めないまま拒否してしまうっていうことも反乱でしょう。
竹内　そうです。でもそれがどういうふうになるか、私の実感はそこを探っているんです。
稲垣　林さんが話したときに言いそびれたんですが、私は子どものとき、小学三年まで喧嘩ができなくて閉じこもってて、学校で先生に「立って本を読みなさい」って言われても、自分の声が出なくなる子どもだった。いじめられてましたが、三年生の終わり頃に教室で初めて喧嘩をした。あれは新鮮でした。うわぁ、この世界、なんだろうって。しかも勝っちゃったもんだから、自信がついちゃって。

竹内 そりゃあ、自信もつくってもんだ。うわっと真剣にやると、今まですごく強いと思っていた奴が、いっぺんに壊れる。あれは不思議なものですね。

稲垣 凄い経験でした。私はあの初めての喧嘩が、ひょっとしたら初めて他者とじかに向き合ったことだったかなという気がするんです。とにかく、ガァッて向かっていくしかない。それまではいじめられても我慢してるわけです。勝てないから我慢しなきゃって。これ以上我慢できないっとなったときに、全身でぶつかっていく。いっぺんに弾けるというか、爆発して突っ込んでいく。そのときは怖さが一二〇パーセント。怖いんだけどももう行くしかない、っていうような丸裸のじかの体験はあれが最初だった。以後何回も喧嘩するわけですけども、だんだん上手になった。

竹内 だんだん味をしめていく（笑）。いろんな喧嘩の仕方を覚えて。

稲垣 喧嘩の仕方を覚えた。高校時代なんか名人でしたから立会人をやったり。……話が飛んじゃいましたが、今の子どもにはやはり喧嘩の体験が欠落していますね。

竹内 喧嘩は、大勢もあるけど一対一ですからね。いじめはそうじゃないから大変ですよね。

稲垣 一対大勢ですからね。

竹内 そうです。しかし、稲垣さん。あなたの話を聞いていると、民主主義の制度が何とか成り立った時代の教育を受けてきた人だなあっていう感じを持つんです。我々の時代とは否応なしに落差がある。あなたの信じてきたものを信用しないわけじゃないが、ほんとうのところでは信じていないというか（笑）。なんて言ったらいいのか、つまり、私はそれは信用できない、けれども、あなたがそういうふうに生きている力というのは認めるよって言うしか仕方がない。だから、一緒に考えようかとか、一緒に何かしようという感じはするけれど、それがほんとうの私個人ではなくてね、個人というもののベースになっているこの日本人と言ってもいいし、庶民といってもいい、そのベースの中に強固にしっかり立っているもので言うならば、「信じない」ってことが私にはあるんです。個人的なことはどうでもいいんですけども。

だから、私はあまり変わらないと思っている。だから、確かに今は大変です。大変は大変なんだけど、戦後六十年間ずっと大変だったみたいな感じです。

〈幕間〉

二〇一〇年十月十四日

『レッスンする人――語り下ろし自伝』を読む

稲垣正浩

竹内敏晴さんが逝って、もう、一年余がすぎた。早いものである。まだ、ついこの間、握手したばかりなのに……という印象の方がつよい。とてもやわらかな手のひらの感触が忘れられない。

その竹内さんの「語り下ろし自伝」が藤原書店から刊行された（二〇一〇年九月三十日）。へぼ用があって、なかなか読むことができなかったが、今日、一気に読んだ。これまで断片的にしか知られていなかった竹内さんの生涯の前半生が、詳細に語られていて、万感、胸に迫るものがあった。やはり、すごい人生を生きてこられた方だなぁ、としみじみ思う。こういう方と親しくお話をさせていただけたことが、なんだか夢のようである。

わたしとは十三歳違いなので、わたしが生まれたとき、竹内さんは十三歳だったことになる。そう考えるとなんだかとても近しい人に思えてくるから不思議だ。でも、この一三年という年齢差は大きい。だから、同じ時代を生きたにもかかわらず、もちろん、人生の経験知はまるで異なる。とりわけ、第二次世界大戦が終わるまでのことは、わたしにはほとんど記憶がない。それでも、国民学校二年生の夏が玉音放送のあったときなので、戦争前後のことはいくらか記憶がある。しかし、それもほんの断片的なものでしかない。

竹内さんは、この本のなかで、生い立ちから二十歳で敗戦を迎えるまでの歳月のことをじつに詳細に語っていらっしゃる。ほぼ、三分の二は、この部分に充てる熱の入れようである。お蔭で、わたしには、昭和史の最初の二〇年間がどういう時代であったのかがよくわかってきて、とても助かることが多かった。竹内敏晴という特殊個の生い立ちをとおして、生きた、なまの昭和史を垣間見ることができた。幸いにも、竹内さんは大正十四年（一九二五年）のお生まれなので、昭和の年号がそのまま実年齢と重なっていて、とてもわかりやすい。

たとえば、東京オリンピックが開催された一九六四年は昭和三十九年、竹内さんは三十九歳だったということがすぐにわかる。そうか、わたしが二十六歳で、まだ職がなくてうろうろしていたころ、竹内さんはもう立派な演出家として名をなして、大活躍をされていたんだなぁ、とわが身に引き写しながら竹内さんのことを考えることができる。とりわけ、戦後のことは、わたしも同じ空気を吸いながら、時代と向き合って生きてきたわけなので、他人事とは思えないことも多い。

しかし、この「語り下ろし自伝」を読んでみて、やはり、この十三歳の年齢差の大きさを感じないではいられなかった。それは、やはり、なんといっても二十歳で敗戦を経験することの含み持つ意味の重さである。竹内さんご自身もこのことへの強烈なこだわりがあって、このモチーフは何回も繰り返され回想されている。つまり、一夜にして、皇国臣民として培ってきたものが「無」と化し、まったくあらたな民主主義を標榜する国家の国民となることが義務づけられることになったのだから。もしかりに、それらの大転換を理性の力で乗り越えることができたとしても、「からだ」に刻み込まれた記憶は、そうは簡単に消し去ることはできない。そういう「からだ」を引きずりながら、その「からだ」の上に新たな約束事を刻み込まなくてはならないのだ。これは容易ではない。

二十歳で敗戦を迎えた青年にとっては、それまでの人生をとおして培ってきた生きる指針が「無」と化してしまったのだ。つまり、理性とは別の「からだ」に刻み込まれた記憶までもが否定されてしまったら、人間はどうやって生きていけばよいのか。これが竹内青年の「敗戦」をとおして向き合った「難題」（エポケー）であった。つまり、すべては「0《ゼロ》」となってしまったのだ。その「0」からの出発ということについて、竹内さんは相当のページ数を割き、熱いことばを吐き出している。同じ「0」からの出直しにもいろいろの位相があるということを具体的な例を挙げて、語っていらっしゃる。しかも、そのいずれの生き方にも与することはできなかった、と。

そこで、最終的に竹内さんがつかみとった方法が、みずからの「からだ」が納得する道を探求すること、そこに「信」をおくこと、であったとわたしは読み取った。いくつものメッセージ性の強いことばが随所に散りばめられているので、そのどれを取り上げても「正解」なのだろうとおもう。しかし、わたしの読解はここに行き着いた。

「からだ」は嘘をつかない。「こころ」も「理性」もいざとなれば嘘をつく。しかし、「からだ」だけは嘘がつけない。この真実に、竹内さんは、みずからの耳の病との闘いをとおして気づく。少なくとも三十歳代にいたるまで、常時、難聴。その間、まったく聞こえなくなる時期も相当に長い。音が聞こえない、ことばが聞こえない、ということがどういうことを意味していたのか、と後年、考えつづけていらっしゃる。音声が聞こえない不足を、わたしは「眼」で補ってきたのかもしれない、と回顧されている文章がわたしには強烈だった。そして、初心者にもかかわらず、剣道でも、フェンシングでも、相手の「空き」の部分がたまたまみえたので、そこに手を伸ばしただけだ、しかし、手を伸ばしただけのつもりなのに「からだ」全体が動いている、そういう自分の「からだ」はなんなのだろうとみずからに問いかける。「からだ」には、わたしが気づいていない未知なる部分が、あるいは、潜在能力のようなものが、無尽蔵に蓄えられていることに気づく。

竹内さんは、あるとき、「主体的なからだ」を発見した、とおっしゃる。たしか、「身体」論をとことんつきつめていって、メルロ＝ポンティの理論に出会ったころと記憶する。この「主体的なからだ」は、世間一般に言われている「主体的なからだ」とはまったく正反対のものだ。竹内さんがおっしゃる「主体的なからだ」は、いわゆる、理性によってコントロールされた「からだ」ではない。「からだ」そのものが「主体的」に判断し、行動を起こす、という意味だ。だから、そのヴェクトルは正反対。理性のコントロールが排除されればされるほど、「からだ」は主体的に反応をはじめる。ここに竹内さんのおっしゃる「出会い」の場があり、「じか」の場がある、とわたしは受け止める。この点については、二十三日の名古屋例会で、もう少し踏み込んでお話ができれば……と考えている。

こういう嘘をつかない／つけない「からだ」と向き合うことによって、竹内さんは、だれにも騙されない、だれにも利用されない、自己の「立ち位置」(スタンス)を確立していく。それが、戦前の自己の「身体」との決別でもあったのだろう、とわたしは推測する。竹内敏晴略年譜によれば、戦後間もない二十一歳のとき「自死をはかるが発見されて果たさず」とある。わたしの全身に鳥肌が立つ。竹内さんにとって、「0」からの出直しは、それほどの困難をともなっていた、ということを知る。ここを通過することによって、竹内さんは「魯迅」との出会い(竹内好の講演をとおして)があり、理科から文科への転身をなしとげる。東大文学部では東洋史を専攻。竹内さんの「第二の人生」がはじまる。まさに、一八〇度の転換を余儀なくされる「0」からの出発であった。

竹内さんの最後の公演となった三鷹での舞台は、「民主主義」がテーマだった。詳しいことは割愛するが、竹内さんにとっては、「民主主義」とはなにかという問いが最後の最後まで、終わることのない「問い」として残ったのだろう、とわたしは推測する。そして、その苦渋・苦悩が、わたしには痛いほど伝わってきた。インディアンの仮面の話が、この本のなかにも登場するが、わたしは「仮面」とは別の、もう一つのメッセージをあの舞台から受け取っていた。アメリカの民主主義は、先住民であるインディアンの人びとの生活を否定し、しかも、ほぼ全滅させるというとてつもない「犠牲」の上に成り立っている、という事実をわたしに想起させたからだ。

このさきに触れなくてはいけないことは、竹内さんがおっしゃる「真実」と「事実」の二つが分離していった、という「敗戦」の経験だろう。この問題についても、二十三日に名古屋で、お話をさせていただこうと思っている。

竹内敏晴さんから学ぶことは多い。わたしは、まだ、そのほんの入り口に立ったにすぎない。耳の病と折り合いをつけながら（そんな単純な話ではないのだが）、浦和中学から一高・東大へと進学。敗戦のときには一高の寮の委員長として「学生の動揺防止と翌日の行動の組織に当たる」、そういう竹内敏晴さんの若き日の情熱が、わたしには痛いほど伝わってくる。そことの「決別」、それが、竹内さんの「0」からの出直しだった。

「人間！」とひとこと力強い声で発したときの、竹内さんのあの響きわたるパワーはどこからくるのか、これからのわたしの課題である。このことは、まもなく刊行される予定の『環』（藤原書店）にも小文[1]を寄せたので、そちらでも確認してみていただきたい。

では、二十三日に名古屋でお会いしましょう。

（稲垣正浩ブログ「スポーツ・遊び・からだ・人間」より抜粋）

注

（1）稲垣正浩「『人間とはなにか』を問いつづけた竹内さん」『環』43号、小特集「竹内敏晴さんと私」所収、二〇一〇年一〇月、藤原書店。

〈あとがきにかえて〉

二〇一四年九月十七日

「竹内敏晴さんが問い続けたこと」についての わたしのショート・レポート

稲垣正浩

「竹内敏晴さんが問い続けたこと」[1]……シンポジウムのこの問いに対するわたしの結論は、「人間とはなにか」という根源的な問いであった、ということです。その方法論が「竹内レッスン」。からだとことばをとおして、人間存在の謎に接近していくこと。つまり、人間が存在するとはどういうことなのか。その探索のために編み出されたレッスンのひとつが「じかに触れる」だった、とわたしは受け止めています。

ひとくちに「竹内レッスン」といいますが、いわゆる世間で行われている「レッスン」とはいささか次元が違います。つまり、先生が生徒になにかを「教える」、そういうレッスンではありません。竹内さんは「先生」と呼ばれることを嫌いました。みんなひとりの人間として生きている。人間同士の関係に先生も生徒もない。お互いに人間として啓発し合いながら生きているのだから、お互いが先生であり、お互いが生徒なのだ、と。だから、「○○さん」と敬愛の意味を籠めて呼び合いましょう、と提案されます。

ですから「竹内レッスン」は、みんなで試行錯誤しながら、その日のテーマの解をさぐっていきます。竹内さんはその「道案内」をする人。そして、みずからもその解を求めて必死に考え、行動を模索します。そして、その瞬間、瞬間のお互いのひらめきをとても大切にします。そして、なぜ、そのとき、そのひらめきが生まれたのか、みんなで考える。そうして、そのひらめきが生まれる前の「原ひらめき」(Urdenken)の「場」に迫っていきます。そして、その「場」こそ「じかに触れる」場ではないか、と。

以上のわたしの理解は、「竹内敏晴さんを囲む会」を五回ほどもつことのできた、なにものにも代えがたい僥倖に恵まれた恩寵です。その会は各回とも四~五時間にわたる、緊張感のある濃密な時間でした。そして、そのあとの懇親会でも二~三時間をともに過ごすことができました。ですから、毎回、公と私の両面の会話を楽しむことができました。

わたしたちのグループは「スポーツする身体とはなにか」というテーマを共有する仲間たちが集まって、もうすでに長い間、研究会を重ねていました。ですから、竹内さんも「スポーツする身体」にとても興味をいだかれ、わたしたちのスポーツ経験とそこから導き出される「身体」理解に耳を傾けてくださいました。しかも、竹内さん自身が弓の名手です。たしか、わたしの記憶ではこの会の話題は弓の話からはじまったように思います。そこでは、当然のことながら、オイゲン・ヘリゲルの『弓と禅』が話題になり、それから武術する身体に入り……という具合に、一つひとつの話題がきわめて具体的でした。ですから、みんなわがことの問題として受け止めながら、お互いに参加した他者の話に耳を傾け、みずからの意見を述べる、という積み重ねができました。考えてみれば、これもまた「竹内レッスン」のヴァリエーションの一つだったわけです。

何回か会を重ねたところで、わたしはジョルジュ・バタイユを引き合いに出して、「スポーツする身体」を考える上での一つの根拠となるのでは……と切り出したところあたりから、竹内さんの眼の光が違ってきたように思います。わたしのバタイユ読解（主として『宗教の理論』）については、ここでは割愛させていただきますが、このブログのなかでも膨大な量の文章を書いていますので、参照していただければ幸いです。

竹内さんは、バタイユの思想・哲学については、かなり懐疑的でした。それは、バタイユのキー概念の一つでもある「エクスターズ」（恍惚）をめぐる理解の仕方が、わたしとはかなり違うものでした。そのポイントは、バタイユの「エクスターズ」では「意識」はどうなっているのか、という点での理解の違いでした。そして、当然のなりゆきでしたが、無意識と意識の境界領域をどのように理解するか、というところの議論にひろがり、わたしにはとても刺激的な経験となりました。そして、このテーマはこれからも議論していくことにしましょう、という約束になっていました。

そんなこともあってか、竹内さんは、ようやくご本人の思想遍歴を語ってくださるようになりました。基本的に、竹内さんは、○○がこういうことを言っている、という話し方はあまり好まれない方でした。あくまでも、基本は、みずから編み出した「からだ」と「ことば」のレッスンをとおして到達した竹内さん固有の知見に基づくものでした。しかし、その知見の正しさを裏付けるために、思想・哲学の本を命懸けで読んでおられました。にもかかわらず、そのことはほとんど語られることはありませんでした。わたしがしつこく食い下がるものですから、仕方なしに、メルロ＝ポンティは……とか、マルティン・ブーバーは……という具合に、ほんのわずかに小出しにしながら、わたしの問いに付き合ってくださいました。

そうした対話・議論をとおして、「竹内敏晴さんが問い続けたこと」について、わたしなりにみえてきたことは以下のとおりです。もちろん、ここでも、「じかに触れる」レッスンがわたしの竹内敏晴さん理解の手がかりになっています（書かれた著書は当然のことです）。

竹内敏晴さんは一度も口にされませんでしたが、竹内さんの仰る「じかに触れる」場は、わたしには西田幾多郎の「場」の理論とほとんどイコールではないか、ということでした。それは『善の研究』で提示された「純粋経験」（意識が立ち上がる以前の経験）にはじまり、やがて「行為的直観」の概念に到達し、さらに「場」の理論となり、最終的には「絶対矛盾的自己同一」にいたる、このプロセスを竹内レッスンをとおして、みんなで確認しながら、からだで経験し合うこと、そして、そこからみえてくるまったく新たな「場」の地平を共に分かち合うこと、それこそが「竹内敏晴さんが問い続けたこと」の中味だったのではないか、とわたしは考えています。これは竹内さんの信念でもあったと思いますが、自分ひとりでわかっただけでは納得しない、だれもが共有できるものでなくてはほんものではない、という姿勢を貫かれたのではないか。これこそが「人間とはなにか」を問う、竹内さんに固有の方法論であった、と。

このアナロジーが当たっているとすれば、ならば、バタイユの「エクスターズ」の「場」とも、当たらずとはいえども遠からず、という関係にある、というのがわたしの主張です。この点についての詰めの話をする約束になっていたのですが……。残念です。

そして、ついでに触れておけば、このバタイユの話とともに、バタイユが日本の仏教に深い関心を示していたことを手がかりにして、わたしは禅仏教の話題を提示し、たとえば道元の『正法眼蔵』や『般若心経』の世界に踏み込んでみました。その瞬間から、これまでにも増して竹内さんの眼の光が一段と厳しいものになっていきました。そして、ほんとうに短い応答でしたが、あっ、竹内さんはこの問題についてもすでに相当に深い洞察をされていらっしゃる、ということを直感しました。そして、このテーマについても少しずつ、具体的な事例を取り上げながら検討していくことにしましょう、と竹内さんは提案されました。つまりは、わたしの話は「空中戦」であって、地に足がついていない、だから、そこからは建設的な知の共有はできない、ということを婉曲に指摘された、ということです。わたしはいたく恥じ入りました。が、これも宿題にして、具体的に考えることにしましょう、という竹内さんのご提案に救われました。

こういうお約束がいくつもあって、それらを、具体的に一つひとつ、どのように対話・議論が展開していくことになるのか、わたしは期待で胸がいっぱいでした。

しかし、残念ながら、三鷹の舞台を終えられて、ロビーで握手しながら「あの続きをやりましょうね、楽しみにしています」「はい、わかりました」と約束したのが、今生のお別れとなってしまいました。

こういう経緯が、竹内さんとわたしの間にはありました。ですから、「竹内敏晴さんが問い続けたこと」のわたしの結論は「人間とはなにか」を問うことであり、その具体的な方法論の一つが「じかに触れる」ではなかったか、と考えた次第です。しかも、竹内さんは自分ひとりが理解すればそれでいいということではなく、その理解を他者（マルティン・ブーバー的にいえば「汝」＝Du）と共有しながら、さらに深めていくこと、ここが竹内さんがこだわった重要なポイントではなかったか、とわたしは考えています。

（稲垣正浩ブログ「スポーツ・遊び・からだ・人間」より抜粋）

注

（1）〈セレクション・竹内敏晴の「からだと思想」〉（全4巻）完結記念トークイベント「竹内敏晴さんが問い続けたこと」（講師：鷲田清一・三砂ちづる）、二〇一四年九月七日、於・早稲田奉仕園スコットホール。

編者あとがき

第一回の「竹内敏晴さんを囲む会」は平成十七（二〇〇五）年七月に開催されているので、この本が出るまでに、すでに十二年が過ぎた。会の真ん中におられた竹内さんにも、今生ではもうお目にかかることができない。平成二十一年六月初頭、すでにお渡ししていた第四回の文字起こし原稿に丹念に朱を入れてご返送くださった。お礼の電話をすると、あとは、三井さんにお任せしますのでよろしく、とおっしゃる。思い返せば、ちょうどそのころ、竹内さんの癌が見つかっている。

じつは、「囲む会」の第五回が、平成二十一（二〇〇九）年九月二日に予定されていた。しかし残念なことに、それは実現することはなかった。というのも、竹内さんは、同年八月末の「オープンレッスン・八月の祝祭」を終えてすぐに入院、そして九月七日未明には彼岸へと旅立ってしまわれたからである。

竹内先生がご存命のうちにこの本を出さなきゃいけないよ、とおっしゃっていた稲垣先生もまた、突然、有為の奥山を越えていってしまわれた。主宰する二十一世紀スポーツ文化研究所（ＩＳＣ・21）の月例研究会の記念すべき第百回を奈良・飛鳥で実施（平成二十八〔二〇一六〕年一月末）、充実したその会を差配された直後の二月六日未明のことだった。その前日まで書き綴られたブログのいくつかを本書の幕間においている。なかでも、「竹内敏晴さんが問い続けたこと……」は、本書のもととなる四回の対話・議論を凝縮したものであり、書かれることのなかった稲垣先生のあとがき……にかえておかせていただいた。

癌と向き合いながら、いのちのついえるその時まで、日常と変わらずお仕事を続け、ご自身の生き方を全うされたこと、そして見事な逝き方までお二人はなんとそっくりだったことか。今はどこかで、約束の第五回ですね、と話の続きをなさっているにちがいない。お二人の真剣なまなざしがありありと浮かぶ。そして大きな笑い声が聞こえてくる。

最後に――会の進行、文字起こしや校正など、ＩＳＣ・21の仲間には大いに助けられた。また、うれしいことに、「人が立つこと」をみごとに描いた興味深い絵を森洋子さんが寄せてくださった。そして、この談話録の意義を理解して本書の刊行にご尽力くださった藤原書店のご厚意と、最後まで周到な作業で編集にあたってくださった今野哲男さん、刈屋琢さん。皆さまに心からお礼申し上げる。多くの方々のご支援や励ましによって、約束の書を世に送り出すことができたことは、編者にとって言葉にできぬほどの歓びである。ここに至るまでの数々のご縁と、その陰にある大きな力に心から感謝したい。

このかん、３・11を経験した私たちは、「いのち」と「おかね」、どちらがだいじか、をあらためて考えさせられ、自省することになった――はずである。しかし、現実はどうだろうか。「戦後ずっと何も変わっていない……新々人類だと思っていたら、実は旧々人類だった」と竹内さんが本書で十年前に語ったことがらが、まさに、いま、現在の問題となっている。私たちは、何度でも何度でも、人間が生きるということはどういうことか、という地点に立ち戻り、すべてのことをそこから出発させなければならない、と強く思う。

三井悦子

平成三十年三月二十六日

プロフィール

竹内敏晴（たけうち・としはる）

1925年東京生まれ。演出家。

生後数か月で始まった中耳炎で難聴になる。中学4年時、新薬の投与によって耳疾がやや快方に向かう。1942年、第一高等学校理科甲類に入学し、45年、一高生として敗戦を迎える。52年、東京大学文学部東洋史学科卒業。俳優の山本安英の紹介により演出家・岡倉士朗に師事し、劇団「ぶどうの会」演出部に所属。58年、福田善之「長い墓標の列」で「ぶどうの会」本公演を初演出。62年、田中正造を扱った宮本研「明治の柩」を演出。64年、「ぶどうの会」が解散し、その後「代々木小劇場＝演劇集団・変身」に。この頃から独自の演劇の基本訓練を組み立てることに挑み続け、のちの「竹内レッスン」の基礎をつくる。69年、「ことばが劈かれる」体験をする。71年、「代々木小劇場」解散。72年、「竹内演劇研究所」開設（～86年）。77年、東京大学教育学部非常勤講師（～85年）。4月に林竹二と共に兵庫県立湊川高校（定時制）の授業に入る。秋、同校で第1回目の劇公演（～88年）。79年、宮城教育大学教授（～84年）。80年、東京都立南葛飾高校定時制非常勤講師。86年、米沢章子との生活が始まる。87年、南山短期大学人間関係科教授（～95年）。93年、南山短期大学創立25周年記念上演「愛の侵略――マザー・テレサとシスターたち」を構成・演出。95年、聖霊短期大学教授（～97年）。97年、「オープンレッスン八月の祝祭」の上演を開始。2009年、「からだ2009　オープンレッスン八月の祝祭」の上演が、生涯最後の構成・演出作品となる。9月7日、膀胱癌のため名古屋市昭和区の病院で死去。享年84。

著書に、『ことばが劈かれるとき』（思想の科学社、のちちくま文庫）『子どものからだとことば』『癒える力』『思想する「からだ」』（以上晶文社）『「からだ」と「ことば」のレッスン』（講談社現代新書）『老いのイニシエーション』（岩波書店）『教師のためのからだとことば考』『動くことば 動かすことば』（以上ちくま学芸文庫）『待つしかない、か。』（木田元との共著）『竹内レッスン――ライブ・アット大阪』（以上春風社）『生きることのレッスン』（トランスビュー）『からだ=魂のドラマ』（林竹二との共著）『「出会う」ということ』『レッスンする人――語り下ろし自伝』『セレクション 竹内敏晴の「からだと思想」』全4巻（以上藤原書店）ほか。

編者紹介

稲垣正浩（いながき・まさひろ）

1938 年生。日本体育大学名誉教授。専攻：スポーツ史、スポーツ文化論。東京教育大学大学院教育学研究科博士課程単位取得退学。スポーツ史学会会長を 2 回務める。奈良教育大学教授、日本体育大学教授を歴任。退任後、21 世紀スポーツ文化研究所を創設、主幹研究員を務める。2016 年死去。

著書に『身体論――スポーツ学的アプローチ』（2004）『〈スポーツする身体〉を考える』（2005、以上叢文社）『図説スポーツの歴史』（共著、大修館書店、1996）『近代スポーツのミッションは終わったか――身体・メディア・世界』（西谷修、今福龍太との共著、平凡社、2009）、編著に『現代思想とスポーツ文化』（2002）『スポーツ文化の〈現在〉を探る』（2002、以上叢文社）など多数。

三井悦子（みい・えつこ）

1956 年生。椙山女学園大学教授。専攻：医療体操史、健康文化論。スポーツ史学会会長。奈良女子大学文学研究科修士課程（文学修士）。著書に『舞踊・武術・スポーツする身体を考える』（共編 2005）『からだ論への扉をひらく』（共編 2006）『正常と異状の身体』（2007、いずれも叢文社）『スポーツ学の冒険』（共編 2009、黎明書房）など、論考に「〈じか-から-からだ〉ということについて」（『女子体育』2005）「転ぶ、触れる、感覚を味わう――〈からだの声を聞く〉ひとつの試み」（『椙山人間学研究』2008）など。

からだが生《い》きる瞬間《しゅんかん》　竹内敏晴《たけうちとしはる》と語《かた》りあった四日間《よっかかん》

2018年 6 月10日　初版第 1 刷発行©

著　者　竹内敏晴 他
編　者　稲垣正浩
　　　　三井悦子
発行者　藤原良雄
発行所　株式会社 藤原書店

〒 162-0041　東京都新宿区早稲田鶴巻町 523
電　話　03（5272）0301
ＦＡＸ　03（5272）0450
振　替　00160 - 4 - 17013
info@fujiwara-shoten.co.jp

印刷・製本　精文堂印刷

落丁本・乱丁本はお取替えいたします
定価はカバーに表示してあります

Printed in Japan
ISBN978-4-86578-174-8

現代文明の根源を問い続けた思想家

イバン・イリイチ

(1926–2002)

1960～70年代、教育・医療・交通など産業社会の強烈な批判者として一世を風靡するが、その後、文字文化、技術、教会制度など、近代を近代たらしめるものの根源を追って「歴史」へと方向を転じる。現代社会の根底にある問題を見据えつつ、「希望」を語り続けたイリイチの最晩年の思想とは。

一九八〇年代のイリイチの集成

新版 生きる思想（反＝教育／技術／生命）

I・イリイチ
桜井直文監訳

コンピューター、教育依存、健康崇拝、環境危機……現代社会に噴出している全ての問題を、西欧文明全体を見通す視点からラディカルに問い続けてきたイリイチの、一九八〇年代末発表草稿を集成した『生きる思想』を、読者待望の新版として刊行。

四六並製　三八〇頁　二九〇〇円
（一九九一年一〇月／一九九九年四月刊）
◇978-4-89434-131-9

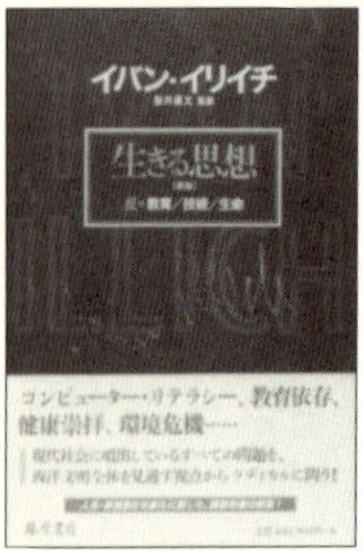

初めて語り下ろす自身の思想の集大成

生きる意味（「システム」「責任」「生命」への批判）

I・イリイチ
D・ケイリー編　高島和哉訳

一九六〇～七〇年代における現代産業社会への鋭い警鐘から、八〇年代以降、一転して「歴史」の仕事に沈潜したイリイチ。無力さに踏みとどまりながら、「今を生きる」ことへ――自らの仕事と思想の全てを初めて語り下ろした集大成の書。

四六上製　四六四頁　三三〇〇円
（二〇〇五年九月刊）
◇978-4-89434-471-6

IVAN ILLICH IN CONVERSATION
Ivan ILLICH

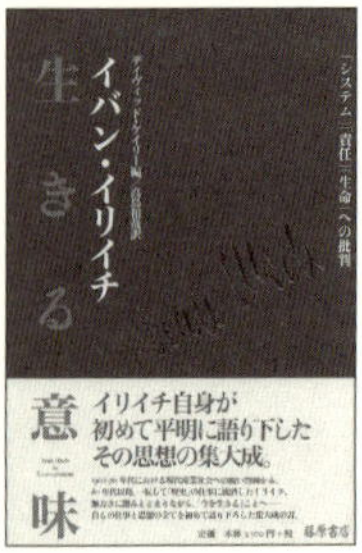

「未来」などない、あるのは「希望」だけだ

生きる希望（イバン・イリイチの遺言）

I・イリイチ
D・ケイリー編　臼井隆一郎訳

「最善の堕落は最悪である」――教育・医療・交通など「善」から発したものが制度化し、自律を欠いた依存へと転化する歴史を通じて、キリスト教―西欧―近代を批判、尚そこに「今・ここ」の生を回復する唯一の可能性を探る。

［序］Ch・テイラー

四六上製　四一六頁　三六〇〇円
（二〇〇六年一二月刊）
◇978-4-89434-549-2

THE RIVERS NORTH OF THE FUTURE
Ivan ILLICH

精神科医と教育研究者の魂の対話

ひとなる
（ちがう・かかわる・かわる）

大田　堯（教育研究者）
山本昌知（精神科医）

教育とは何かを、「いのち」の視点から考え続けてきた大田堯と、「こらーる岡山」で、患者主体の精神医療を実践してきた山本昌知。いのちの本質に向き合ってきた二人が、人が誕生して、成長してゆく中で、何が大切なことかを徹底して語り合う奇蹟の記録。

B6変上製　二八八頁　**二二〇〇円**
（二〇一六年九月刊）
◇978-4-86578-089-5

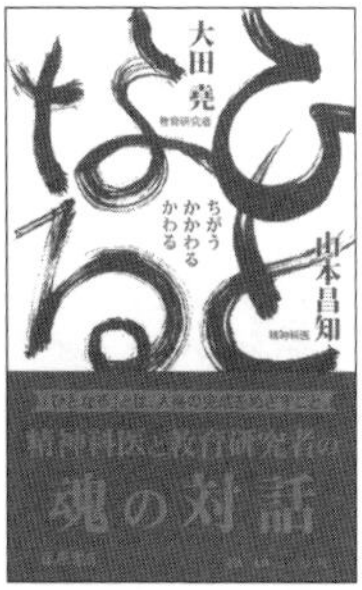

「生きる」ことは「学ぶ」こと

百歳の遺言
（いのちから「教育」を考える）

大田堯＋中村桂子

生命（いのち）の視点から教育を考えてきた大田堯さんと、四十億年の生きものの歴史から、生命・人間・自然の大切さを学びとってきた中村桂子さん。教育が「上から下へ教えさとす」ことから「自発的な学びを助ける」ことへ、「ひとづくり」ではなく「ひとなる」を目指すことに希望を託す。

B6変上製　一四四頁　**一五〇〇円**
（二〇一八年三月刊）
◇978-4-86578-167-0

「常民」の主体性をいかにして作るか？

地域に根ざす民衆文化の創造
（「常民大学」の総合的研究）

北田耕也監修　地域文化研究会編

後藤総一郎により一九七〇年代後半に信州で始まり、市民が自主的に学び民衆文化を創造する場となってきた「常民大学」。明治以降の自主的な学習運動を源流とし、各地で行なわれた「常民大学」の実践を丹念に記録し、社会教育史上の意義を位置づける。　**カラー口絵四頁**

飯澤文夫／飯塚哲子／石川修一／上田幸夫／胡子裕道／小田富英／北田耕也／草野滋之／久保田宏／佐藤一子／東海林照一／新藤浩伸／杉浦ちなみ／杉本仁／相馬直美／田所祐史／穂積健児／堀本暁洋／松本順子／村松玄太／山﨑功

A5上製　五七六頁　**八八〇〇円**
（二〇一六年一〇月刊）
◇978-4-86578-095-6

子どもの苦しさに耳をかたむける

子どもを可能性としてみる

丸木政臣

学級崩壊、いじめ、不登校、ひきこもり、はては傷害や殺人まで、子どもをめぐる痛ましい事件が相次ぐ中、半世紀以上も学校教師として、現場で一人ひとりの子どもの声の根っこに耳を傾ける姿勢を貫いてきた著者が、問題解決を急がず、まず状況の本質を捉えようと説く。

四六上製　二二四頁　**一九〇〇円**
（二〇〇四年一〇月刊）
◇978-4-89434-412-2

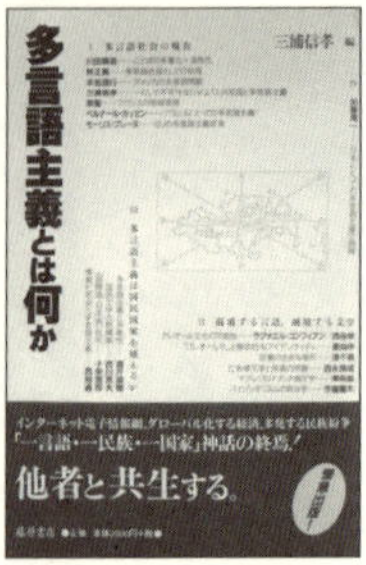

「国民＝国家」を超える言語戦略

多言語主義とは何か

三浦信孝編

最先端の論者が「多言語・多文化」接触というテーマに挑む問題作。川田順造／林正寛／本名信行／三浦信孝／原聖／B・カッセン／M・ブレーヌ／R・コンフィアン／西谷修／姜尚中／港千尋／西永良成／澤田直／今福龍太／酒井直樹／西川長夫／子安宣邦／西垣通／加藤周一

Ａ５変並製　三四四頁　三六〇〇円
（一九九七年五月刊）
◇978-4-89434-068-8

グローバル化の中の言語を問う

言語帝国主義とは何か

三浦信孝・糟谷啓介編

急激な「グローバリゼーション」とその反動の閉ざされた「ナショナリズム」が、ともに大きな問題とされている現在、その二項対立的な問いの設定自体を根底から掘り崩し、「ことば」と「権力」と「人間」の本質的な関係に迫る「言語帝国主義」の視点を鮮烈に呈示。

Ａ５並製　四〇〇頁　三三〇〇円
（二〇〇〇年九月刊）
◇978-4-89434-191-3

共和主義か、多文化主義か

普遍性か差異か

（共和主義の臨界、フランス）

三浦信孝編

一九九〇年代以降のグローバル化・欧州統合・移民問題の渦中で、「国民国家」の典型フランスを揺さぶる「共和主義vs多文化主義」論争の核心に、移民、家族、宗教、歴史観、地方自治など多様な切り口から肉薄する問題作！

Ａ５並製　三二八頁　三三〇〇円
（二〇〇一年一二月刊）
◇978-4-89434-264-4

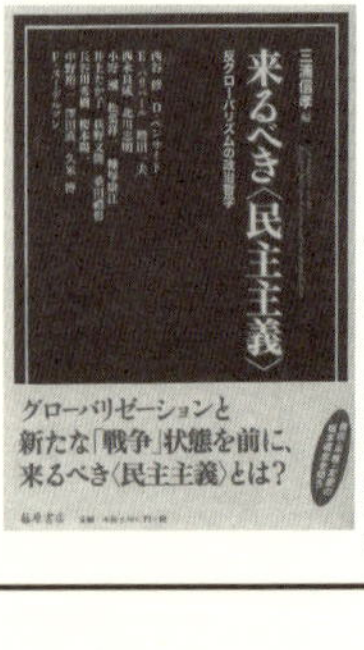

自由・平等・友愛を根底から問う

来るべき〈民主主義〉

（反グローバリズムの政治哲学）

三浦信孝編

グローバル化と新たな「戦争」状態を前に、来るべき〈民主主義〉とは？　西谷修／ベンサイド／バリバール／増田一夫／西永良成／北川忠明／小野潮／松葉祥一／糠塚康江／井上たか子／荻野文隆／桑田禮彰／長谷川秀樹／櫻本陽一／中野裕二／澤田直／久米博／ヌーデルマン

Ａ５並製　三八四頁　三八〇〇円
（二〇〇三年一二月刊）
◇978-4-89434-367-2